管理心理学

聂　晶　编著

知识产权出版社

内容提要

管理心理学主要对组织管理活动中人的行为规律以及潜在心理机制进行研究，是介于管理科学与心理科学之间的边缘性、交叉性学科。它既是心理学的重要分支，也是管理学的重要组成部分。

本教材适于我国普通高等院校工商管理学、心理学、社会学等专业学生的学习，也可供对该学科感兴趣的其他专业学生或者企业员工自学时使用。

责任编辑：刘　睿　　　责任校对：董志英
装帧设计：段维东　　　责任出版：卢运霞

图书在版编目（CIP）数据

管理心理学／聂晶编著．—北京：知识产权出版社，2010.1
21世纪高等教育教材
ISBN 978-7-80247-635-6
Ⅰ．管…　Ⅱ．聂…　Ⅲ．管理心理学-高等学校-教材
Ⅳ．C93-05
中国版本图书馆CIP数据核字（2009）第209954号

21世纪高等教育教材
管理心理学
聂　晶　编著

出版发行：知识产权出版社
社　　址：北京市海淀区马甸南村1号　　邮　　编：100088
网　　址：http://www.ipph.cn　　邮　　箱：bjb@cnipr.com
发行电话：010-82000860转8104/8102　　传　　真：010-82005070/82000893
责编电话：010-82000860转8113　　责编邮箱：liurui@cnipr.com
印　　刷：北京市兴怀印刷厂　　经　　销：新华书店及相关销售网点
开　　本：720mm×960mm　1/16　　印　　张：19.5
版　　次：2010年1月第一版　　印　　次：2010年1月第一次印刷
字　　数：347千字　　定　　价：32.00元
ISBN 978-7-80247-635-6/C·098（2754）

前　言

管理心理学主要对组织管理活动中人的行为规律以及潜在心理机制进行研究，是介于管理科学与心理科学之间的边缘性、交叉性学科。它既是心理学的重要分支，也是管理学的重要组成部分。管理心理学不仅是我国普通高等院校心理学专业学生的必修课程，也是工商管理专业中与人力资源管理、组织行为学等课程相配套的系列课程。

本教材适于我国普通高等院校本专科工商管理学、心理学、社会学等专业学生的学习，也可供对该学科感兴趣的其他专业学生或者企业员工自学时使用。

为了帮助读者充分、合理地使用本教材，以达到最好的教学或学习效果，特将本教材的特色介绍如下。

第一，着重研究个体心理特点在管理过程中的作用。

作为心理学和管理学的交叉学科，管理心理学与人力资源管理、组织行为学等课程有不少相同的研究领域，为避免出现内容上的重复，在力求做到结构完整、内容充实的前提下，本书更突出个体心理学的研究。教材使用者如果能将本书与其他管理类教材或书籍配合使用，可以达到更好的学习效果。

第二，文风通俗顺畅，形式活泼多样，便于教学使用。

教材在结构、内容上力求严谨翔实，以帮助教师达到“传道、授业、解惑”的目的。但是，本教材的文风、体例不同于其他教材，它更注重激发学生的兴趣和好奇心，引导学生思考、辩论，从而增强了课堂教学的可用性。

建议教师在每章内容开始之前，利用趣闻导读激发学生的好奇心和兴趣，为课堂学习做好铺垫。每章结束后的补充阅读教材可以用来引导学生的思辨能力，教师可以安排学生分组讨论或者辩论，以巩固课堂教学内容。

第三，理论与实践相结合，注意增强学生解决问题的能力。

教材在很多章节都增加了案例，采用现代管理中的案例具体地说明组织中心理管理的问题与方法。教师可以适当地进行扩展，运用现实生活中的实际案例考察学生的理论运用能力和解决问题的能力。

第四，学习知识与自身探索、体验相结合，帮助学生提升自身素养。

本教材有一个重要目的，就是让学生在学习相关知识的同时，增强对自身的了解，提升自身修养和素质。

不少章节后都设置了测试题，这不仅能增加学生的学习兴趣，更能直接增加学生对自身的了解，从而帮助他们推己及人，更好地理解他人。这对学生增强自信、融洽人际关系以及做好未来规划有重要意义。

全书主要由聂晶负责编写、统稿，其中第四章、第九章由陈建萍编写，陈琪明、黄飒蔺两位同学在部分章节的资料搜集过程中也给予了大力支持。

本教材在编写过程中参考并引用了专家学者的大量研究成果，多数已经在书后的参考文献中有所标注。在此，对所有文献的作者表示衷心的感谢！另外，知识产权出版社的刘睿编辑在本书的出版过程中付出了大量心血和精力，在此也表示感谢！

本教材得到上海大学教材建设基金、上海大学悉尼工商学院学术出版基金的资助，特此感谢！

由于编者水平有限，书中难免出现疏漏或错误之处，恳请专家、学者和广大读者批评指正！

聂　晶

2009 年 10 月

目　录

第一章　管理心理学概述

【本章目标】

（1）了解管理心理学的研究对象及研究内容；
（2）理解管理心理学与心理学、管理学、组织行为学等学科的关系；
（3）了解管理心理学的研究原则；
（4）掌握管理心理学的研究方法；
（5）了解管理心理学的发展阶段。

【案例】

问题出在哪里？

珍妮是圣迪亚医院的护理部主任，她负责管理着10名值班主管和100名注册护士及护士助理。

星期一早上，珍妮像往常一样，早早地来到医院。她看到一大群护士正三三两两地聚集在一起，激烈地讨论着。

当护士们看到珍妮走过来时，立即停止了交谈，并且都冷漠地注视着她。珍妮明白了，自己正是她们谈论的主题，而且所说的也不像是什么赞赏之辞。

“她们到底在谈论什么呢？”珍妮迷惑不解地走进自己的办公室。

半分钟后，一名值班主管艾丽丝走进了珍妮的办公室。她直言不讳地说：“珍妮，上周你发出的那些辞退信对人们打击太大了，现在每个人都心烦意乱的。”

“有什么不对吗？”珍妮问道，“这是主管会议上大家一致同意的，我只不过是在执行这项决议。”

“可是没想到你会这么做，我们主管以为你会直接找那些护士谈话，谨慎地透露这个坏消息，并允许她们提出疑问。那样的话，可以在很大地程度上减少对她们的打击。而你却直接给她们寄了辞退信，并且寄到了家里。这些护士收到你的信后，整个周末都处于极度焦虑之中，她们打电话告诉了自己的朋友和同事，现在传言四起，整个医院人心惶惶，你说应该怎么办吧？……”

管理心理学是对组织管理活动中人的行为规律及其潜在心理机制进行研究的一门学科。它是介于管理科学与心理科学之间的边缘性、交叉性学科，既是心理学的重要分支，也是管理学的重要组成部分。随着相关理论的不断完善以及应用范围的逐步扩大，管理心理学已成为一门独立的学科，而且在社会主义市场经济与现代化建设中扮演着越来越重要的角色。

第一节　管理心理学的研究对象和内容

一、管理心理学的研究对象

管理心理学是研究组织管理过程中人的行为规律及其潜在的心理机制，并使用科学的方法改进管理工作，最大限度地提高工作效率和管理效能，实现组织目标与个人全面发展的一门学科。它运用管理学、行为学、心理学、社会学、生理学等学科的一般原理，研究和揭示管理实践中各种心理现象的发生、发展及表现的规律。

管理心理学的研究对象是管理活动和管理过程中人的行为规律以及潜在的心理机制。也就是说，管理心理学既探索人的行为规律，又揭示其背后潜在的心理机制。一方面，行为是在心理活动的指导下进行的，是心理活动的外在表现，要了解人的行为，关键就是揭示人的心理机制；另一方面，心理是通过行为表现的，要揭示人的心理规律，必须分析人的外在行为。因此，管理过程中人的行为和心理机制都是管理心理学的研究对象。

管理心理学的研究范围是组织管理活动中人的行为与心理。管理心理学将研究范围限定在组织管理活动的特定情境中，而非一般情境下人的行为与心理。

管理心理学的研究目的是在掌握组织管理活动中人的行为与心理后，运用科学方法改进管理过程，不断提高生产效率和管理效能，实现目标与个人的全面发展。它的研究目的是将理论应用于管理实践。

二、管理心理学的研究内容

一般来说，管理心理学从个体、群体、组织、领导四个方面分析和研究组织管理中人的心理和行为。

（一）个体心理

组织由众多个体组成，个体的积极性、主动性发挥如何，会直接影响群体、组织以及整个工作的活动效率。对个体心理进行研究是管理心理学的重要课题之一。

个体心理与行为包括个体的心理过程、个性的心理特征、个性的心理倾向。具体而言，个体的心理过程包括认知、情感和意志过程；个性的心理特征包括气质、性格、能力与管理；个性的心理倾向包括需要、动机、价值观、态度与管理。

管理心理学通过对个体心理的研究，揭示个体间的差异，为管理者用人、管理人提供理论依据，并为提高对人的行为预测、控制和引导提供方法指导。

（二）群体心理

群体心理是群体成员在共同活动中表现出来的心理活动和行为规律。群体并非个体的简单相加，而是具有心理交互影响、相互作用的有机整体。

群体心理的研究内容包括群体的规范、压力和凝聚力；群体中的人际关系；群体的冲突和沟通等。另外，团队是现代企业的一个重要群体形式，是现代管理心理学研究的重要内容。

（三）组织心理

组织是群体或个体存在的形式，组织状况直接影响群体或个体的行为效率。组织心理主要研究个体、群体与组织的关系，探讨何种组织更有利于激发个体动机、更好地实现组织目标。

组织心理的研究内容包括组织类型和结构、组织的变革和发展、组织文化建设等。

（四）领导心理

领导心理和行为是影响个体、群体和组织心理与行为的关键，是影响工作效率和组织发展的核心要素。

领导心理研究的内容包括领导的行为与功能、领导者的影响力、领导理论、领导者的素质与心理特征等。

管理心理学正是通过对上述内容的研究，完成以下4项任务：

（1）帮助管理者最大限度地调动每个个体的工作积极性、主动性和创造性；

（2）加强组织系统内群体的凝聚力，并发挥系统的整体功能；

（3）通过对组织环境的分析和组织结构的优化设计，为组织系统内的每一个体提供最适宜的工作环境；

（4）提高领导者的素质、威信和影响力，使管理者的管理水平最优化，领导工作效率最大化。

第二节 管理心理学的学科性质

一、管理心理学的学科性质

管理心理学是介于管理科学与心理科学之间的边缘交叉学科，并与其他众多学科有密切关系。管理心理学的应用性很强，它的研究素材来源于管理实践，研究成果也将应用于管理实践。它既有自然科学的性质，又有社会科学的性质。

（一）管理心理学与心理学

管理心理学是心理学的一个重要分支。它与心理学是个别与一般、特殊与普遍的关系。心理学是研究人的心理现象和行为规律的科学，其研究内容是人的一般心理过程和个性心理。心理过程包括认知（感觉、知觉、记忆、思维）、情感和意志；个性心理包括个性的倾向性（动机、态度、价值观、兴趣）和个性的心理特征（能力、气质、性格）。

管理心理学研究的是组织管理活动中人的行为和心理。它是心理学的一个分支，运用心理学所揭示的一般心理活动规律来了解和解决管理活动中人的心理问题，是心理学的一般规律在管理活动中的具体运用或具体化。

（二）管理心理学与管理学

管理学是研究管理活动过程及规律的科学，它是由管理理论、智能、原则、方法等一系列理论组成的科学体系，是由社会科学、自然科学、技术科学相互渗透而形成的综合学科。

管理心理学研究的是组织管理活动中人的行为及心理，主要研究管理过程中的心理问题。管理学注重宏观组织层面问题，管理心理学更注重微观个体层面的问题；管理学重视外在行为层面问题，管理心理学更注重内在心理层面的问题。因此，管理心理学是管理学的重要组成部分。

二、管理心理学与组织行为学

管理心理学与组织行为学之间有非常密切的联系，但也有一定的区别。

（一）管理心理学与组织行为学的区别

管理心理学与组织行为学的研究对象、理论基础、形成背景都不同。

1. 研究对象不同

管理心理学着重研究管理过程中人的心理和行为，既包括外在的、可观测的、可变的行为，也包括内在的、不可观测的、不可变的行为，它注重将心理学的原理应用于组织管理活动中；组织行为学的研究对象则是组织中人的外显行为，主要是那些外在的、可观测的、可变的行为，它的目的是对行为进行预测和控制。因此，管理心理学侧重于本源学研究，显得更抽象、理论化，而组织行为学侧重于现象学研究，显得更具体、直观和实用。

2. 理论基础不同

管理心理学是心理学的重要分支，其理论源泉主要是心理学，还有管理学、社会学等；组织心理学作为行为科学的分支，理论来源更多样化，不仅来自心理学，还有社会科学、行为科学、管理科学、自然科学、人类学、政治学、经济学等。

3. 形成背景不同

管理心理学的形成经历了长期的理论和实践准备。1912 年，美国心理学家闵斯特伯格（H. Muensterberg）出版了《心理学与工作效率》，正式将心理学应用到工业管理中。1958 年，美国心理学家利维特（H. J. Leavitt）正式提出了“管理心理学”的术语，并出版了第一本名为《管理心理学》的著作，管理心理学成为一门独立的学科。

组织行为学由行为科学发展而来。1949 年，行为科学一词开始出现，到 20 世纪 60 年代，美国开始了工业和组织心理学的研究，形成了组织行为学。到 20 世纪 80 年代，组织行为学开始分为宏观组织行为学和微观组织行为学。目前，这一研究领域除了心理学家外，社会学家、人类学家以及语言学家、数学家也参与进来，形成一个跨众多学科的研究领域。

（二）管理心理学与组织行为学的联系

从组织行为学的发展来看，组织行为学可以看做是管理心理学的新发展。管理心理学与组织行为学在研究目的、对象、内容等方面是一致的。

1. 研究目的相同

管理心理学与组织行为学的研究目的基本相同，即通过对组织中人的心理与行为的研究揭示有关规律，并以此指导个体、群体或组织行为，不断促进管理工作科学化，持续提高工作绩效与管理效能，实现组织和人的全面发展。

2. 研究对象一致

尽管管理心理学与组织行为学的研究侧重点不同，但两者都将心理与行为作为自己的研究对象。管理心理学研究组织管理活动中人的心理特点和行为规律时，必须通过观察分析人的外部行为来达到推断内部过程的目的；组织行为学研究人的行为时，也必然会涉及行为背后潜在的心理机制。心理与行为的紧密联系决定了管理心理学与组织心理学的研究对象是一致的。

3. 研究内容的联系

管理心理学与组织行为学的研究内容虽然各有特色，但是总体框架并无很大差别。两者基本内容都包括个体、群体、领导、激励、组织等方面的心理与行为规律。因此，两门学科只是从不同的视角和出发点对同一问题进行研究。

4. 理论来源的联系

虽然组织行为学的理论来源更广泛，但它的很多理论来源和管理心理学是相同的，如心理学、社会学、管理学等，其中心理学是一门主要学科。

第三节　管理心理学的研究原则和方法

一、管理心理学研究的基本原则

管理心理学研究的是组织管理活动中人们彼此作用所产生的心理现象和行为，而心理现象作为一种内在体验，无法进行直接的定性或定量分析，只能通过外在行为方式或行为结果进行间接的测量和分析研究。因此，管理心理学在运用各种方法进行研究时，应遵循科学研究的基本原则。

（一）客观性原则

客观性原则即实事求是的原则。研究者不能用主观意愿或猜测来分析人的心理活动，而是要尊重事实，客观全面地根据可以观察并经过检验的事实进行分析，尽量避免受自身个性、主观体验和偏见的影响，以便得出正确的结论。

（二）发展性原则

发展性原则即研究者要以动态的观点来分析研究人的行为和心理活动。个体的生理、心理活动是不断发展变化的，研究者要依据客观事物的发展变化来分析研究组织中个体、群体、组织的心理和行为特征，不可用僵化、静止的观点去研究动态的心理活动。

（三）联系性原则

联系性原则又称系统性原则。研究者要把组织中人的行为和心理活动放在一定的系统中进行研究。心理现象的产生和发展是复杂的，受环境中各种因素的影响和制约，还受到内部生理和心理的子系统的影响。研究者要善于对人的行为和心理活动进行综合分析，并把不同的系统对人的影响联系起来考察，用联系的观点分析研究。

二、管理心理学的研究方法

管理心理学的研究对象是有思想情感、有主观能动性的人，而人的心理活动难以借助外部工具进行定量分析。因此，管理心理学只能通过观察、实验等方法来对个体的心理行为进行间接的判断和分析。

管理心理学的常用方法有观察法、实验法、问卷法、访谈法、测验法、个案法等。

（一）观察法

1. 定义

观察法是有目的、有计划地对研究对象的言语行为等进行系统的观察记录，从而分析其心理活动和行为规律的一种研究方法。

2. 类型

按照被观察者所处的情境特点，观察法可分为自然观察法和控制观察法。自然观察是在完全自然的条件下进行的观察，观察者一般并不知晓自己正被观察；控制观察是在限定条件下进行观察，即操作或控制一些条件并进行观察，被观察者一般知晓自己正被观察。

按照观察者与被观察者的关系，观察法可分为参与观察和非参与观察。参与观察是指观察者直接参与被观察者的活动，并在活动中进行观察；非参与观察是指观察者不参与被观察者的活动，以旁观者身份进行观察。

观察法按照观察主体可分为人的观察和仪器观察。人的观察直接以感官为工具，而仪器观察则以录音、录像等技术设备为辅助，从而提高观察效果。

自我观察法也称为内省法，是观察法中的一种，是指研究者自己观察自己心理活动的方法。这种方法由于难以进行客观验证，所以只能作为其他方法的辅助手段。

3. 优缺点

观察法的优点是目的明确，简便易行，得到的材料比较真实可靠。尤其是当被观察者没有意识到别人在观察时，被观察者的行为可以真实地反映出相应的心理状态。

观察法的缺点是观察者只能处于被动地位，消极等待有关现象的出现，时机难以把握。而且，观察所得到的资料比较肤浅，难以进行数量化的统计分析。观察的效果很大程度上取决于观察者自身的水平和理解，主观因素难以控制。因此，实际研究过程中，观察法一般和其他方法配合使用，以取得更好的研究效果。

4. 原则

观察时注意：每次尽可能只观察一种行为，不要同时观察多种行为；事先要对观察的行为定出标准；观察时要随时记录，可以利用录音、录像机等工具；在同一时间内观察；一次观察的时间不要太长，可多次重复观察。

（二）实验法

1. 定义

实验法是在严格控制的情境下有目的地引起被试者某种心理活动或行为的发生，并加以观察和研究的方法。

2. 类型

根据实验场地的性质差异，可以将实验法分为自然实验（或称现场实验）和实验室实验。

自然实验又称现场实验，是在正常生活或工作的条件下，适当控制条件以研究某种心理或行为现象的方法。例如，对管理心理学发展历程作出重要贡献的心理学家梅奥（Elton. Mayo）所主持的霍桑试验中，福利实验就是通过自然实验法进行的研究。管理者提供或者撤销某些福利措施，然后探究对绩效的影响。

实验室实验是在专门的实验室内严格控制各种实验条件，对某种心理或行为现象进行研究的方法。例如，要考察积极情绪对员工生产效率的影响，在控制其他无关变量的前提下，可以设立实验组和对照组。实验组的员工在工作前可以观看一段滑稽录像，或者听一段令人愉悦的音乐，而对照组不进行任何干预。之后，对两组员工的工作成绩进行比较。如果实验组员工的绩效优于对照组，则可以得出积极情绪可以促进生产效率的结论。

【案例】

自然实验法

苏联心理学家阿格法诺夫曾设计了冬夜拾柴火的自然情境，以研究儿童在困难条件下的性格意志特征。

实验者把一部分干柴放到离宿舍不远的但需走一段夜路的山谷中，把一些湿柴放到离宿舍较远的但一路有灯光的储藏室中。要求学生定期在夜晚去捡柴火（不指定地点），实验者则藏在岔路口的小房内观察。结果发现，有的学生勇敢而负责任地到山谷中取干柴；有的学生边走边埋怨；还有部分学生怕黑，宁走远路去储藏室取湿柴。在这个实验中，实验者真实地了解到学生性格意志特征的差异。

3. 优缺点

自然实验法的优点是研究者可以积极控制被试者的活动，主动引起要研究的内容；而且自然实验在自然情境中进行，其结果更符合实际，具有真实性。缺点则是容易受无关因素的影响，不易严格控制现场的无关变量，研究结论可能存在偏差。

实验室实验的优点是能够严格控制各种无关变量对实验的影响，研究结论具有可重复性，所得到的数据具有精确性。缺点则是实验情境的人为性强，脱离实际生活情境；被试者处于特定情境中，意识到自己正接受实验，可能影响实验结果的客观性和真实性。

4. 原则

运用实验法必须注意：事先要进行周密的实验设计；要严格控制无关变量；随时记录实验数据。

（三）问卷法

1. 定义

问卷法是研究者根据研究目的运用内容明确、表达准确的问卷量表，让被试根据个人情况自行作出回答，从而收集所需资料和数据的研究方法。这是管理心理学研究中经常使用的方法。

2. 类型

问卷法根据回答方式可分为是非法、选择法、等级排列法三种方式。

用是非法编制的问卷，只有“是”“否”两种答案，被试根据自身情况进行一种回答，不可模棱两可或者不答。

选择式的问卷为被试提供了多种答案，例如“同意”“中立”“不同意”，或者“非常符合”“比较符合”“一般”“比较不符”“非常不符”等选择，被试按照实际情况选取答案。

等级排列式的问卷中，研究者列出很多可供选择的答案，然后要求被试按照这些选项的重要程度进行等级排列，由最重要到最不重要，依次排列顺序。

3. 优缺点

问卷法最大的优点是可以在较短时间内获得大量资料，问卷的标准化和结构化，可以使研究者省时省力，并且可以使结果量化，便于采用统计方法进行处理分析，得出的研究结果具有普遍意义。问卷法的缺点是无法将结论与被试实际行为进行比较，因而难以将得到的材料进行质的分析。

4. 原则

运用问卷法必须注意：问卷设计要科学化；尽可能利用先进的统计工具处理数据；问卷测试者要进行一定的培训。

（四）访谈法

1. 定义

访谈法是指研究者通过与研究对象面对面的谈话，从研究对象那里收集第一手资料，从而分析研究对方心理活动规律和行为规律的方法。

2. 类型

访谈法按照研究者对访谈结构的控制程度分为结构化访谈、无结构化访谈、半结构化访谈。

结构化访谈是指研究者预先制定目标，将访谈内容、步骤事先设计好，然后按照固定结构的统一问卷方式进行访谈。结构化访谈中，选择访谈对象的标准和方法、问题内容、提问顺序、记录方式等都已经固定好、标准化，研究者只需按照相同程序对受访者进行提问。

无结构化访谈虽然也有一定的目标，但谈话中没有严密固定的程序，结构松散，层次交错，受访者可以自由地按照自己的方式发表看法。此种访谈旨在理解受访者自认为重要的问题，获得他们看待问题的角度以及表达方式。此时，研究者仅起到辅助作用，访谈形式也不局限，研究者可以根据情况应变。

半结构化访谈中，研究者既对访谈结构进行控制，同时也允许受访者有一定的自由度。研究者事先制定一个粗略的访谈提纲，根据设计好的结构提问，但是并不妨碍和限制受访者的自由，鼓励对方提出自己的问题。研究者也可以根据访谈的具体情况对访谈程序和内容进行灵活调整。

3. 优缺点

访谈法的优点是比较简便，能够迅速获得一手资料，使用范围也比较广泛。但是，访谈的效果很大程度上取决于研究者的谈话技巧，以及双方所建立起的关系，而且仅凭访谈者的口头回答就作出结论，缺乏可靠性和真实性。此方法也适合与其他方法配合使用。

4. 原则

访谈时要注意：目的明确，访谈内容围绕中心；事先拟定访谈提纲；选择适当的对象进行访谈；建立和保持和谐的访谈氛围。

（五）测验法

1. 定义

测验法是采用标准化的心理测验量表或者精密的测量仪器来测量、描述、分析被试有关心理品质的研究方法。量表是心理测验常用的工具。

2. 类型

按照一次测量的人数，可分为个别测验和团体测验。个别测验是指一次只测一人；团体测验则是一次同时测多人。

按照测验的目的可以分为智力测验、个性测验、态度测验和能力测验等。

按照测验的方式，可以分为文字测验与非文字测验。

按测验的方法可分为问卷测验、操作测验和投射测验。

3. 基本要求

采用标准化测验工具，应该特别重视信度和效度这两个基本因素。

信度是指一个测验的可靠程度，或测验本身的一贯性。效度是指一个测验的有效性，它必须有效地测量所要考察的心理品质。目前，许多国家已经明确规定，进行人员选择的测验量表，信度系数必须大于等于 0. 80，效度系数必须大于等于 0. 60。

为了保证测验的信度和效度，要对考察的心理品质进行深入研究，同时，编制心理量表时要有严谨性和科学性。

4. 优缺点

测验法测验内容广泛，简便易行，而且测验具有较强的科学性，能够对测量的心理现象进行定量分析。但是，测验法的运用有较大难度，测验者必须经过专门训练，而且，量表的编制以及样本的选取都有较高要求，否则测验结果就会产生偏差。

5. 原则

使用测验法要注意：测验程序要标准化，测验的时间、环境、先后次序要尽可能合理；评分客观化，要根据规定客观地评分；量表科学化，量表应有良好的信效度，最好有国内常模。

（六）个案法

1. 定义

个案法是研究者对某一个体、群体或组织在一段时间内连续进行考察，通过查阅各种原始记录、访问、发放调查问卷和实地考察等方法收集各种情况，以便研究其心理与行为发展变化规律的方法。

2. 类型

个案法可根据时间长短分为短期个案法（1 年以内）、中期个案法（1 ~ 5 年）、长期个案法（5 年以上）。

3. 优缺点

个案法的优点是能收集到丰富的内容，有助于研究者发现新问题。个案法的缺点是情境中的信息有局限性，背景材料可能不完备，研究样本又比较小，限制了研究结果的普遍意义。此外，个案研究一般是描述性的，较难作出因果关系推论。

4. 原则

使用个案法时要注意：事先要制订好具体、详细的计划；要始终抓住主要目标。

第四节　管理心理学的历史沿革

一、管理心理学产生的历史背景

管理心理学的形成与发展，与社会生产力的发展、科学技术的进步，以及其他相关学科的发展有密切的关系。

（一）古代社会阶段

早在 6 000 多年前，人类就开始了自己的管理实践，开始对组织活动进行有效管理，也开始形成管理心理学思想的萌芽。

在中国，先秦时期是古代管理心理学思想产生和奠定的时期。秦始皇征集几十万民工建造了气势宏伟的万里长城。春秋战国时代，出现了“百家争鸣”的局面，诸子百家在政治、经济、文化等各个方面提出了不同的管理主张，也从人性与需要、激励心理、领导与组织心理等方面阐述了管理心理学的思想。在西方，古希腊、古埃及、古罗马、古巴比伦的历史中充满了管理心理学思想的巧妙运用。如古埃及人就组织了几千人的力量修建了举世闻名的金字塔。

在漫长的古代社会，生产处于手工劳动阶段，生产技术和劳动分工比较简单，生产活动多以家庭为单位，场所以作坊为主。当时的管理仅仅是传统的经验管理。

（二）近现代社会阶段

真正促进现代管理心理学产生的是 19 世纪末至 20 世纪 40 年代前后的

社会历史条件。

随着社会生产力的发展，19 世纪末 20 世纪初，资本主义从自由竞争阶段向垄断阶段发展，社会生产力不断提高，西方社会进入了工业革命时期。机器生产代替了手工劳动，组织规模迅速扩大，而且组织内部的分工越来越细，生产工序的操作越来越单一具体。这种管理方式越来越不能适应新的社会发展需要。

随着科学技术的进步，生产过程中的技术含量越来越高。资本家需要尽快改善劳动者的素质，缓解人机矛盾、劳资矛盾。如何提高个人的劳动积极性和工作效率，增强企业竞争力，成为当时社会迫切需要解决的问题。

如何解决这些问题呢？资本家聘请大批心理学家从事此方面工作，管理心理学应运而生。

随着两次世界大战的爆发，心理学在军事管理领域也受到高度的重视，这也对管理心理学的产生起到了重要的推动作用。

二、管理心理学的产生与发展

管理心理学不仅是 19 世纪末 20 世纪初社会经济发展的产物，也与这一时期各种学科的发展有着密切关系。20 世纪初，泰勒（F. Taylor）倡导了科学管理运动，闵斯特伯格（H. Muensterberg）开创了工业心理学，这都是管理心理学形成的先驱。1927 年，艾尔顿·梅奥（Elton Mayo）领导了霍桑试验，提出了人际关系理论，随后又形成需要层次论、测量理论等，真正地推动了管理心理学的产生。这些学科理论的形成和发展，对管理心理学的产生奠定了理论基础。20 世纪 60 年代初期，管理心理学真正成为一门独立的学科。

管理心理学的产生和发展可以分为 7 个阶段：20 世纪初的工业心理学阶段、20 世纪 30 ~ 50 年代的人际关系理论阶段、20 世纪 50 ~ 60 年代的人力资源学派、20 世纪 70 年代的权变观点阶段、20 世纪 80 年代的组织文化阶段、20 世纪 90 年代的工作团队阶段和 21 世纪的学习型组织阶段。

（一）工业心理学的兴起

1879 年，德国心理学家冯特（W. Wundt）在莱比锡大学建立了第一个心理学实验室，标志着心理学成为一门独立的学科。而心理学知识在企业管理实践中的应用是从“心理技术学”开始的。

心理技术学是劳动心理学、工业心理学发展初始阶段的名称，这个概念是由德国心理学家斯腾（L. W. Stern）于 1903 年提出的。

最早对心理技术进行系统研究的是冯特的学生闵斯特伯格，他受聘于哈佛大学，被称为“工业心理学之父”。1912 年，他出版了名著《心理学与工业效率》，提出心理学应当在如何提高工人适应力以及如何提高工作效率方面有所贡献。该书主要包括了三方面内容：最好的工人、最好的工作、最好的效果。他研究的问题涉及：如何使用心理测验的方法来选拔工人，从而保证工人能够适应工作安排；如何改善工作条件，减轻疲劳；如何设计工作，从而使劳动合理化；如何创造心理条件，从而使工人得到最大限度的满足并且提高生产效率等。闵斯特伯格研究的课题后来成为工业心理学、工效心理学、管理心理学的重要研究课题。

闵斯特伯格的研究方向和路线以及他采取的方法对我们有很多启示。但是，闵斯特伯格的研究也有其局限性。他考虑的方面比较窄，仅限于个体心理的研究，缺乏社会心理学和人类学的观点。所以，他的工业心理学在当时未能引起更广泛的注意。

（二）霍桑试验与人际关系理论

工业心理学只是从个体的心理出发，探讨了例如室内温度、光照强度、报酬等因素的作用，但是没有关注工作的社会环境、人际关系等对工作效率的影响，因而未能引起广泛注意。

真正推动管理心理学形成和发展的是由美国哈佛大学心理学家艾尔顿·梅奥（Elton Mayo）领导的霍桑试验，以及基于此所提出的人际关系学说。该试验进一步将社会心理学、人类学等学科结合起来，开创了管理心理学的道路。因此，梅奥根据霍桑试验所提出的“人际关系学说”是管理心理学核心理论的重要内容。

1. 霍桑试验

霍桑试验是 1924 ~ 1932 年间在美国西方电器公司所属的霍桑工厂进行的。霍桑工厂是一家制造电话交换机的工厂。工厂的娱乐设施、医疗制度等都比较完善，但是工人的积极性却很低，劳动效率需要提高。为此，美国国家研究委员会组织了由心理学专家组成的研究小组，专门针对此问题进行研究。研究的中心问题就是“生产效率与工作条件之间的关系”。

试验的早期研究结果表明，照明条件的改善并未像假设的那样使生产效率提高，而且第二阶段的福利试验也未能证明生产效率与福利条件之间的联系。1927 年，哈佛大学商学院副教授梅奥加入试验，成为主要的领导者。

霍桑试验分为 4 个阶段：照明试验、福利试验、群体试验和谈话试验。

（1）照明试验。照明试验是在 1924 年 11 月 ~ 1927 年 4 月进行的。此试验主要研究照明条件对生产效率有何影响。研究小组设想，改善工作条件有利于产量提高，即增加照明程度会使产量提高。

试验中有两组绕线圈女工，一组是试验组，工作时照明条件不断发生变化；而另一组作为对照组，照明条件始终不变。试验结果发现：照明度变化居然没有对产量产生影响。只有在照明程度非常低，接近黄昏时，试验组的产量才急剧下降，除此之外，两个组的产量都是等量上升的。

这一试验结果使研究小组感到茫然，以致试验难以继续进行。

此时，梅奥等心理研究人员来到霍桑工厂，重新成立了新的研究小组，继续试验。经过对前阶段试验的认真分析，研究者们得出结论：工人在特定的条件下接受试验，这使得她们感到自己被重视了，认为这是管理层对她们的信任，因而精神状态非常好，并且始终以积极的态度去生产；而且，参加试验的女工之间关系非常和谐，这也有助于她们生产效率的提高。

可见，照明试验结果表明，良好的心理状态以及和谐的人际关系有利于提高生产效率。

（2）福利试验。福利试验是在 1927 年 4 月 ~ 1929 年 6 月之间进行的。此试验主要研究改善福利条件以及工作时间是否对生产效率有影响。

有 6 名女工自愿参与试验，她们在单独的房间里从事装配继电器的工作。研究者首先增加这些女工的福利，缩短她们的工作时间，延长休息时间，并且免费为她们提供茶点等。按照设想，这些福利措施一定会刺激人们的生产积极性，一旦取消这些福利措施，产量就会下降。两个月后，研究者取消了这些福利措施。试验结果令人惊奇：产量不仅没有下降，反而继续上升。经过深入了解发现，这仍然是融洽的人际关系在起作用。

福利试验的结果表明：人际关系比福利措施更能有效调动工人的积极性，提高生产效率。

（3）谈话试验。谈话试验是在 1928 年 9 月 ~ 1930 年间进行的，持续了 2 年之久。该试验主要是进行大规模的态度调查。

梅奥用了 2 年多的时间，找工人进行个别谈话，共计 2 万余次。谈话过程有严格规定，调查人员一定要以平等、关心的态度耐心地倾听工人对厂方的各种意见和不满，并详细记录。调查者不许对工人的不满意见进行反驳和训斥。

谈话试验起到了意想不到的结果，使霍桑工厂的产量大幅度提高。原来，工人长期以来对工厂的各项管理制度和方法存在诸多不满，无处发泄。

调查者的倾听使得他们的情绪得到了宣泄，从而使工人感到心情舒畅，提高了士气，也大幅度提高了产量。

（4）群体试验。群体试验是在 1931 年 11 月 ~1932 年 5 月间进行的。此试验主要研究较高的报酬对生产效率的影响。

梅奥选择了 14 名男工在单独的房间里从事绕线、焊接和检验等工作。研究者对这些工人实行特殊的计件工资制度，报酬要高于其他未参加试验的工人。研究者设想，这种特殊的报酬制度会使工人更加努力地工作，从而得到更多奖励。但试验结果发现，每个工人的日产量平均差异不大，而群体的产量也只保持在中等水平之上。

原来，工人间自发地组成了两个群体，每个小群体都有自己的约定：谁也不能干得太多，突出自己而获得高报酬；但也不能干得太少，影响群体的利益；而且不许向管理者告密。如果有人违反这些规定，轻则谩骂，重则遭到殴打。究其原因，工人之所以维持中等水平的产量，是担心产量提高后，管理层会改变现行奖励制度，或者裁减一部分人员，从而使部分工人失业，或者使干得慢的工人受到惩罚。

这一试验表明，工人为了维护群体内部的团结，可以抵制物质利益的诱惑。梅奥由此提出了“非正式群体”的概念，认为正式群体中存在自发形成的非正式群体，这些群体有自己的特定规范，约束并调节人们的行为，同时加强了内部协作关系。

2. 人际关系理论

梅奥于 1933 年出版了《工业文明中的人类问题》，1945 年出版了《工业文明中的社会问题》，全面总结了霍桑试验的结果，提出了“社会人”的概念，并系统地阐述了人际关系理论。

（1）人是“社会人”，而非“经济人”。传统的管理理论把人假设为“经济人”，认为金钱是刺激人积极性的惟一动力，只有严格的管理和物质条件才能调动人的积极性；而霍桑试验认为，人是“社会人”，生产效率的变化主要取决于工人的士气，而这种士气取决于社会因素、心理因素。

（2）强调管理中的人群关系。传统管理理论认为，生产效率主要取决于工作方法和工作条件，而梅奥认为，生产效率的提高主要取决于员工的“士气”。人群关系理论的核心是：人是社会性动物，他们的需要和驱动力不仅受自己先天动机的影响，同时还受到周围其他人的影响。

梅奥为管理者提供了一个通过咨询和领导技术重建人与社会平衡的新模式：工业问题是人群关系的问题。人际关系或人群关系理论建议建立联系密切的社会群体，这可以使管理与工人的目标结合起来。

（3）非正式群体。传统管理理论只关注正式群体的问题，例如组织结构、职权、规章制度等，而梅奥则注意到了组织中“非正式群体”的存在。该组织也有自己特殊的规范，并影响群体成员的行为。

（4）新型领导能力的重要性。传统管理理论只强调领导对员工的绝对管理。而梅奥则提出了新型领导能力问题。

领导者在负责组织完成生产任务的同时，还要善于倾听和沟通职工意见，使正式组织的经济需要与非正式组织的社会需要取得平衡。新型的领导能力就是通过职工心理需求的满足度来达到提高生产效率和工作效率的目的。新型领导艺术在于使正式组织满足员工经济需求的功能，与非正式组织满足员工社会心理需求之间保持平衡。

梅奥提出的“人际关系理论”第一次正式地将社会学和心理学引入了企业管理领域，有力地冲击了传统管理理论，为管理心理学的形成奠定了试验的理论基础。因此，梅奥被誉为工业心理学的创始人和管理心理学的先驱，而人际关系理论的提出则成为管理心理学形成的标志。

（三）人力资源学派

20世纪50年代后，心理学领域对动机、需要、群体动力、态度等各种问题的研究日趋完善。而且，随着科学技术的不断发展以及教育的不断普及完善，员工的个人需要、期望等内容比以往更加深刻。此时，人际关系理论片面强调搞好人际关系的观点已经不能满足日益丰富的生产实践了。因此，心理学家开始更深入地研究心理与行为的关系，探讨如何激励员工的积极性。于是，一个新的学派——人力资源学派形成了。

人力资源学派的中心思想是，企业发生各种问题的原因在于未能发挥员工的潜力，员工的潜力才是企业最大的财富。人力资源学派的主要代表人物是哈佛大学教授阿吉雷斯（C. Argyris）和麻省理工学院教授麦格雷戈（D. McGregor）。

1957年，阿吉雷斯发表了《个性与组织》一书，对人际关系理论进行了抨击。阿吉雷斯认为，在人际关系理论的影响下，管理者仅仅在福利待遇、改善员工工作环境等方面努力，却没有能够赋予员工更多的责任，并未想到满足员工的成就感，以及调动他们的积极性，发挥他们的潜力。他认为，管理者应当从组织的角度来分析，哪些因素影响员工发挥他们的潜能呢？传统的组织设计太强调规章制度，员工只能听命于上级，从而变得消极被动、依赖感强，这不仅束缚了员工的创造性和积极性，也阻碍了员工个性的成熟发展。因此，阿吉雷斯主张，企业管理者应当从组织层面进行改革，鼓励员工多负责任，充分发挥员工的能力，给予他们成长和成熟的机会。

1960 年，麦格雷戈出版了《企业中人的方面》一书，提出了人性的两套系统性假设——X 理论和 Y 理论。X 理论是一种消极的人性观点，把人看成是懒惰的、厌恶工作的、需要严格控制的。Y 理论则是一种积极的人性观点，认为人是能够自我管理的、愿意承担责任的，可以把工作看做像休息和娱乐一样自然。

人力资源学派丰富了管理心理学的基本理论，提出了发挥员工潜能的重要观点。但是，其不足之处在于，认为处理管理问题存在一个普遍适用的最佳方案和理论。

（四）权变观点

权变观点认为，管理领域不存在普遍适用的最佳方案和理论，因为管理的对象是人，有其主观性，而管理环境也是变化多端的，相应的具体方案必须根据管理对象和管理环境的具体情况，因时因地、因各种情况来制订。管理心理学就是基于权变理论的思想基础建立的。

麻省理工学院教授沙因（E. Schein）对人性进行了进一步分析。沙因把科学管理的人性观称为“经济人”，把人际关系理论的人性观称为“社会人”，人力资源学派的人性观称为“自我实现人”或者“自动人”。他自己则提出了“复杂人”的概念。

人的心理状态是复杂的，人与人的个性不同，即使同一人，在不同年龄、不同时期、不同情境下也有差异。因此，人是“复杂人”，管理者不能使用同一模式进行管理，而是应当根据每个职工的不同特点制订相应方法，才能有效。

（五）组织文化研究

组织文化是企业或组织在长期的经营运作过程中形成的成员所共有的核心价值观体系。组织文化使组织别具特色，区别于其他组织。

“二战”以后，日本经济迅速崛起，短短 30 年就在世界经济中占有了优势。这一现象引起了美国的恐慌，因此自 20 世纪 70 年代开始，美国管理学家开始对日本企业进行深入的分析和研究。美国管理学家发现，日本企业管理者非常重视企业文化建设，很注重树立全体员工共有的一套核心价值体系。日本的企业管理者不仅重视理性管理，同时也很强调企业文化建设。他们因此认为企业文化建设是日本经济腾飞的基础。1981 年，威廉·大内的《Z 理论》被称为企业文化研究的标志。

组织文化研究为管理心理学带来了新突破，提出了“观念人”的假设。该观点认为，个体在本能上有许多需求，同时也希望这些需求得到满足。但是，最重要的是个体有自己的信仰和价值观。因此，企业应当帮助员工树立正确的价值观和信念，在企业中建立信任、平等的人际关系，如此，员工就会充分发挥自己的潜能和创造性。

（六）工作团队

工作团队与群体是不同的概念。群体是两个或两个以上的个体在共同目标的基础上相互作用和相互依赖的集合。而工作团队虽然是一个正式的工作群体，但并非每个工作群体都可以称为工作团队。团队的协作程度比群体成员的关系要密切很多，它更强调群体成员之间的承诺感和合作性。工作团队在成员的共同努力下可以产生非常积极的协同作用，使得集体绩效大于个体绩效水平之和。

目前，团队研究非常盛行。如果某种工作的完成需要多种技能经验，那么，由团队完成往往比个体完成效果好。因此，团队已经成为组织工作绩效的可行方式，它能帮助组织更好地发挥员工才能。当前，工作团队主要研究团队凝聚力、团队构成、目标设定、团队内部关系、规范、冲突和团队决策等内容。

（七）学习型组织

随着社会进步和科技的快速发展，企业面临的环境越来越复杂多变，竞争也更加无情。21 世纪，许多企业提出了不断提高适应力、提升组织学习能力的观点。这就是学习型组织的理念。

一个良好的学习型组织应当具有 5 项特征。这 5 个特征又称为“5 项修炼”：自我超越（人们摒弃个人利益和部门利益，为实现组织的共同构想一起工作）、改善心智模式（解决问题和从事工作时，摒弃旧的思维方式和常规程序）、建立共同愿景（有一个大家认同的目标）、团队学习（人们之间坦率地相互沟通，不必担心受到批评和惩罚）和系统思考（作为相互关系的一部分，成员们对所有的组织过程、活动、功能和与环境的相互作用进行思考）。

学习型组织解决了传统组织中存在的三个基本问题，即分工问题、竞争问题和反应性的问题。

【思考题】

（1）管理心理学的研究对象是什么？研究内容有哪些？

(2) 分析管理心理学与心理学、管理学以及组织行为学的关系。

(3) 管理心理学研究中应当遵循哪些原则?

(4) 管理心理学的研究方法有哪些?

(5) 管理心理学的发展经历了哪些阶段?

(6) 解释霍桑试验的内容及其揭示的人际关系理论。

【阅读与思考】

某日，一位管理学教授为一群大学生讲课。上课接近尾声时，教授拿出一个两立方分米的广口瓶放在桌上:“我们最后来作个小试验。”随后他取出一堆拳头大小的石块，把它们一块块地放进瓶子里，直到石块高出瓶口再也放不下了，他问:“瓶子满了吗?”所有的学生都回答:“满了。”他反问:“真的吗?”说着他从桌下取出一桶砾石，倒了一些进去，并敲击玻璃壁使砾石填满石块间的间隙。“现在瓶子满了吗?”这一次学生有些明白了，“可能还没有满。”一位学生说道。“很好!”他伸手从桌下又拿出一桶沙子，把它慢慢倒进玻璃瓶。沙子填满了石块的更多间隙。他又一次问学生:“瓶子满了吗?”“没满!”学生们大声说。然后教授拿一壶水倒进玻璃瓶直到水面与瓶口齐平。

大家从中明白了什么道理？这对大家的时间管理有什么启示？

第二章　管理心理学的基础理论

【本章目标】

(1) 了解管理心理学的人性理论基础；

(2) 掌握管理理论的发展阶段；

(3) 了解心理现象构成；

(3) 掌握心理学的基础理论。

【案例】

习得性无助

"习得性无助"是美国心理学家塞利格曼（Seligman）1967 年在研究动物时提出的，他用狗作了一项经典实验。起初把狗关在笼子里，只要蜂音器一响，就给予难受的电击，而狗被关在笼子里逃避不了电击。这样重复多次后，研究者进行了一些改变。他们在蜂音器响过但还未给予电击前，就先把笼门打开，此时奇怪的现象发生了：狗非但没有逃走，反而是在电击还未出现前就倒在地上开始呻吟和颤抖了。原本狗可以主动地逃避，但它却选择了绝望地等待痛苦的来临，这就是习得性无助。

1975 年，塞里格曼用人当受试者，结果发现人也产生了习得性无助。实验是在大学生身上进行的。他们把学生分为 3 组：让第一组学生听一种噪音，这组学生无论如何也不能使噪音停止。第二组学生也听这种噪音，不过他们通过努力可以使噪音停止。第三组是对照，不给受试者听噪音。当受试者在各自的条件下接受一段实验之后，即令受试者接受另外一种实验：实验装置是一只"手指穿梭箱"，当受试者把手指放在穿梭箱的一侧时，就会听到一种强烈的噪音，放在另一侧时，就听不到这种噪音。

实验结果表明，在原来的实验中，第二组即能通过努力使噪音停止的受试者，以及第三组未听噪音的对照组受试者，他们在"穿梭箱"的实验中，学会了把手指移到箱子的另一边，使噪音停止，而第一组受试者，也就是说在原来的实验中无论怎样努力也不能使噪音停止的受试者，他们的手指仍然停留在原处，听任刺耳的噪音响下去，却不把手指移到箱子的另一边。为了证明"习得性无助"对以后的学习有消极影响，塞里格曼又作了另外一项实验：他要求学生把下列字母排列成字，比如 ISOEN、DERRO，可以排成 NOISE 和 ORDER。学生要想完成这一任务，必须掌握 34251 这种排列的规律。实验结果表明，原来实验中产生了无助感的受试者，很难完成这一任务。

随后的很多实验也证明了这种习得性无助在人身上也会发生。

管理心理学是一门多学科相互渗透的综合性应用学科，它是心理学和管理学交叉而成的，既是心理学的一个分支，也是管理学的重要组成部分，而组织管理理论又是建立在对“人性”问题认识的基础上。人性观、管理学、心理学等理论一起构成管理心理学成长发展的理论基石。

第一节　管理心理学的哲学基础

“人性”就是人的本性，对人性的认识是人们行为的出发点。人性是哲学领域研究的课题。管理心理学的基本研究对象是人，人的行为也总是建立在人们关于人性自觉或不自觉的认识基础上，因此管理心理学也离不开对人性问题的研究。关于人性的理论是管理心理学的主要哲学基础。

一、人性理论

在西方管理心理学中，相继出现了 4 种主要的人性假设：经济人假设、社会人假设、自我实现人假设、复杂人假设。现在，又出现了文化人假设和决策人假设。

（一）经济人假设与 X 理论

“经济人”又称“理性经济人”（Rational-Economic Man），该假设认为人的本性是追求自身利益的最大化，其工作动机是为了获得经济报酬。

这种假设起源于享乐主义哲学和亚当·斯密（Adam Smith）关于劳动交换的经济理论，认为人的行为动机源于经济诱因。这种哲学思想认为，人的一举一动都是为了使自己获得最大的利益。以泰勒为代表的古典管理理论就是经济人假设的具体体现。

既然人是惟利是图的，人的行为动因源于经济诱因，在于追求自身最大利益，那么，管理者需要用金钱与权力、组织结构的控制来使员工服从并维持效率。

1. 经济人假设的基本观点

哈佛大学教授沙因（E. Schein）对经济人假设进行了概括：

（1）员工基本上都受经济性刺激物的激励，只要能向个体提供最大的经济效益，他们就会做。

（2）经济刺激物处于组织控制之中，因此员工的本质是被动因素，受到组织的左右和驱使。

（3）感情是非理性的，可能会干扰人们对自己利益的理性权衡，因此必须加以防范。

（4）组织可以而且必须按照能够中和、控制人们感情的方式来设计，也就是要控制住人们那些无法预计的品质。

2. X理论的基本观点

1960年，麦格雷戈（D. McGregor）出版了《管理理论X或Y的抉择——企业的人性面》，他对管理理论中的人性观进行了概括。麦格雷戈进一步将经济人假设归纳为X理论。沙因认为，麦格雷戈X理论的人性假设是对经济人假设的补充和说明，即经济人假设与X理论中的人性假设是一致的。X理论的基本观点如下：

（1）多数人生来懒惰，尽可能逃避工作。

（2）多数人胸无大志，不愿负责任，并甘愿被别人领导指挥。

（3）多数人的个体目标与组织目标矛盾，组织必须使用强制和惩罚的办法才能迫使他们为组织服务。

（4）人易于受欺骗，常有盲从的举动。

（5）多数人习惯于抵抗变革。

（6）大多数人工作是为了满足基本的生理需要和安全需要，所以只有金钱和物质利益才能激励人们工作。

（7）大多数人具有上述特性，只能做被管理者，而极少数人能克制自己的感情冲动而成为管理者。

3. 经济人假设下的管理策略

根据经济人假设，X理论认为管理过程中应当采取以下措施：

（1）采用任务管理的方式。主张管理的重点放在高效率的工作效益上，认为管理就是通过一套权力与控制系统来实现计划、组织、经营、指导和监督。至于人的感情以及道义上应负的责任是无关紧要的，管理部门必须对这些非理性情绪进行控制和防范。

（2）实行明确的奖惩制度。以金钱来刺激个人的生产积极性，用严厉的惩罚来对付工人的怠工行为。生产效率降低时就实行高效率的奖励计划，通过竞赛激发员工积极性。还要时常检查自己的控制机制，看对于有消极表现的员工是否给予了足够的处罚。泰勒所鼓吹的“胡萝卜加大棒”就是这种管理方式。

（3）管理工作是少数人的事，和广大员工无关。员工的任务就是服从命令，听从管理者指挥，接受他们的管理并努力工作。这就是泰勒所指出的，计划职能与执行职能的区分。

4. 评价

对于经济人假设以及由此派生出来的 X 理论应当从两个方面看待：

（1）经济人假设的局限性。①经济人假设以及 X 理论都是以亚当·斯密的享乐主义为基础的，认为人生来是追求物质享受的，而且人都是懒惰、逃避责任、不喜欢工作的“自然人”。基于此，管理理论及其原则都是以金钱物质利益为导向的，而且权力是用来严密控制员工的，这种管理模式太机械，不可能激发员工的积极主动性和创造性。②经济人假设以及 X 理论认为大部分人都没有雄心抱负，只关心个人利益，只有少数人能克服自身的局限性，从而成为管理者。因此，管理是少数人的事情。这将管理者与被管理者严格地对立起来了，不符合管理的本质。③经济人假设和 X 理论无视人的情感、观念等，认为这些都是妨碍组织利益的非理性因素，甚至希望组织通过严格的管理压抑人的个性与情感，并反对员工参与管理。这不可能激发个体的工作动机，更不可能发挥人的积极性。

（2）经济人假设的合理性。经济人假设的产生有其特定的历史背景。在生产力不发达的时期，物质匮乏，劳资矛盾最突出的原因就是员工的工资待遇低下，这就使得管理者不得不将考虑的重点放在了人的自然需求上。这一假设的提出，对于提高生产效率以及缓和劳资矛盾提供了可操作的理论基础。

（二）社会人假设和人群关系理论

社会人（Social Man）假设又称社交人假设，产生于 20 世纪 30 ~ 50 年代。该假设认为，人的最大动机是社会需求，只有满足了人的社会需求，才能对人有最大的激励作用。人在组织中的社交动机，即被他人接受和喜爱的需要是调动人的生产积极性的决定性因素，远远超出了经济性刺激物所满足的需求。也就是说，社会人假设认为：人们最重视的是工作中与周围人的友好关系，良好的人际关系是调动员工生产积极性的决定性因素，物质刺激只具有次要意义。

社会人假设的理论基础是梅奥等人在霍桑试验的基础上所提出来的人际关系理论。人际关系理论强调组织成员良好的人际关系、社交与尊重需要的满足对员工的工作行为和绩效的影响和意义，认为个人绝非简单地追求最大经济利益。

1. 社会人假设的基本观点

（1）社交需要是人类行为的基本激励因素，人际关系的形成则是人们身份感的基本因素。

（2）从工业革命中延续来的机械化，使工作失去了许多内在意义，这些丧失的意义必须从工作中的社交关系中寻找回来。

（3）与管理部门所采用的奖励和控制的反应相比，员工更容易对同级同事所组成的群体的社交因素作出反应。

（4）员工对管理部门的反应能够达到何种程度，取决于管理者对下级的归属需要、被接纳的需要以及身份感的需要满足到何种程度。

2. 人际关系理论的基本观点

梅奥在著名的霍桑试验后提出了人际关系学说，他在1933年出版的《工业文明的人性问题》一书中阐述了该理论的基本观点：

（1）人是社会人。不能把人简单地看做是经济人，金钱并不是激励员工积极性的惟一方法，员工的社会心理需求才是影响积极主动性的主要因素。

（2）实行“以人际关系为中心”的管理。该理论认为生产效率的高低并非取决于工作方法和工作条件，而是取决于员工的士气。士气的高低则取决于员工在家庭、企业和社会生活中的人际关系。

（3）重视“非正式群体”。霍桑试验揭示了正式组织中存在“非正式群体”，这种无形的组织存在特定的规范，能够影响和控制群体成员的行为，要重视该群体。

（4）建立新型领导方式。根据人际关系理论，领导者要善于倾听员工意见，不仅要研究员工的理性行为，还要了解他们的非理性行为。也就是说，领导者要重视员工的情绪、感情以及潜意识等所引起的行为。管理者要设法引导员工，使正式组织的目标与非正式组织的社会学需要相协调，这样员工就愿意为了组织目标的达成贡献力量。

3. 社会人假设下的管理策略

（1）管理者不应只把注意力局限于生产任务的完成，而应更多地关注员工的各种需求，将重点放在关心人和满足人的需求上。

（2）管理者不应只进行指挥、计划、组织和控制，还要多关注员工间的人际关系，提高员工的认同感、归属感，关心他们的心理健康，激励他们对组织的奉献精神，努力培养员工的群体意识，增强组织凝聚力。

（3）奖励方式上，应注重集体奖励而非只进行个人奖励。

（4）管理者的职能要有所转变，不应只进行计划、组织和控制，还要充当下级与上级之间的联络人，承担在上下级间沟通信息的责任。管理者要倾听和理解下级的需要与情感，还要在上级那里支持下级；同时，还应将上级的意图向下级传达贯彻。

（5）提出了新型的“参与式管理”。所谓参与式管理，就是让员工在不同程度上参与企业决策的研究或讨论。研究及实践都表明，参与管理比传统管理更有效。

4. 评价

（1）社会人假设的局限性。社会人假设关心和重视员工的个人与社交需要，促使组织关心员工的这些需要，有助于保持员工对组织的忠诚，调动员工积极性。但是，它忽略了工作任务和工作本身对人的重要作用。

（2）社会人假设的合理性。①强调了人的社会性。社会人假设承认人是社会实体，认为不仅要注重人的自然性需要，更要重视人的社会性需要。②丰富了激励理论。管理者从满足员工的社会需要入手，可以得到比单纯物质刺激更好的激励效果。③改变了管理重心。社会人假设开创了以人为本的管理模式，促进了管理水平的提高。

（三）自我实现人假设和Y理论

“自我实现人”（Self-Acrualizing Man）也叫做“自动人”。自我实现人假设产生于20世纪50年代，由美国著名心理学家马斯洛（Abraham H. Maslow）、阿吉雷斯和麦格雷戈等人提出。这种人性假设认为，人并无好逸恶劳的天性，人的潜能只有充分发挥出来，人才能获得最大限度的满足。

1. 自我实现人假设的基本观点

（1）人具有寻求最大限度地利用自己的才能与资源的需要，即自我实现的需要。人的需要可以归结为由多种需要组成的层次体系，由低到高依次是生理需求、安全需求、社交需求、尊重需求以及自我实现的需求。当底层的基本需求得到满足后，人就会转而追求较高层次的需求。

（2）个人总是追求在工作中变得成熟。厌恶工作、逃避责任并非人的天性，个体会行使一定的自主权，努力培养自己的专长和能力，采用长远的观点，并以较大的灵活性去适应环境，从而使自己变得更成熟。

（3）个体主要是通过自己来激励和控制自己的，外部刺激物和控制很可能构成对人的威胁，并将人降低到较不成熟的状态。

（4）自我实现与使组织绩效更富成果，这两者并不矛盾。如果能够给予适当的机会，员工会自愿将个人目标与组织目标结合起来。

2. Y 理论的基本观点

麦格雷戈总结并归纳了马斯洛、阿吉雷斯等人的观点，并结合管理实践中的问题，提出了与 X 理论相对立的 Y 理论，其基本观点如下：

（1）多数人都是勤奋的，只要环境条件有利，工作就像休息或游戏一样自然。

（2）外力的限制和惩罚并不是实现组织目标的惟一方法。人们为了达成自己承诺的目标，具有主动性和自我监督能力，他们在执行任务中能够自我指导和自我控制。

（3）多数人在适当条件下不但能够接受责任，而且会主动追求责任。逃避责任、缺乏抱负并不是人的本性。

（4）人群中广泛存在高度的想像力、智力和创造力，以此来解决组织中的各类问题。

（5）在现代产业活动中，普通人的智力和潜能只得到了部分发挥。

可见，人都具有成长和发展的潜在可能，组织的管理方式将直接影响该潜能是否被发掘。

3. 自我实现人假设下的管理策略

麦格雷戈提倡 Y 理论而反对 X 理论，他认为 Y 理论就是自我实现人假设的具体化。根据自我实现人假设而制定的管理策略可以归纳为四个方面：

（1）管理的重点要改变。管理者要较多地考虑怎样才能使工作本身变得具有内在意义以及更具挑战性。管理者不应只考虑计划、组织、指导和监督控制工作，而是要更加重视人的因素，更关注人的价值和尊严。如果管理者能够将工作安排得富有意义、具有挑战性，那么员工就会在工作中实现自我价值并获得满足感。这样，既克服了经济人假设过于重视任务而轻视人的因素的片面性，又克服了社会人假设仅重视人际关系因素而忽视工作任务本身的局限性。自我实现人假设主张创造一种适宜的工作环境、工作条件，以充分发挥人的潜力和才能，展示人的特长和创造力。

（2）管理者职能的改变。管理者的主要任务在于为员工发挥聪明才智创造良好条件，减少和消除员工在自我实现过程中遇到的障碍。在自我实现人假设条件下，管理者与其说是激励者、指导者或控制者，不如说是起催化作用的媒介者，是创造并提供方便的人。

（3）激励方式的改变。自我实现人假设强调对员工进行内部奖励。奖励方式可以分为内部奖励和外部奖励两种。外部奖励就是经济人假设和社会人假设所强调的工资、晋升、良好人际关系等外部模式。内部奖励即重视员工的知识获得、才能施展，以及形成自尊、自重、自主、利他、自我实现的氛围，以最大限度调动员工的积极性。麦格雷戈认为，只有内在奖励才能满足人的自尊和自我实现的需要，从而真正调动员工的积极性。

（4）管理制度的改变。自我实现人假设主张管理者下放管理权限，建立决策参与制度、提案制度等，鼓励员工参与组织发展计划的制订。随着社会的发展，组织中受过良好教育的人越来越多，内在激励因素的重要性也不断提高。而且，社会竞争不断加剧，企业想方设法使员工全心全意参与，能够最大限度地提高长期生产效率和创造性。

4. 评价

（1）自我实现人假设的局限性。从理论上看，仅仅把管理建立在人自我实现的需求以及人性本善的基础上是靠不住的。此外，人性的发展以及个体的自我实现也并不仅是自然成熟的过程，它也是社会现实和主体能动性综合作用的结果。

（2）自我实现人假设的合理性。自我实现人假设强调注重人的自我实现需求，提倡管理者为员工创造学习与深造的机会和条件，充分发挥他们的潜能和创造力，主张给予员工富有挑战性的工作，让他们在自己的工作成就中得到满足。该假设还提倡建立决策参与的制度等，对于管理实践有重要参考意义。

（四）复杂人假设和超Y理论

复杂人（Complex Man）假设是组织心理学家沙因在对前面三种人性观进行回顾和总结的基础上，于20世纪60年代末~70年代初提出来的。复杂人假设认为，人实际上是因时因地、因各种情况采取适当反应的复杂人。该假设的提出受到权变理论（Contingent Theory）的影响，而且与莫尔斯和洛西（J. Malse & J. W. Lorsch）所提出的超Y理论具有很大相似性。

无论是经济人假设、社会人假设还是自我实现人假设，虽都有其合理的一面，但并不能适用于所有人。不仅个体之间存在很大的差异，即使是同一个人，在不同年龄、不同时期、不同环境中都有不同的表现。而且，人的需要与欲望是多种多样的，这些需要的模式还会随着年龄、发展阶段的变化，随着个体所扮演角色的变化，随着所处环境与人际关系的演变而不断变化。

因此，人性是复杂的、可变的，必须以一种权变的、动态的观点来看待人性。

1. 复杂人假设的基本观点

（1）人类的需要分为很多类，而且会随着个体的发展和环境的变化而变化。每类需要对于个体的重要性都是不同的，因此形成了一定的需要等级体系。这种等级体系不仅因人而异，而且对于同一个体来说也是不断变化的。

（2）需要和动机彼此作用组成了复杂的动机、价值观与目标，因此满足需要和达到激励的方式也是复杂的。人们必须决定自己从何种层次上去理解人的激励。有时，金钱可以满足很多需要，对有的个体来说，即使是自我实现的需要，也需要金钱才可以满足；但有时，社交动机和自我实现需要也可以用其他方式满足，或者在不同的发展阶段，用不同的方式去满足。

（3）个体可以在生活和工作中习得新的动机。也就是说，个体在特定的职业生涯或生活阶段上，其总的动机模式和目标，是与个体的原始需要以及个体的组织经历之间一系列复杂交互作用的结果。

（4）个体在不同的组织，或者在同一组织的不同部门中，可能会表现出不同的需求。一个在正式组织中受到冷遇的人，可能会在其他非正式群体中得到社交需要或者自我实现需要的满足。

（5）个体可以在许多不同类型的动机基础上，成为组织中生产率很高的一员，全心全意参与到组织中去。激励的性质就是能否使员工获得根本满足，这是影响绩效的决定性因素之一。此外，工作任务本身的性质、员工自身能力和经验，以及组织环境氛围等因素交互形成的特定工作模式，也是重要的影响因素。

（6）员工可以对多种不同的管理策略作出反应，这一方面取决于他们自己的动机和能力，另一方面也取决于工作任务的性质。也就是说，不存在一个任何时候对所有人都能起作用的惟一正确的管理策略。

2. 超 Y 理论的基本观点

（1）人的需要多种多样，而且会随着人的发展和生活条件的变化而变化。不同个体的需要各不相同，而且需要层次也是不同的。

（2）人在同一时间有各种需要和动机，它们相互作用，并结合为一个统一的复杂动机模式。

（3）动机模式的形成由内部需要和外部环境共同作用。人在组织环境中会产生新的动机。

(4) 个体在不同组织或不同部门中会产生不同的需要。

(5) 个体的需要不同，能力各异，而且对不同管理方式有不同反应，因此没有一套适用于任何时代、任何组织和所有个人的有效管理办法。

3. 复杂人假设下的管理策略

根据复杂人假设而制定管理策略要求管理者根据具体的人、具体的工作和具体的环境，灵活采取管理措施。

(1) 管理者要有权变论观点，管理措施不能简单化、一般化，管理者的领导方式应当随着情境变化而变化，采用弹性、应变的领导方法。例如，任务不清晰、工作环境混乱时，管理者应当采取较严格和非常明确的领导方式，清晰地指导生产，并规范工作秩序；而当任务清楚、工作秩序良好时，管理者则应采取民主、授权的领导方式，鼓励下属发挥自己的创造性。

(2) 管理者要注意采用不同的组织形式提高管理效率。组织形式必须适应工作性质和员工的复杂动机模式。也就是说，必须根据大量实际情境以及不同的工作性质，采取灵活多变的组织形式。

(3) 管理者要注重个体差异性，善于发现员工在需要、动机、能力和个性上的差异，并据此因人、因时、因地、因事采取不同的管理方式和激励措施。

4. 评价

(1) 复杂人假设的局限性。复杂人假设的核心是强调灵活性和变化性。它可能强调了个体差异性的一面，却忽视了人的共性。这不利于发现和找寻管理的一般规律。

(2) 复杂人假设的合理性。该假设以辩证的观点看待个体，从个体的差异以及个体与环境的关系出发，强调针对不同情形和不同对象采取灵活管理方式，对于管理工作有重要的启示意义。

(五) 文化人假设与Z理论

文化人假设是20世纪80年代初，西方心理学家、管理学家对企业文化问题进行研究后所提出的理论。文化人假设认为，人是文化的产物，人的心理和行为是由价值观等内在要素决定的。文化人假设的理论代表是美国加州大学日裔管理学家威廉·大内（William Ouchi，又译乌契）所提出的Z理论，他于1981年发表了《Z理论——美国企业界怎样迎接日本的挑战》一书，阐述了Z理论。

1. 文化人假设和Z理论的基本观点

(1) 人是文化的产物，人的生物性行为中也有文化的烙印。

（2）人类行为存在文化模式：相同文化背景下的人具有共同的行为模式。不同民族的人有自己的民族性或者国民性，不同地区的人有不同的地域性格。

（3）人格塑造的核心就是培养和训练人的价值观和行为方式。

（4）组织的行为效率主要取决于群体成员是否具有共同的核心价值观和行为准则。

威廉·大内认为“二战”后日本的经济发展之所以如此迅速，就是因为它采用了独特的管理模式。他把经过修改的理想美国管理模式称为Z理论。其核心在于建构管理模式，这种管理模式的形成与培育员工价值观、树立企业形象密不可分。

2. 文化人假设下的管理策略

文化人假设认为组织的成功离不开信任、微妙性和亲密关系，因此完全可以实行以坦白、开放、沟通为基本原则的参与式管理。

（1）实行长期雇佣制，使员工与企业同甘苦、共命运。

（2）对员工实行长期考核和逐步提升制度。

（3）采取集体研究的决策过程。

（4）对一项工作实行集体负责制。

（5）提倡非专业化经历的道路，培育能适应各种工作环境的多专多能人才。

（6）管理过程中既注重明确清晰的控制手段，又注重对人经验和潜能的启发诱导。

（7）建立员工个人和组织的全面关系，包括员工家属与组织的关系。

3. 评价

（1）文化人假设的局限性。Z理论具有行为科学的局限性，该理论指出，令员工关心企业是提高生产效率的关键，但企业成功不仅仅靠人的要素，还包括卓越的内部管理、外部环境的支持等，人际行为领域并不包括管理学的全部内容；此外，Z理论所提倡的组织也存在一些问题：Z型组织符合日本的国情，但未必一定符合美国文化。而且，文化的灵活性和创新性也未被重视。总之，Z理论过于乐观地评价了日本企业的管理方式，忽略了这种管理方式的时代局限性和本身缺陷。

（2）文化人假设的合理性。文化人假设和Z理论提出了新的管理视角，强调了企业文化对企业的重要性，关注员工的价值观、企业精神和企业形象的塑造。这能够使管理者透过企业管理的理性层面挖掘内在的文化层面，重视员工的文化素养。

（六）决策人假设

决策人假设是心理学家西蒙（Simon）在一系列有关决策理论的论文和著作中提出的。经济人假设、社会人假设、自我实现人假设、复杂人假设、文化人假设都以调动劳动者的工作积极性为目的，但这并不能保证组织绩效的提高。因为，当环境越来越复杂时，环境中的各种信息对组织的影响也越来越大。仅仅靠调动员工积极性是不够的，必须充分调动员工的大脑及其信息处理能力，这样才能获得良好的管理效果。

1. 决策人假设的基本观点

（1）每个人都是自主决策的主体，决策包括价值要素和事实要素，可以看做是由各种信息经处理后得到结论的过程。

（2）决策前提的引入不仅与决策者本身的素质相关，也与决策者所处的环境相关。

（3）组织不代替个体作决策，但是可以通过提供一定的事实前提和价值前提来影响个体决策。

（4）理性是有限的。组织成员的理性限度表现在：执行任务的能力有限，正确决策的能力有限。也就是说，由于环境约束和人类自身能力的限制，人们不可能知道关于未来行动的全部备选方案和有关事件的不确定性，也无力计算出所有备选方案的实施后果。

（5）寻求满意解。心理学研究表明，个人的欲望水平不是固定不变的，它可以随着体验的变化而升降。在好方案多的良性环境下，欲望提高；在恶劣环境下，欲望则下降。因此，决策者对于应当寻找一个好到什么程度的方案，就会视具体情况定位在一定的欲望水平：一旦发现了符合其欲望水平的备选方案，会结束搜索，选定该方案。西蒙称人的这种选择方式为“寻求满意解”。

（6）组织是一个“诱因和贡献”平衡系统。组织成员的协作意愿取决于由协作而得到的诱因（组织提供奖酬）和为协作而作的贡献（个人投入的时间、精力和服务）之间的比较结果。只有当贡献小于或等于诱因时，组织成员才愿意协作，组织才能得以存续和发展。

2. 决策人假设下的管理策略

（1）决策人理论提醒管理者重视员工的比较决策思维，对员工的激励不能千篇一律，应对员工所属类型进行分类，制定因人而异的激励策略，以达到最大的激励效果。

（2）企业应由以提高效率为中心转变为以合理决策为中心。西蒙的著名命题“管理即制定决策”，正是对这种转向的简明概括。它提示企业组织（乃至一般社会组织）要充分关注组织的生存环境，努力寻找使适应环境的组织决策与组织中个人决策相协调的管理模式。

3. 评价

（1）决策人假设的局限性。决策人假设过分强调组织应尽最大努力将环境影响、决策前提的变化程序化和规范化，强调组织的稳定和有序，这就忽略了个体的创造性。个体的能动性仅建立在被动接受信息的基础上，因此限制了员工主观能动性的发挥。

（2）决策人假设的合理性。①决策人假设把人的行为放在了特定的组织背景下，没有把人的活动目的和相应手段看做是不变的，而是将目标和手段看做是在一定范围内可以调节的变量。②决策人假设的着眼点是群体合理决策中的行为协调性。它提示组织要充分关注生存环境，并努力寻找适合该环境的管理模式，使组织决策与个体决策协调；它还提示组织要充分关注自身拥有的信息条件，在采集、存储、加工、使用信息方面既能提供适当信息，又能保护组织自身及组织成员的注意力。

二、马克思主义的人学基本观点

人性问题自古以来就是争论不休的问题。马克思主义关于人的本质、人的价值和人的个性的理论，为正确理解这个问题指出了方向，对研究管理心理学有重要指导意义。马克思提出：“人的本质并不单单个人所固有的抽象物，在其现实性上，它是一切社会关系的总和。”也就是说，人是自然的、社会的，以及心理的、实体的统一。马克思主义的人性、人的本质等理论是研究管理心理学问题以及制订科学管理制度与管理方法的重要理论根据。

（一）人的本质

人是自然的、社会的统一，是心理的、实体的统一。

人是自然界的产物，具有自然属性。人和其他动物一样，要不断与自然界发生物质、能量交换才能维持生命存在。人作为动物有两个特点：第一，人的环境适应性相对较差，很难在纯粹自然的环境中生存，因此人有着大量的需要；第二，人满足自身需要的生物能力相对较弱，必须借助一定的工具才能达到目标，完成与自然界的交换。可见，就人的自然本性而言，人的生存是个极不平衡的矛盾。

人是高级动物，具备其他动物所不具备的智力素质，因此还有其心理属性。动物依靠生理系统与心理系统两种系统的配合而生存，而越高级的动物就越依靠心理系统的发达和后天的学习。人类正是依靠自身极其发达的心理系统来解决生存困难的。人类发展出了高度发达的意识，人类不仅能够反映客观世界，更能够改造和创造主观世界。因此，人类可以将自然力量和生物力量结合，从而支配自然界。

人是社会的动物，具备社会属性。这种社会属性表现在两个方面：第一，缺乏独立应付环境挑战的个体力量，必须依靠群体力量才能生存；第二，个体之间具有相互沟通的能力。因此，人类不仅需要组成社会，还能够组成社会。马克思说："人是最名副其实的社会性动物，不仅是一种合群的动物，而且是只有在社会中才能独立的动物。"也就是说，人与一般动物的基本区别就在于人类具有强烈的社会属性。

（二）人的价值

价值是主体与客体的关系，是反映人类认识现实和改造现实的过程相统一的重要范畴。人就是主体，而外界物就是客体，价值就是客体满足主体需要所具有的用途和属性。

首先，人的需要不仅有物质的，还有精神生活方面的。因此，人就要为自己创造满足这两种需要的物质价值和精神价值。

其次，人的价值实现是自我价值和社会价值的统一。人的自我价值是指在社会生活和社会活动中，社会对个体就自己作为人的存在的一种肯定关系；人的社会价值是指个人通过自己的实践活动为满足社会或他人的物质及精神需要作出的贡献和承担的责任。

第三，人的价值评价就是对于人的工具性价值是否具有实现主体性价值的意义的判断。即人是否实现了自己的工具性价值，是否创造了客体价值；人在实现工具性价值的同时，是否实现了自身的主体价值。因此，人的价值评价的尺度归根到底应该是社会尺度。

（三）人的个性

个性又叫做人格，是指个人稳定的心理倾向和行为特点的总和。

1. 个性的社会本质

关于个性，有几种不同的观点。一是生物学观点，认为个性属于生物范畴。弗洛伊德就认为，个性是封闭的生物实体，个性的形成发展都是性本能或欲望决定的。二是生物—社会学观点，该观点重视社会文化在个性形成发展中的作用，并关注家庭环境与个人关系在个性形成和发展中的作用。三是文化社会学观点，认为人出生后被动地接受社会生活的影响，逐渐形成个性。而马克思认为，个性的实质是社会属性。人是自然和社会实体的统一体，具有自然属性和社会属性。

2. 个性形成的社会条件

人的自然属性（如遗传基因、生理素质、脑和神经系统的特性）是个性形成的前提条件，个性的形成和发展则是个体不断社会化的过程。而社会化就是个体认识社会、学习社会、改造社会的过程，个体就是在这种过程中将自己的个性品质加以综合而形成的。人的个性是社会环境造成的，是人与社会环境相互作用的结果。

第二节　管理心理学的管理学基础

管理学是从管理实践中形成和发展的，是由一系列管理理论、制度、职能、原则、方法等组成的科学体系，是管理心理学的基础理论之一。

一、管理的定义

管理活动自古就有，但“管理”这一词语的出现则较晚。在中国，“管理”初见于《旧唐书·卷十二·本纪十二·德宗上》：“贞元元年……秋七月……壬子，以前涿州刺史、兼御史中丞刘怦为幽州长史……兼知节度管理度支营田观察。”西方的管理则有两个主要用词：一个是 Manage 以及由此演绎的各种单词，这个单词来自拉丁的 manidiare，即处理，主要是指主人的管理；另外一个词是 Administer，它来自拉丁词 administrate，主要指贵族家庭中内部管家和仆人的服务性管理。两者的区别就是管理的主体有无统治权或主权。

随着管理科学的产生和发展，不同学者在不同的时期提出了对管理的不同定义。

泰勒（Taylor）等从管理工作任务和结果来定义，管理就是使一个组织提高工作效率，用最好、最经济的方法去完成任务；法约尔（Henri Fayol）等则从管理过程出发，提出管理就是实行计划、组织、指挥、协调和控制的过程；还有学者从管理目标角度定义，认为管理就是决策，是决定目标并确定实现目标的手段。

综上，管理就是在特定环境下，管理者对组织所拥有的资源进行有效的计划、组织、领导、控制，以便更好地完成组织既定目标的过程。

具体而言，该定义包含以下含义：（1）管理具有多种职能，包括计划、组织、领导、控制等。（2）管理的本质是活动或者过程，它是管理者通过各种手段使组织实现目标的过程。（3）管理的对象是包括人力资源在内的一切可以调用的资源，而在其中，人员是最重要的。因此，管理是以人为中心的。（4）管理是一门科学，又是一门艺术，它既是管理科学，又是管理者在管理实践中的创造性活动。（5）管理的目的是实现既定目标，该目标仅凭个人力量难以实现。

二、管理理论的发展

管理是人类社会的普遍现象，人们的管理经验和管理知识随着人类社会的进步和发展也在不断丰富。在古代社会和中世纪，管理还没有形成一门科学，而随着资本主义的产生和发展，人类处于社会化生产的背景下，生产活动和生产方式发生了重大变化，因此管理科学也随着发展成熟起来。19 世纪末 20 世纪初，泰勒的科学管理理论出现，标志着管理科学的诞生。

西方管理科学的发展，大体经历了古典管理理论、行为科学、现代管理理论 3 个阶段。

(一) 古典管理理论

西方管理理论发展的第一阶段就是古典管理理论，具体而言，其又包含 3 种理论。

1. 早期管理思想

早期管理阶段主要是指 19 世纪末以前的漫长历史时期，又称管理理论的萌芽阶段。资本主义经历了简单协作、手工制造和机器大工业 3 个阶段。18 世纪 ~ 19 世纪的工业革命使以机器为主的现代意义上的工厂成为现实，带来了生产技术和生产关系上的重大变革。新的适用于社会化大生产的管理制度、管理思想、管理方法必然应运而生。

这一时期关于管理思想的著作大体上有两类：一类偏重理论研究，对管理职能和原则进行研究；另一类则偏重于管理技术和方法的研究。

在早期的经济管理理论学说中，代表人物及其理论有：英国重商主义代表人物詹姆斯·斯图亚特提出的实行刺激工资的思想；古典政治经济学奠基者亚当·斯密提出的分工理论和“经济人”观点；空想社会主义代表罗伯特·欧文提出了重视人的因素在工业中起到主要作用；法国庸俗经济学创始人萨伊提出管理是生产的第四要素，以及所有权与经营权分离的思想。这些理论为管理科学的诞生奠定了基础。

总的来说，此一时期有关管理问题的论述还未能建立起管理理论，但是已经区分了管理职能与企业职能，意识到管理将会发展成为一门有独立完整体系的科学，也预见到管理地位的不断提高，为管理学的形成奠定了坚实基础。

2. 传统管理理论（经验管理）

传统管理理论是根据企业多年管理实践经验积累成的一整套管理理论和方法。

这一阶段的代表人物有巴贝奇（Charles Babbage）、艾默生（Harrington Emerson）、麦尤斯（Maius）等。巴贝奇发展了亚当·斯密的劳动分工学说；艾默生概括了管理效率十二原则；麦尤斯则提出了管理六原则等。

1832 年，英国数学家巴贝奇发表了《机器与制造业的经济学》。他在亚当·斯密的劳动分工学说基础上对专业化的有关问题进行了系统研究。他针对特定工序进行观察研究，得出了劳动分工可以提高经济效率的结论。他研究了制造程序和工作时间，提出了把专业技能作为工资与奖金基础的原理，是后来“科学管理”的基础。

对传统经验管理比较有概括性和典型性的是艾默生提出的管理 12 原则：管理人员要有明确规定的奋斗目标；管理人员要有丰富的常识；要有精明干练的咨询班子；要有严明的纪律；要大公无私、公平待人；要有及时、准确、可靠的信息和会计制度；要有工作计划和迅捷的调度；要规定出工作的标准方法，安排好工作的时间进度；建立标准化的负载条件；要有标准化的操作方法和环境；要有明确成文的标准指导条例；要实行有效率的奖惩制度。

这是传统经验管理理论的胚胎，为以后管理理论的发展奠定了基石。

科学管理之父——泰勒

3. 科学管理理论

19 世纪末，资本主义进入垄断阶段，科学技术得到空前的发展，社会生产力达到一定的高度。此时，管理落后于生产和技术的矛盾日益凸显。一些管理学家就如何提高企业劳动生产率问题进行了大量的试验和研究，提出了一系列科学的管理制度和管理方式，完成了从经验管理到科学管理的转变。

（1）泰勒的科学管理方法。

科学管理理论最杰出的代表人物是美国管理学家泰勒（Frederick Winslow Taylor），1911 年，他出版的《科学管理原理》一书标志着管理科学的正式产生。

19 世纪末 20 世纪初，泰勒在美国米德维尔钢铁厂工作期间，针对当时管理落后、劳动生产效率低的问题进行了大量试验，提出了一整套科学管理方法和管理制度。其主要内如如下：

①工作定额原理。从以工作效率为中心的观点出发，泰勒认为要制定出有科学依据的工人“合理日工作量”，就必须进行工时和动作研究。要选择合适的、技术熟练的工人，把他们的每一项动作、工序所使用的时间都记录下来，加上必要的休息和延误时间，就得出了完成该工作所需的总时间。

②挑选“第一流的工人”。泰勒认为，每种类型的工人都能找到某些工作从而使他成为一流的。在制定工作定额时，泰勒认为要以“第一流的工人在不损害其健康的情况下维护较长年限的速度”为标准。

③标准化原理。泰勒认为，要使工人掌握标准化的操作方法，使用标准化工具、机器和材料，并使作业环境标准化，必须使用科学方法分析工人的操作方法、工具、劳动和休息时间的搭配以及作业环境的布置等，消除各种不合理因素。

④实行计件工资。泰勒提出了计件工资这种刺激性分配原则，是为了鼓励工人努力工作。计件工资制度包含 3 个内容：研究和分析工时，制定出具有科学依据的定额或标准；采用“差别计件制”的刺激性付酬制度，即计件工资率按照完成定额的程度而浮动；工资支付对象是工人而不是职位，也就是根据工人的实际工作表现而不是根据工作类别来支付工资。

⑤实行“职能工长制”。(System of Functional Forman) 泰勒主张实行“职能管理”，就是将管理工作细分，所有管理者只承担一种管理职能。这种职能管理思想为以后职能部门的建立和管理的专业化提供了参考。

⑥例外原则。泰勒提出，规模较大的企业组织和管理，必须应用例外原则。这就是企业高级管理人员把例行的一般日常事务授权给下级管理人员去做，自己则保留对例外事项的决定权和监督权。这种思想后来发展成为管理的分权化原则和实行事业部管理体制。

(2) 法约尔的经营与管理区分。科学管理理论的另一位代表人物是法国管理学家亨利·法约尔（Henry Fayol）。他在 1916 年发表了代表作《工业管理和一般管理》，首次区分了经营和管理的概念，这是法约尔经济管理理论的最主要的基点。他系统地提出并阐述了经营的 6 种职能：技术活动、商业活动、财务活动、安全活动、会计活动和管理活动；强调了管理的 5 个职能：计划、组织、指挥、协调、控制。此外，法约尔还提出了 14 条管理原则：分工、职权与职责、纪律、统一指挥、统一领导、个人利益服从整体利益、个人报酬、集中化、等级链、秩序、公正、保持人员的稳定、首创精神、团结精神。

亨利·法约尔

（3）韦伯的行政组织理论。

科学管理理论的另一个重要组成部分是由德国管理学家马克思·韦伯（Max Weber）提出的行政组织理论。他认为，为了实现组织目标，要把组织中的全部活动分解为各种基本的业务，以分配给组织中的每个成员。要用权责合一的等级原则把各类成员组织起来，形成一个指挥体系或者阶层体系。强调建立不受个人情感影响而在任何情况下都适用的规则和纪律，组织中人员的关系完全以理性准则为指导。

韦伯所提出的行政组织理论开辟了资本主义管理理论研究的新领域，为后来的行政管理研究奠定了理论基础，被誉为西方的“组织理论之父”。

组织理论之父——马克思·韦伯

（二）行为科学

行为科学是西方管理理论的第二个阶段，也是管理学的一个重要流派。20 世纪 20 年代前后，随着资本主义经济危机的加剧和工人思想觉悟的提高，泰勒提出的以经济人假设为依据的科学管理理论，以及由此提出的“胡萝卜加大棒”管理制度，表现出很大的局限性。针对劳资双方日益加剧的矛盾，以新的理论假设为依据的行为科学理论应运而生。

科学管理学派强调严格管理，认为效率出自严格管理。行为科学学派则强调人的行为，认为从人的行为中激发动力才能提高效率。所谓行为科学，就是分析研究工人在生产中的行为以及这些行为产生的原因，以调节企业中的人际关系，从而提高生产率。行为科学理论的研究内容包括对人的需要和动机、人际关系理论、个体行为理论、团体行为理论、组织行为理论等不同阶段和不同层次的研究。

行为科学理论的形成和发展大致分为 3 个阶段。

第一阶段是以梅奥为代表的早期人群关系理论，是通过著名的霍桑试验所提出的理论。这种观点为后来的行为科学理论发展奠定了理论基础。

第二阶段是行为科学理论的形成时期。20 世纪 40 ~ 50 年代，行为科学的名称被确定以后，行为科学理论就有了较大发展。第一是个体行为理论，最有代表性的就是由马斯洛等人提出来的人类需要层次理论；第二是人性管理理论，如麦格雷戈等提出来的关于人性的 X 理论和 Y 理论。这两种理论主要研究如何通过不断满足人的需要，调动人的创造性和积极性来提高生产效率。第三是团体行为理论，主要研究如何协调由两个人以上组成的团体的行为，不断增强团队合力。最有代表性的是美国行为科学家卢因提出来的团体动力学理论。第四是领导行为理论，西方学者提出了关于领导者品质、领导方式等方面的理论，探讨了领导者如何处理好关心人和关心生产的关系，最著名的是美国行为学家布莱克提出的“管理方格”理论。

第三阶段是当代行为科学理论的新发展。行为科学形成以后，迅速地发展和丰富起来，新时期的特点在于把行为科学和“科学管理理论”调和起来，它对现代管理理论产生了重要、直接的影响。

（三）现代管理理论

第二次世界大战以后，随着现代自然科学和技术日新月异的发展，生产和组织规模急剧扩大，生产力迅速发展，生产社会化程度不断提高，资本主义管理理论也发展到了现代管理阶段。许多学者和实际工作者在前人的理论基础上，结合自己的专业知识对现代管理问题进行研究。

美国管理学家孔茨将管理理论的各个流派称为“管理理论丛林”，1961 年他提出了 6 个学派；1980 年，他认为这一丛林至少可以划分为 10 个学派。

1. 管理过程学派

该流派认为管理是一个过程，是让他人与自己去实现既定目标的过程；管理过程具有 5 项职能：计划、组织、资源配备、指挥、控制；管理职能具有普遍性；管理应有灵活性。

该学派主张按照管理职能建立研究管理问题的概念框架。法约尔被认为是该学派的创始人，孔茨和奥唐奈合著的《管理学》是战后这一学派的代表作。

2. 社会合作学派

该学派认为，人的相互关系就是一个社会系统，它是人们在观念、力量、愿望等方面的合作关系。管理者的作用就是围绕物质、生物和社会的因素去适应总的合作系统。

社会学是这个学派的重要理论基础。最早从社会学角度研究管理问题的代表人物是巴纳德，他的《经理的职能》一书对社会合作学派有重要影响；怀特·贝克从社会学角度提出了“组织结合力”的概念，也为该学派作出了很大贡献。

3. 经验学派

该学派主张通过分析经验来研究管理学问题。通过分析、比较和研究各种各样成功或失败的管理经验，可以抽象出某些一般性结论或原理，这有助于学生或管理者理解管理原理。该学派的主张实质上是传授管理学知识的一种方法，称为“案例教学”。

4. 人际关系行为学派

该学派主张以人与人之间的关系为中心来研究管理问题。该学派注重个人、注重人的动因，把人的动因看成是一种社会现象。其中有些人强调处理人际关系的重要性，有人认为管理就是领导，还有人侧重研究人的行为与动机的关系，以及激励和领导的有关问题。

5. 群体行为学派

该学派与人际关系行为学派紧密相关，它主要关心的是一定群体中人的行为。群体行为学以社会学、人类文化学和社会心理学为基础。该学派最早的代表人物是梅奥，20 世纪 50 年代，阿吉利斯提出了“不成熟—成熟交替循环的模式”。

6. 社会技术系统学派

该学派是新出现的学派，创始人是英国学者特里斯特（E. L. Trist）。他认为，要解决管理问题，仅仅分析社会合作系统是不够的，还要分析研究技术系统对于社会系统以及个人心理的影响。该学派认为，组织绩效和管理绩效不仅取决于人们的行为态度及其相互影响，还取决于人们工作所处的技术环境。管理者的重要任务之一就是确保社会合作系统和技术系统的相互协调。

7. 决策理论学派

该学派认为，决策是管理者的主要任务，因此应当集中研究决策问题。而管理的主要特征也是决策，因此应该围绕决策的核心形成管理理论。该学派的代表人物是 1978 年诺贝尔经济学奖得主西蒙，其代表作是《管理决策新科学》。

8. 沟通（信息）中心学派

该学派与决策理论学派关系密切，主张把管理人员看做是一个信息中心，并围绕此概念形成管理理论。该学派的观点是，管理人员的作用是接收、储存和传播信息，强调计算机技术在管理活动和决策中的应用，代表人物有利维特、纽曼、香农和韦弗。

9. 数学学派

数学学派又称“管理科学”学派。“二战”时期，运筹学方法在组织和管理大规模军事活动以及军事后勤活动中取得了巨大成功。运筹学家认为，管理就是一种数学程序、概念、符号以及模型的演算和推导，就出现了管理科学学派。该学派认为，如果管理工作、制定决策是合乎逻辑的过程，那么就可以利用数学符号或关系公式来描述。他们强调合理性、定量分析和准确衡量。

10. 权变理论学派

该学派试图提出适应特定情况的管理组织方案和管理系统方案，认为管理者应当根据企业所处的内外条件随机应变。权变关系是指两个或两个以上的变量之间的一种函数关系。该理论认为，管理观念和技术只有与环境变量相符合，才能有效地达到管理目标。

这些理论之所以被称为“现代”管理理论，不仅是因为其时间含义，还因为这些理论具有这些特征：（1）充分运用了现代自然科学和社会科学的研究成果，例如系统论、信息论、控制论等；（2）电子设备和通讯设备等高科技成果广泛运用于管理中，促进了管理理论研究的现代化；（3）对管理理论的研究不再局限于企业管理人员、技术人员或专家，而是由从事自然科学、社会科学、管理科学等各方面指挥家组成的庞大职业队伍，促进了管理科学不断向纵深发展。

第三节　管理心理学的心理学基础

管理心理学是心理学的一个分支，它的发展受到不同研究取向的心理学理论的影响。管理心理学是心理学一般规律在管理活动中的具体化，它运用心理学所揭示的个体心理活动规律以及行为规律，来探究和解决管理活动过程中人的心理问题。因此，管理心理学与心理学的关系是特殊与一般、分支与主干的关系。

一、什么是心理

（一）心理现象及其构成

心理学是一门研究人的心理现象及其规律的科学。人的心理现象就是人的心理活动经常表现出来的各种形式或状态的总称，包括感觉、知觉、记忆、想像、思维、情感、意志、气质、性格等。心理现象一般分为心理过程和个性心理两大类。

1. 心理过程

人的心理过程包括认识过程、情感过程、意志过程，简称知、情、意。

（1）认识过程。认识过程包括感觉、知觉、记忆、思维、想像等心理活动，是人所有心理活动的起点。感觉是人脑对直接作用于感觉器官的各种事物个别属性的反映，而知觉则是在感觉信息基础上，对客观事物整体属性的反映。即使感知过的事物不在眼前，人脑中还会再次浮现出该事物的形象，这就是表象。表象的形成就是记忆，它是人对曾经感知过的事物和现象，以经验的形式在大脑中保存的内容。当表象在人脑中进行加工改造时，就形成了想像，想像就是人脑对记忆想像的加工和创造。当人脑在感知觉、记忆的基础上进一步思考时就产生了思维活动，思维就是人脑对客观事物进行分析、推理、判断，形成概括的、间接的反映，得出事物本质和规律性的认识的过程。

认识过程又称认知过程，是从感觉、知觉到记忆，再到想像和思维的过程，是人脑对客观事物由表及里、由浅入深、由现象到本质的过程。

（2）情感过程。人们并不仅停留在认知客观对象上，还会表露出一定的态度，形成一定的感受和体验。例如，满意或不满意、喜爱或憎恨、高兴或烦恼、热情或冷淡、冷静或激动等态度体验。人们在认知活动中所产生的对客观事物的态度体验就是情感过程。情感过程具体可以分为情绪、心境两个部分。情绪状态是指在某种事件或情境影响下，人在一定时间里表现出的一定情绪，它具有强度、指向性的特点。心境则是一种深入的、比较微弱而持久的情绪状态。

（3）意志过程。人认识事物也不只停留在认知事物、感受和体验客观对象上，而是要进一步按照自己的意愿去对待、改造客观事物和对象，这就是意志过程。意志过程就是人们根据自己的认知自觉确定目的，拟定计划和步骤，并支配和调节自己的行动，克服困难，从而达到目的的过程。人的意志品质有独立性、坚定性、果断性和自制力。

人的认知、情感、意志方面的心理活动处于动态变化中，相互联系、彼此制约，这3种心理过程的统一体就构成了人的整个心理过程。人的心理过程有人类的共性。但是它们表现在每个具体的人身上，又不会完全相同，而是表现出个人心理的不同倾向和特点。

2. 个性心理

个性心理是人们在心理过程的发展和进程中，经常表现出来的那些比较稳定的心理倾向和特点。这种具有个别差异的心理现象就是个性，包括个性倾向性和个性心理特征。

（1）个性倾向性。个性倾向性是人所具有的意识倾向，它决定人对现实的态度以及对认识活动对象的趋向和选择。个性倾向性是人从事活动的基本动力，主要包括需要、动机、兴趣、理想、信念、价值观等。

人的个性倾向性是在社会实践中形成、发展和变化的。当个体的个性倾向性成为一种稳定而概括的心理特点时，就构成了一个人的个性心理特征。

（2）个性心理特征。个性心理特征是个体在心理发展过程中逐渐形成的经常、稳定的心理特点。个性心理特征主要包括能力、气质、性格，是多种心理特征的独特组合，集中反映一个人的心理面貌的类型差异。

3. 心理过程与个性的关系

综上所述，心理现象可以概括如图2－1所示。

- 心理现象
  - 心理过程
    - 认知过程：感觉、知觉、记忆、思维、想像、言语等
    - 情感过程：态度、情绪、心境等
    - 意志过程：意志行动的心理过程
  - 个性心理
    - 个性倾向性：需要、动机、兴趣、理想、信念、价值观等
    - 个性心理特征：气质、性格、能力等

图2－1　心理现象的构成

人的心理过程和个性是彼此密切联系的。一方面，没有心理过程，个性就无法形成。另一方面，已经形成的个性倾向性和个性心理特征又制约着心理过程，并在心理活动过程中得到体现。可见，既没有不表现在心理过程中的个性，又没有不带有个性倾向性和个性心理特征的心理过程。

具体来说，心理学就是研究人的心理过程发生、发展的规律性，研究个性形成、发展和变化的规律性，研究心理过程和个性两者之间相互关系的规律性的科学。

（二）心理的实质

马克思辩证唯物主义的创立揭示了心理的实质：人的心理上客观现实在

人脑中的主观映像。也就是说，心理是人脑的机能，是客观现实的反映。

1. 心理是人脑的机能

猿进化为人类后，劳动和语言的发展以及熟食的摄入都促进了人脑的发展，进而出现了人的心理。也就是说，心理并不是物质之外的独立实体，而是物质发展到人脑阶段的产物，是由高度完善的物质组成的人脑的属性。人脑是生命物质发展的最高阶段，人脑产生后才出现了心理现象。

大脑是神经系统的中枢部位，其中大脑两半球是中枢神经的最高部位。脑的结构和机能最复杂，是人类心理活动的主要生理基础。大脑的左右两半球重量占整个脑重的80%。大脑表面覆盖的3~4毫米的灰质层是大脑皮层，皮层的面积约有2 500~3 200平方厘米，平均厚度2.5毫米，体积约600立方厘米。大脑皮层的神经元约有140亿、9 000万个辅助细胞。每一个神经元的突触联结有几百乃至几千个，人脑的全部突触数目约为1 015个，相当于一台有着一百亿个开关的计算机。大脑就是一个巨大的信息处理器，一个能够自我调节、自我组织、自我学习的高级神经网络系统。大脑一旦遭到损害，心理活动必将受到破坏。

2. 心理是客观现实的反映

人脑是心理产生的器官，但是如果没有客观现实的作用，心理就不可能产生。也就是说，大脑提供了人们产生心理的物质基础和可能性，如果要将这种可能性变为现实，必须依靠外界客观事实。

心理是客观现实在大脑中的反映。反映就是物质在相互联系和相互作用的运动变化中留下痕迹的过程，反映是一切物质普遍具有的属性。但是，人的心理对客观现实的反映并非是被动的、镜子般的映像，而是在实践中结合自己的知识经验、个性特征，把客观事物转变为观念的东西，并有目的、有计划地改变客观事物。也就是说，人对客观现实的反映是主观与客观的统一。

（1）客观现实是心理活动的源泉。人的心理活动，无论简单还是复杂，都可以从客观事物中找到其源泉。如颜色的视觉是由于光波作用于眼睛而产生的；声音的听觉是声波作用于耳朵引起的等。

（2）社会生活实践制约人的心理。科学心理学强调心理的基础是社会实践，没有社会生活实践，人们的心理就不会产生。狼孩的例子就能说明这个道理。印度的狼孩8岁时被人发现，但他只有人类4个月婴儿的智力，精心地照料后，他4年才会6个单词，6年才会走路，7年学会45个单词。17岁死去时也只有4岁孩童的心理发展水平。可见，社会实践对人的心理有制约作用。

（3）心理是客观现实的主观映像。心理虽然是客观现实的反映，但是这种反映受到个体在实践中形成的知识经验、世界观和个性心理特征的影响。也就是说，不同的个体对同样的客观现实会形成不同的主观映像。因此，人的心理是主观和可观的统一。

（4）心理是客观现实能动的反映。人们对客观现实的反映并不是消极被动的，而是在实践中积极地把外界事物转变为观念的东西，这就是从客观到主观的过程。之后，人们又会把自己主观的东西反映到客观现实中，积极地制定目标，并有步骤地改变现实。这就是一个能动的过程。

二、心理学基础理论

心理学（Psychology）来自希腊语 psycho（意为灵魂，soul）+ logy（学），它最初是研究心灵的学问。德国著名心理学家艾宾浩斯（Ebbinghaus）曾说过，心理学有一个漫长的过去，但只有短暂的历史。这是因为，有关心理问题的阐述在古希腊就有了，亚里士多德的《论灵魂》就是第一部研究人类心理活动的著作。但是，心理学从哲学母体中分化而真正成为一门独立的学科是在1879年。

此后，心理学的一些重要理论相继出现，尤其是精神分析心理学、行为主义心理学、人本主义心理学、认知心理学，它们共同构成了管理心理学的基础理论。

（一）精神分析心理学

精神分析学派创始人——弗洛伊德

美国心理学史著名研究者波林（E. G. Boring）说："谁想在今后300年内写出一本心理学史而不提弗洛伊德的名字，那就不能自诩是一部心理学通史。"弗洛伊德的精神分析学说在心理学界有着举足轻重的地位，它被称为"心理学第一大势力"。就管理心理学而言，"西方所有的管理心理学家实际上都把弗洛伊德学说当做自己观点的理论来源"。

弗洛伊德（S. Freud）是精神分析学派的创始人，精神分析心理学是在弗洛伊德精神分析理论基础上形成的思想体系，由于该学派主要探寻深藏于人类内心深处的无意识动力源，并力图揭示这些心理动力的性质、强度和活动模式，因此又称为“心理动力学说”。

精神分析学派可以分为早期的经典精神分析学派和后期的社会文化学派。

1. 经典精神分析学派理论

早期的经典精神分析学派理论主要就是弗洛伊德的精神分析学说，他的学说主要贡献在于三个方面：意识结构、人格结构以及人格发展阶段。

（1）意识结构。弗洛伊德提出了意识的 3 个层次：意识、前意识和潜意识。意识指的是人们当前觉知和意识到的心理内容；前意识是个体稍加注意就可以觉知的心理内容；潜意识则是人无法觉察的原始冲动、本能和欲望。弗洛伊德认为，意识只是浮出水面的冰山的一角，人类更多是受潜意识的驱动。

（2）人格结构。弗洛伊德将人格结构也分成了 3 个层次：本我、自我、超我。本我是个体最自私的部分，与直接满足个体需求的东西有关，由与生俱来的最原始、非理性、无法意识的本能组成，不受物理的、社会的约束，遵循快乐原则；自我则在遵循现实原则的情况下，有条件地满足本我冲动，并控制那些无意识中的冲动，它在意识、前意识和潜意识之间自由活动；超我代表社会的、尤其是父母的价值和标准，它遵循道德原则，包括良知和理想两个部分。

（3）人格发展阶段。弗洛伊德的人格发展理论是他对心理学最能引起争论的贡献之一。弗洛伊德认为，个体的人格本质在生命最初的五六年内形成。弗洛伊德把人的本能欲望称为力比多，根据力比多在不同阶段的集中区域的不同，可以将童年期分为一系列发展阶段。

第一阶段是口唇期，大约在生命的头 18 个月。此时期，口、唇、舌是主要的力比多满足区域。第二阶段是肛门期，在 18 个月 ~3 岁期间，儿童开始大小便训练，此时期的力比多集中于肛门区域。第三阶段是性器期，约在儿童的 3 ~6 岁间，此时期性器官是儿童的力比多满足区域。此时，儿童开始对自身性别产生意识，并出现了恋父、恋母情结。第四阶段是潜伏期，6 ~12 岁期间，儿童的力比多满足欲望不明显，此时儿童对异性没有兴趣，大多与同性一起玩耍；第五阶段是生殖器期，也就是青春期阶段。此时，个体对异性表现出兴趣，开始追求爱情，力图建立与异性的稳定情感。

2. 社会文化学派理论

后期的社会文化学派理论以荣格（C. G. Jung）、阿德勒（Adler）、霍妮

(Karan. Homey) 等人的观点为代表。他们不同意弗洛伊德过于强调性本能以及其他生物性冲动的观点，而是强调文化的、社会的、心理的因素对于人格和心理发展的影响。

阿德勒创建了个体心理学，他提出了个体追求优越的目标，认为父母在个体人格发展中有重要作用，还分析了出生顺序对个体人格的影响；荣格创立了分析心理学，他提出了集体无意识，认为每个人不仅从祖先那里继承了生理特征，还继承了无意识的心理特征；霍妮创立了女性心理学，并对神经症进行了深入研究。

3. 精神分析心理学对管理心理学的影响

精神分析心理学对管理心理学的影响有三个方面：

(1) 它提出了组织情景中观察人、理解人的新视角。精神分析学说探寻人类潜意识心理世界的理论体系，超越了传统心理学的研究领域和范围，为深入揭示组织行为的基础和来源提供了新的可能性。

(2) 它提供了新的研究方法。精神分析所提倡的一系列研究方法，如自由联想、投射测验技术、行为分析方法等，都可以应用于管理理论和实践中。

(3) 它从心理学的角度探索了人类行为动力系统，从而弥补了管理学中人性假设过于表面化的缺陷。精神分析学说有助于更加深入地解释人类行为的动力基础，并完善管理心理学中有关激励的理论。

(二) 行为主义心理学

20 世纪初，行为主义心理学开始在美国起源并盛行，它被称为“心理学的第二大势力”，其创始人是美国心理学家华生 (J. B. Waston)。行为主义心理学诞生的标志是 1913 年华生在美国《心理学评论》上发表了《行为主义者心目中的心理学》一文。行为主义心理学的观点不同于精神分析心理学，它认为心理学不应该研究意识，而应当把注意焦点放在行为上，放在那些可以被观察到、可预见、最终可以被科学工作者控制的行为。

20 世纪 60 年代，行为主义心理学成为心理学的主流研究范式，它的影响范围最广，持续时间最长。行为主义心理学的发展经历了 3 个阶段。

1. 早期的行为主义

早期的行为主义以华生为代表，他主张心理学应该停止对脑以及一切心理概念的研究，而是应当研究那些可以观察和测量的外显行为。心理学只有关心引起行为的客观条件以及行为本身，才能使心理学成为真正的科学，走向客观实证的道路。

行为主义心理学创始人——华生

著名的俄国生理学家伊凡·巴甫洛夫（Ivan Petrovich Pavlov）发现了经典条件反射原理，他用实验证明了动物能够把环境中的刺激与引起反应的其他事件相联结，从而对它们所处的环境刺激产生反应，即经典条件反射。而爱德华·桑代克（Edward Lee Thorndike）则提出了联结定律。他发现，当动物的行为产生消极结果时，它们就不愿意重复这种行为，如果不对动物的行为进行惩罚，它们重复该动作的可能性就增加。华生非常赞同这些理论，并将之作为理解人类行为的关键。可以说，桑代克的联结理论为行为主义搭建了桥梁，而巴甫洛夫的经典条件反射原理则为行为主义理论提供了生理学的最终依据。

2. 新行为主义学派

新行为主义学派以赫尔（C. L. Hull）、斯金纳（B. F. Skinner）、托尔曼（E. C. Tolman）为代表。

赫尔反对华生将有机体所有行为都归于后天学习的思想，而是将适应性行为作为研究重点。他指出，有机体在进化过程中产生了两种不同却又密切相关的适应手段：第一种是不学就能的、神经组织中固定下来的感受器——效应器联结，是一种对经常发生的紧迫情境作出适当反应的行为机制。第二种则是有机体主动习得的感受器——效应器联结，这是个体在进化过程中习得的行为机制。同时，强化也是行为形成的机制。

斯金纳则提出了另一种条件反射：操作条件反射，或者称工具性条件反射。他认为，操作性条件反射原理对于说明人类的现实行为更恰当。该原理认为，人某种行为的增加或者减少取决于该行为的结果。如果一个行为发生后伴随着正面的强化刺激，那么该行为就倾向于增加；而行为后如果没有出现任何刺激，或者出现了负面的刺激，那么该行为就倾向于减少。

托尔曼提出了认知地图的概念，认为有机体并不是简单地对刺激进行反应，而是有目的地行为的。在有机体的行为和目标之间存在一个中介变量，那就是认知。认知地图就是有机体头脑中预存的周围环境的认知结构。有机体在特定的刺激条件下借助于认知地图而将行为指向特定目的。

3. 社会学习理论

班杜拉（Albert Bandura）的社会学习理论是新行为主义的代表。社会学习理论将行为主义理论拓展到社会行为领域，同时也提出了一整套不同于传统行为主义的新概念。班杜拉认为，学习并不仅仅发生于经典条件反射和操作条件反射中，也可以通过看、读或者听说他人的行为来学习。

班杜拉使用实验法研究了儿童观察性学习攻击行为的过程，他让幼儿园的孩子观看电视节目，节目中一个成年人对一个成人大小的塑料玩偶进行攻击：

首先，成人榜样把玩偶放在地上，坐在身上打它的鼻子，边打边说："哈，正好打中！砰！砰！"然后，再把玩偶拉起来，用木槌连续打它的头部。每一个动作都伴随语言："啊！哈！……坐下。"然后，成人榜样还把玩偶踢来踢去，不时地喊："飞喽！"最后，榜样用一个橡皮球砸向玩偶，每砸一下都叫一声"砰"。

看完后，孩子们被分成3组：第一组孩子看到这个攻击玩偶的榜样得到了饮料、糖果等奖励品，并被表扬了；第二组看到这个榜样被卷起来的杂志打了一下，并被警告说不许再有这样的攻击行为；第三组孩子则看到，榜样没有得到任何奖励或者惩罚结果。

接下来，孩子们开始自由活动。自由活动室里有很多玩具，其中就有一个与录像中被攻击玩偶相同的玩具，以及相应的攻击工具，例如木槌。结果发现，看到榜样受鼓励的那组儿童，比其他组的儿童表现出更多的攻击性行为。

之后，班杜拉还对其他组的孩子进行了研究，发现只要给予他们糖果奖励，孩子就也会表现出攻击行为。也就是说，其他组的孩子也学习到了攻击行为，只是他们没有表现出来而已。

班杜拉认为，个体在生活中通过观察学习获得的行为非常多。孩子会从不同人，如父母、朋友、电视节目上面学习各种示范行为，当然，孩子们也会在示范行为基础上形成自己独特的行为反应和期望模式。

4. 行为主义心理学对管理心理学的影响

（1）行为主义心理学强调内容和方法的客观性，主张用客观行为观察代替主观内省。这对于管理心理学的科学化和可操作化具有很好的借鉴意义。

（2）行为主义心理学研究目标是预测和控制人的行为。操作条件反射原理和强化程式对于管理活动中的薪酬奖励系统设计具有明显的指导意义。

(3) 班杜拉的社会学习理论说明了观察学习的重要性以及观察学习的机制。这对组织管理有直接启示，组织可以很好地利用榜样力量来鼓励正确行为，或者利用榜样消除不当观念和行为，促进学习效果。

(三) 人本主义心理学

20世纪50~60年代，美国兴起了人本主义心理学的浪潮，其代表人物是马斯洛、罗杰斯，被称为“心理学的第三大势力”。

人本主义心理学反对精神分析学派过分强调人的生物性本能和冲动，以及行为主义心理学派将人机械化、非人格化的倾向，而是强调人的潜能和价值，认为人生来具有向上向善的本质，有追求自我价值实现的趋向。

1. 马斯洛的需求层次论

马斯洛认为，个体成长发展的内在力量是动机，动机由各种性质的需要构成。人有5种基本的需要：生理需要、安全需要、爱与归属的需要、尊重需要和自我实现需要。其中，生理需要和安全需要是低层次需要，另外3层爱与归属需要、尊重需要和自我实现需要则是高层次需要。只有低层次需要得到了满足，人才会进入高阶层的需要。

2. 罗杰斯的人本主义理论

罗杰斯是人本主义心理治疗的先驱，他首先普及了“以人为中心”的治疗方法，还将自己在心理治疗领域的知识扩展到了一般人格理论中、社会问题中。根据罗杰斯的观点，人本主义观点可以用来改进教育，提出了“以学习为中心的教学法”。他这种对人性的乐观态度，以及对个体可以挖掘潜能和获得幸福的信念，为了解人性提供了新的视角。

3. 人本主义心理学对管理心理学的影响

人本主义心理学对管理心理学的影响是巨大的。

(1) 人本主义心理学把人的潜能与价值提高到了非常重要的位置，突出了人的动机系统与高级需要的作用，这对于管理实践有重要指导意义。

(2) 促进了以人为本的组织管理。马斯洛很早就意识到了人本管理的重要性，提出任何组织管理问题都可以用新方法来解决，努力建立某种环境条件，将人的个体目标和组织目标相结合。他强调尊重个人，强调自我实现，主张以最简单的方式对人的劳动方式进行适当管理；他倡导健康管理和协同管

人本主义心理学代表人物——马斯洛

理，主张让员工在组织中保持自己的个性，使工作成为员工喜爱的一项娱乐。马斯洛还提出了协同发展的观点，认为员工在追求自身利益的同时也帮助了别人，无私奉献的人在帮助别人的同时也满足了自身的需要。

【思考题】

(1) 管理心理学有几种人性假设？分别是什么？

(2) 阐述管理学发展的3个阶段。

(3) 心理现象的构成是什么？

(4) 个性倾向性和个性心理特征包括哪些内容？

(5) 精神分析心理学、行为主义心理学、人本主义心理学，它们分别对管理心理学有什么样的启示？

第三章　个性心理特征

【本章目标】

(1) 了解个性的概念及基本特征；

(2) 掌握气质的概念和类型；

(3) 掌握性格的概念及特征；

(4) 了解能力的有关理论。

【案例】

陈玫，女，高二学生。最近她十分苦恼，因为总是得罪人，于是她来咨询，询问如何才不会得罪人，搞好人际关系。她得罪人的原因是她没耐性，稍微有些不合意就急躁起来，弄得她现在独来独往，心里很不是滋味。咨询中了解到，小时候她就很耐不住性子，她要的东西，必须马上就得到，否则就哭闹。上小学时，父母早晨都很忙，没时间给她梳头，她只好自己梳，行动匆忙，有时落下一绺头发没梳上去，她就着急地一把拽下来。她成绩挺好，有时给同学讲题，若讲了一两遍对方还不明白，她就烦了："怎么还不明白呢？不就是这样、这样吗？"结果惹得同学很不好受，再也不问她了。她也挺后悔，知道不该这样，但一着急就控制不住了。如果别人要她重复一下刚才讲过的一句话，她也不耐烦："我都说过了，谁叫你没听？"她做事也如此，不是把同学的杯子弄破了，就是把别人的东西弄丢了；骑车有时急匆匆的，下车就走，忘了锁，已经丢了两辆车。跟同学争论问题出不了结果，她又发怒了："算了，我不跟你吵，急死人了。"跟朋友一起走，假设朋友有点事，她就不耐烦等："快点，这么磨蹭，麻烦死了。"就这样，朋友们一个个都离她而去，尽管她很热心，但谁也不愿请她帮忙。

个性心理特征（包括气质、性格、能力）是个体心理研究的重要内容，管理者了解员工的个性、不同个体个性间的差异以及个性与管理的联系，对于有效安排岗位和工作、说服教育和调动员工积极性具有非常重要的意义。

第一节 个性概述

一、什么是个性

（一）个性定义

德国哲学家莱布尼茨（G. W. Leibniz）有一句名言："世界上没有两片完全相同的树叶。"同样，世界上也没有两个完全相同的人。即便是孪生子，他们的相貌可能极其相像，但在实际生活中表现出来的行为方式却不尽相同。这就是个性决定的。

个性（Personality）一词最早来自拉丁语 Persona，意指演员戴的假面具，后来引申为演员在舞台上扮演的角色。心理学的个性一词沿用了 Persona 的意义，是指一个人在人生舞台上的行为模式以及表现出来的心理活动，称为 Personality。

许多心理学者从自己研究的角度提出个性的定义，美国心理学家奥尔波特（G. W. Allport）曾综述过 50 多个不同的定义。美国心理学家吴伟士（R. S. Woodworth）认为，人格是个体行为的全部品质。美国人格心理学家卡特尔（R. B. Cattell）认为，个性是对象在交往活动中获得的，并表明社会关系水平和性质的系统的社会品质。

从目前西方心理学界研究的情况来看，就其内容和形式分类方面而言，个性主要有下面 5 种定义：（1）列举个人特征的定义，认为个性是个人品格的各个方面，如智慧、气质、技能和德行；（2）强调个性总体性的定义，认为个性可以解释为"一个特殊个体对其所作所为的总和"；（3）强调对社会适应、保持平衡的定义，认为个性是"个体与环境发生关系时身心属性的紧急综合"；（4）强调个人独特性的定义，认为个性是"个人所有有别于他人的行为"；（5）对个人行为系列的整个机能的定义，这个定义是由美国著名的个性心理学家奥尔波特提出来的，认为"个性是决定人的独特的行为和思想的个人内部的身心系统的动力组织"。

目前，西方心理学界一般认为奥尔波特的个性定义比较全面地概括了个性研究的各个方面。首先，他把个性作为身心倾向、特性和反应的统一；其次，提出了个性不是固定不变的，而是不断变化和发展的；最后，强调了个性不单纯是行为和理想，而且是制约着各种活动倾向的动力系统。奥尔波特关于个性的上述定义至今仍被西方的许多心理学教科书所采用。

我国第一部大型心理学词典——《心理学大词典》中的个性定义反映了多数学者的看法，即“个性，也可称人格。指一个人的整个精神面貌，即具有一定倾向性的心理特征的总和。个性结构是多层次、多侧面的，由复杂的心理特征的独特结合构成的整体。这些层次有：第一，完成某种活动的潜在可能性的特征，即能力；第二，心理活动的动力特征，即气质；第三，完成活动任务的态度和行为方式的特征，即性格；第四，活动倾向方面的特征，如动机、兴趣、理想、信念等。这些特征不是孤立地存在的，是错综复杂、相互联系、有机结合的一个整体，对人的行为进行调节和控制的”。

综上所述，尽管心理学家们对个性的概念和定义所表达的看法不尽相同；但其基本精神还是比较一致的：“个性”内涵非常广阔丰富，是人们的心理倾向、心理过程、心理特征以及心理状态等综合形成系统的心理结构。

关于个性的定义，目前比较的公认的是：个性是指一个人区别于其他人的特殊本质，是一个人身上经常地、稳定地表现出来的心理特点的总和。

（二）心理学个性与日常生活个性

心理学中个性的概念与日常生活中所讲的“个性”是不同的。在日常的人际交往中，有的人行为举止、音容笑貌令人难以忘怀；但有的人就很难给别人留下什么印象。有的人虽仅见过一面，却能给人留下长久的回忆；有的人长期与别人相处，却从未在人们的心目中掀起波澜。出现这种现象就是个性在起作用。一般来说，鲜明的、独特的个性容易给人以深刻的印象，而平淡的个性则很难给人留下什么印象。

日常生活中，人们对个性也容易产生一些误解，往往认为“倔强”“要强”“坦率”“固执”的人很有个性，而“文雅”“平和”“斯文”的人没有个性。这种看法是不全面的。倔强、要强、坦率是一类人在生活和实践中经常的、带有一定倾向性的个体心理特征，是他区别于其他人的精神面貌或者心理特征。这种个性特征比较鲜明、独特，往往容易给人留下深刻的印象。而文雅、平和、斯文同样也是一种个性心理特征和区别于他人的精神面貌，只不过这种倾向性的个性特征比较平淡而不鲜明，不容易给人留下深刻印象罢了。

不管是哪一种倾向性的个性特征，不管这种特征是鲜明的还是平淡的，它都表明了一种个性。心理特征人人都有，精神面貌人人不可或缺。从这种意义上来说，世界上不存在没有个性的人。

二、个性的基本特征

一般认为，个性具有整体性、稳定性和可塑性、独特性、社会性和生物性。分析这些特性，有助于对个性概念的理解。

1. 个性的整体性

个性是个完整的统一体，是人的整体心理面貌。每个人的个性倾向性和个性心理特征不是孤立的，而是相互联系、相互制约，在标准比较一致的基础上有机地结合在一起的。

德国心理学家斯腾（W. Stern）强调研究整体的人，他认为人身上集中了各种心理机能，心理学研究的对象应该是整体的人，而不是各种单项心理机能。美国心理学家奥尔波特也指出，个性是一种有组织的整合体，这个整合体的各个成分相互作用、相互影响、相互依存，若其中一部分发生变化，其他部分也将发生变化。后来，个性研究中引进了结构的概念和系统的观念，把个性看成完整的构成物，认为个性具有整体性。

2. 个性的稳定性和可塑性

个性具有稳定性。个性是指一个人的比较稳定的心理倾向和心理特征的总和。人在行为中的偶然表现不能表征他的个性，只有在行为中比较稳定的、经常表现出来的心理倾向和心理特征才能表征他的个性。“江山易改，本性难移”就形象地说明了个性的稳定性。

但是，个性的稳定性是相对的。个性并不是一成不变的，它具有可塑性。个性在主客观条件相互作用过程中发展起来，同时又在主客观条件相互作用的过程中发生变化。儿童的个性不稳定，受环境影响较大；成年人的个性相对稳定，但自我调节也对个性改变起重要作用。例如，逆境可以使人消沉，但通过自我调节也可以使自己变得坚强。

因此，个性是稳定性和可塑性的统一。

3. 个性的独特性

人与人之间没有完全相同的心理面貌，每个人的个性都是独特的。即使是同卵双生子甚至连体婴儿长大成人，也同样具有自己个性的独特性。正是这种独特性使得每个人都是独一无二的，在空间上不可替代，在时间上不可重复。

但是，人与人之间、个性与个性之间又有生理因素的共同性。很多人生活的自然环境、社会历史条件以及文化教育、传统习惯又是相似的，因此人们的个性又有共同性。个性中既包含有人类共同的心理特点、民族共同的心理特点，又包含每个人与其他人不同的心理特点。

因此，个别性包含着共同性，而共同性又通过个别性表现出来，两者不可分割。

4. 个性的社会性和生物性

人的个性不仅受生物因素制约，还受社会因素制约。个性形成和发展中既有生物因素的作用，也有社会因素的作用。不能将个性的形成和发展原因归结为一种因素。生物因素只给个性发展提供了可能性，社会因素才使这种可能性转化为现实。离开了人类的社会生活，人的正常心理就无法形成和发展。对个性形成和发展起决定作用的是社会生活条件。

三、个性的结构

个性的结构是指个性所包含的成分及成分之间的关系。个性是复杂的、多侧面的、多层次的统一体，它包括个性倾向性和个性心理特征两大部分。

1. 个性倾向性

个性倾向性是指一个人对社会环境的态度和行为的积极特征。个性倾向性是人的个性结构中最活跃的因素，它是一个人进行活动的基本动力，决定着人对现实的态度，决定着人对认识活动的对象的趋向和选择。个性倾向性主要包括需要、动机、兴趣、理想、信念、世界观等。

个性倾向性是个性系统的动力结构。它较少受生理、遗传等先天因素的影响，主要是在后天的培养和社会化过程中形成的。个性倾向性中的各个成分并非孤立存在的，而是互相联系、互相影响和互相制约的。其中，需要又是个性倾向性乃至整个个性积极性的源泉，只有在需要的推动下，个性才能形成和发展。动机、兴趣和信念等都是需要的表现形式。而世界观处于最高指导地位，它指引和制约着人的思想倾向和整个心理面貌，它是人的言行的总动力和总动机。由此可见，个性倾向性是以人的需要为基础、以世界观为指导的动力系统。

2. 个性心理特征

所谓个性心理特征，就是个体在其心理活动中经常地、稳定地表现出来的特征。它是个性结构中比较稳定的成分，表现一个人典型的心理活动和行动，带有经常性、稳定性的特点。

个性心理特征主要包括人的能力、气质和性格。在个体心理发展过程中，这些心理特征较早形成，并且在不同程度上受生理因素的影响。能力指人顺利完成某种活动的一种心理特征。能力总是和人完成一定的活动联系在一起的。离开了具体活动，既不能表现人的能力，也不能发展人的能力。气质是指个人生来就有的心理活动的动力特征，是表现在心理活动的强度、灵活性与指向性等方面的一种稳定的心理特征，具有明显的天赋性，基本上取决于个体的遗传因素。性格指一个人对人、对己、对事物（客观现实）的基本态度及相应的习惯化的行为方式中比较稳定的、独特的心理特征的综合。气质无好坏、对错之分，而性格有。

个性心理特征和个性倾向性相互联系、相互制约，成为个性中不可分割的两个侧面。个性对心理活动有积极的引导作用，使心理活动有目的、有选择地对客观现实进行反映。

四、个性的形成与发展

心理学家对于个性形成和发展的影响因素有着不同的观点。一种观点认为，个性由遗传或先天决定，即先天决定论。美国心理学家赫尔就认为："一两遗传胜过一吨的教育。"另一种观点认为，个性由后天环境决定，即后天决定论。行为主义心理学家华生就说："给我十几个健康的婴儿，让我在自己建构的特殊世界里把他们养大，我保证能够随机地把他们训练成为任何一种类型的专家——医生、律师、艺术家、巨商甚至乞丐、盗贼。"

其实，这两种观点都过于极端，个性的形成和发展应该是先天遗传因素和后天环境因素共同作用的结果。

1. 先天遗传因素

遗传是指生命由受精卵开始之初，父母的特征传给子女的生理变化过程。个体的个性受到遗传的影响，例如智力、知觉等特征和遗传有着密切关系。个性特征中的生物性就是遗传因素作用最集中的表现。脑、神经系统的特点都是个体与生俱来的生理解剖特征，这些生理因素是个性形成的物质基础，离开这些生物因素，就不会形成人的个性。

但是，遗传因素只是形成个性的一个不可或缺的物质前提，而不是惟一要素。

2. 后天环境因素

个性的形成与发展是一个复杂的过程，虽然遗传、生物因素有一定影响，但更重要的是，它是在一定环境、一定社会实践中，经过长期塑造而形成和发展的。这种后天环境是指人的社会生活，包括政治、经济、文化生活。社会因素是人特有的，也是个性形成的决定性条件。离开了社会生活，即使有正常的生理条件，也不能形成人的个性。

人的需要、兴趣、爱好、理想、信念，全是通过在环境中学习、熏染、熏陶、感受、模仿、潜移默化、培育形成的。所以人也常说：没有无缘无故的爱，没有无缘无故的恨。爱与恨都有它的来源与出处。

（1）家庭环境的教育和熏陶。家庭是个体最早接触到的学习环境，父母是孩子的第一任教师。家庭对一个人个性的形成和发展具有重要和深远的影响，其中，父母与子女的关系以及父母的语言、举止、行为方式、生活习惯等，都会影响孩子。

（2）学校教育。学校是对学生进行有目的、有计划教育的场所，也是人社会化的基本场所。学校的教学内容、教学方法、教师的性格、榜样作用等，都对人个性的形成和发展有着重要影响。学生不仅在学校里学习掌握系统的文化知识，而且还发展智力，接受政治思想教育，形成优良的个性。教育作为一种有目的、有计划、有组织的自觉活动，对一个人个性的形成和发展起着主导作用。

（3）文化因素。文化是人类在社会发展过程中所创造的物质财富和精神财富的总和。文化因素主要包括社会经济制度、历史渊源、传统、宗教等。人们自儿童时代起便处于这种社会文化背景中，并学习适应这些要求。文化因素在人的个性形成和发展中有着不可忽视的作用。

（4）社会实践。个体不参加任何实践活动而仅靠社会因素影响，个性也是无法形成的。学习、劳动都属于实践活动，而对人生活方式影响最大的实践就是职业。一个人的个性、自我形象都受到职业的左右。例如，科学工作者实事求是、善于独立思考；文艺工作者活泼开朗、富于想像；飞行员则冷静沉着、有高度的责任感。

3. 主观因素

个性除了有其生理基础之外，还是人和环境相互作用，在实践活动中形成和发展的。但是，任何环境都不能直接决定人的性格，它们必须通过人已有的心理发展水平和心理活动才能产生作用。也就是说，只有个体的主观因素才能将各种社会影响转化为个体的需要、动机，并推动他的各种行为。个体已有的心理发展水平对于个性形成的作用随着年龄的增大而日益增强。个体已有的理想、信念和世界观等都对接受社会影响有决定性作用。

也就是说，人是一个高度不断自我完善的调节系统，一切外来的影响都要通过自我调节而起作用。从这个意义上讲，每个人都在塑造自己的个性。

第二节 气 质

一、气质概述

气质是人的个性心理特征之一，它是个人心理活动的稳定的动力特征。气质主要是指人的认识、情感、言语、行动中，心理活动发生时力量的强弱、变化的快慢和均衡程度、心理活动的指向性等稳定的人格特征。它主要表现在情绪体验的快慢、强弱、表现的隐显以及动作的灵敏或迟钝方面，因而为人的全部心理活动表现染上了一层浓厚的色彩。它与日常生活中人们所说的“脾气”“性情”等含义相近。

心理学家认为，气质是人生来就具有的心理活动的动力特征，存在神经生理学的基础，因而具有较强的稳定性。气质是由人的生理素质或身体特点反映出的人格特征，是人格形成的原始材料之一，在新生儿期即有表现：如有的婴儿安静，有的好哭，这必然影响到父母或哺育者与婴儿的互动关系，从而影响人格的形成。

关于人类气质的研究可以上溯到古希腊医学之父——希波克拉里（Hippocrates），之后，俄国的心理学家、生理学家巴甫洛夫、英国心理学家艾森克都对气质理论的完善作出了很大的贡献。

二、气质的学说

人的气质受到普遍的关注，许多学者都探讨了气质的问题。不同学者在定义气质时各有侧重，有的偏重个体的情绪方面，有的强调气质的生理因素，还有的重视个体在动作反应上的特征。

（一）气质的体液说

古希腊学者恩培多克勒（约前495~前435年）提出了人体“四根说”。他认为，人体由四根构成：血液是火根，呼吸是空气根，液体部分是水根，固体部分是土根。四根配合得好，身体就会健康，并决定有机体结构的特征。

古希腊著名医生希波克拉底将恩培多克勒的“四根说”发展为“四液说”。他认为，人体含有4种不同的体液，即血液、粘液、黄胆汁和黑胆汁。它们分别产生于心脏（血液）、脑（粘液）、肝脏（黄胆汁）和胃（黑胆汁）。希波克拉底认为，4种体液形成了人体的性质，机体的状况取决于

4 种体液的正确配合。在体液的混合比例中，血液占优势的人属于多血质，粘液占优势的属于粘液质，黄胆汁占优势的人属于胆汁质，黑胆汁占优势的人属于抑郁质。

希波克拉底认为，每一种体液也都是由寒、热、湿、干 4 种性能中的 2 种性能混合而成。血液具有热—湿的性能，因此多血质的人温而润，好似春天一般；粘液具有寒—湿的性能，粘液质的人冷酷无情，好似冬天一般；黄胆汁具有热—干的性能，黄胆汁的人热而燥，如夏季一般；黑胆汁的人具有寒—干的性能，因此抑郁质的人如秋天一般。4 种体液配合恰当时，身体便健康，否则就会出现疾病。希波克拉底的理论后来被罗马的医生盖伦所发展。尽管在现代看来，以体液来解释人的气质缺乏科学的依据，但这种分类方法却被沿用至今。

（二）气质的体型说

德国精神病学家克瑞奇米尔（E. Kretschmer）根据自己对精神病人的观察和研究，提出按体型划分人气质的理论。他认为，人的身体结构与气质特点以及可能患有的精神病种类有一定的关系。而精神病人与正常人只有量的差别而无质的区别。

人的体型可以分为 3 种类型：

(1) 矮胖型。这种人身材短胖，圆肩阔腰，易患躁狂抑郁症。它们的气质特点是：好社交、通融、健谈、活泼、好动、表情丰富、情绪不定，气质类型为躁郁性气质。

(2) 瘦长型。这种人高瘦纤弱、细长、窄小，易患精神分裂症；其特点是不善社交、内向、退缩、害羞沉静、寡言多思，气质类型是分裂型气质。

(3) 强壮型，这种人骨肉均匀，体态与身高成比例，易患癫痫病；其特点是正义感强、注意礼仪、节俭、遵守纪律和秩序，气质类型为粘着性气质。

体型与气质、行为倾向的关系见表 3－1。

表 3－1　体型与气质、行为倾向的关系（克瑞奇米尔，1955）

体型	气质	行为倾向
瘦长型	分裂气质	不善交际、沉静、孤僻、神经过敏
矮胖型	躁郁气质	善交际、活泼、乐观、感情丰富
强壮型	粘着气质	固执、认真、理解迟钝、情绪爆发性

美国心理学家谢尔顿（W. H. Sheldon）也是体型说的代表之一。他从胚胎学角度把人分为3类：内胚叶型（柔软、丰满）、中胚叶型（发达、健壮）和外胚叶型（高大、细瘦）。内胚叶型相当于肥胖型；中胚叶型相当于筋骨型；外胚叶型相当于细长型。他还发现气质与体型之间的相关达0.80。体型、气质类型和行为倾向之间的关系见表3－2。

表3－2　体型、气质类型和行为

体型	气质类型	行为倾向
内胚叶型	内脏紧张型	动作缓慢、爱好社交、情感丰富、情绪舒畅、随和、有耐心
中胚叶型	身体紧张型	动作粗放、精力旺盛、喜爱运动、自信、富有进取性和冒险性
外胚叶型	头脑紧张型	动作生硬、善思考、不爱交际、情绪抑制、谨慎、神经过敏

体型和气质之间确实存在某种相关，但是，这种相关可能来自社会对各种体型者的不同态度所致。例如，一个胖孩子，周围人都喜欢和他开玩笑，容易形成开朗、活泼等特征；一个瘦弱的孩子，不大讨人喜欢，容易养成孤僻的特征。他们过分夸大了生物因素的影响，忽视社会生活对气质的作用。克瑞奇米尔又把一切人都归入精神病患者，显然是有失偏颇的。

（三）气质的血型说

1901年，维也纳大学的卡尔·兰德斯坦纳（Karl Landsteiner）发现血液的不同类型，创立ABO系统，以解决输血过程的障碍问题。这引发了日本心理学家古川竹二的灵感。1927年古川竹二很敏感地将4种血型和4种气质类型联系在一起。他在大量的调查基础上认为，希波克拉特的4种气质类型不是由胆汁和粘液决定，而是由血型决定的。他把南德斯依纳的ABO系统与4种气质类型相结合，创立了“气质的血型说”，根据血型把人的气质划分为A型、B型、O型和AB型4种。

A型气质的人精明、理智、内向，不善交际；沉思好静，情绪稳定，忍耐力强；具有独立性，易于守规；做事细心谨慎，但不果断；责任心强，固执；感情含蓄，注重仪表，但不新奇，是处理家务的能手。

B型气质人聪明、活泼、敏捷；外向，善交际；兴趣广泛多变，精力分散；大事故少，小事故却不少，行动奔放，不习惯束缚；易感情冲动，热心工作，不怕劳累；缺乏细心和毅力；动作语调富于感情，易引起他人注意；

爱情上，女性比男性主动。

O 型气质的人外向直爽，热情好动，富于精力，爱憎分明，见义勇为，有主见，主观自信，急躁好强，有野心；易激发感情；说话易用教训人的口气，易得罪朋友；动作粗犷，不灵活，不易做耐心的工作；爱情上多属主动，易被别人爱，也易接受别人的爱；长寿者多。

AB 型气质的人属于复合气质类。机智大方，办事干净利落，冷静、不浮夸；行动有计划，喜分担责任；兴趣广泛；因倾向不同，有的人有领导能力，有的人则沉默寡言、满腹心事，待人接物缺乏经验、易吃亏。

古川竹二的研究引起了许多人的兴趣，因为此项研究涉及人类学的许多未知领域，潜伏着人类对自身了解的重大突破。这样，体液说又有了新的发展。日本血型人类学家能见正比古认为："血型的真正含义指的是人体的体质和气质类型。""可以更简洁地给血型作如下定义：血型就是所有生物的体质类型和气质类型。"但是，许多学者认为，这种理论没有多少科学根据。因此，气质与血型关系问题是一个有争议和需要进一步研究的问题。

（四）气质的激素说

激素是由内分泌细胞分泌的高效能化学物质，在血液中浓度极低，但是对生理和心理活动有重大影响。英国心理学家伯曼（L. Berman）等人提出，人的气质是由某种内分泌腺的活动所决定的。它根据人的某种内分泌腺特别发达而把人划分为：甲状腺型、脑下垂体型、肾上腺型、副甲状腺型和性腺过分活动型。

甲状腺型：身体健康，头发茂密，双眼明亮，其气质特征是精神饱满、知觉灵敏、意志坚强、不易疲劳、处事和观察迅速、容易动感情甚至感情迸发。

脑下垂体型：体态发育较好，体格纤细，其气质特征是性情强硬、脑力发达、自制力强、喜欢思考等。

肾上腺型：雄伟有力、精神健旺、皮肤深黑而干燥、毛发浓密、专横、好斗。

副甲状腺型：安定、缺乏生活兴趣、肌肉无力。

性腺型：性腺分泌增多者常感到不安、好色、具有攻击性。

现代科学研究表明，激素对人的气质的确有影响。但是孤立地将气质完全归结于内分泌腺的活动，忽视了神经系统对气质的决定性作用。

（五）气质的活动特性说

美国心理学家巴斯（A. H. Buss）用活动性、情绪性、社交性、冲动性为指标，将人的气质划分为活动型、情绪型、社交型、冲动型4种类型。

活动型的人倾向于喜欢迎接新的任务，爱活动，不知疲倦。在婴儿期表现为手脚乱动，儿童期表现为在教室里坐不住，成年期显示出强烈的事业心。

情绪型的人觉醒程度和反应强度大。婴儿期表现为经常哭闹，儿童期易激动、难于相处，成年期表现为喜怒无常。

社交型的人渴望与他人建立密切的关系。婴儿期表现为离不开父母亲人，孤单时哭闹得很凶，儿童期容易接受教育，成年后与周围的人非常融洽。

冲动型的人缺乏抑制能力。在婴儿期就表现为急躁，儿童期经常坐立不安，注意力易分散，成年表现为讨厌等待等。

巴斯这一理论的缺陷在于没有揭示出活动特性的生理基础。

三、气质的类型

（一）气质类型的特征

根据现有研究，气质类型主要有以下几种特征。

1. 感受性

感受性是指人对内外适宜刺激的感觉能力。它是神经过程强度特征的表现。

2. 耐受性

耐受性是反映人对客观刺激在时间和强度上的耐受程度，它也是神经过程强度特性的表现。

3. 反应的敏捷性

反应的敏捷性包括两类特征：心理反应和心理过程进行的速度（如思维的敏捷性、识记的速度、注意转移的灵活程度等）；不随意的反应性（如不随意注意的指向性、不随意运动反应的指向性等）。反应的敏捷性主要是神经过程灵活性的表现。

4. 可塑性

可塑性是指人根据外界情况的变化而改变自己适应性行为的可塑程度。可塑性是神经过程灵活性的表现。

5. 情绪兴奋性

情绪兴奋性是指以不同速度对微弱刺激产生情绪反应的特性，它不仅反映神经过程的强度，而且也反映神经过程的灵活性。

6. 向性

向性是指人的心理活动、言语和动作反应表现于外还是表现于内的特性。表现于外叫做外向性，表现于内叫做内向性。外向性是兴奋过程强的表现，内向性是抑制过程强的表现。

（二）传统的气质类型

传统的气质类型是指心理学中流行的分类。根据上述气质特性的不同结合，构成了不同的气质类型：胆汁质（兴奋型）、多血质（活泼型）、粘液质（安静型）、抑郁质（抑制型）。

1. 胆汁质

胆汁质的人感受性低而耐受性高，不随意反应性强，反应的不随意性占优势，外向性明显，情绪兴奋性高，抑制能力差，反应速度快而不灵活。直率、热情、精力旺盛、情绪易于冲动、心境变换剧烈等，都是胆汁质的特征。

胆汁质的心理特征属于兴奋而热烈的类型。表现为有理想、有抱负、有独立见解。他们精力旺盛，行动迅速，行为果敢，表里如一；在语言上、面部表情和体态上都给人以热情直爽、善于交际的印象；不愿受人指挥而愿意指挥别人；一旦认准目标，就希望尽快实现，遇到困难也不屈不挠，有魄力，敢负责，但往往比较粗心，容易感情用事，自制力差，性情急躁，主观任性，有时刚愎自用。由于神经过程的不平衡，其工作带有明显的周期性，能以较大的热情投身于事业，一旦筋疲力尽，情绪顿时转为沮丧而心灰意冷。胆汁质的人喜欢从事与人打交道、工作内容不断变化、环境不断转换并且热闹的职业，如导游、推销员、节目主持人、公共关系人员等。

2. 多血质

多血质的人感受性低而耐受性高，不随意反应强，具有外向性和可塑性，情绪兴奋性高而外部表现明显，反应速度快而灵活。活泼、好动、敏感、反应迅速、喜欢与人交往、注意力容易转移、兴趣容易变换等，都是多血质的特征。

多血质的心理特征属于敏捷好动的类型。由于神经过程平衡且灵活性强，这种人更易于适应环境的变化，性情开朗、热情、喜闻乐道、善于交际。他们在群体中精神愉快，相处自然，常能机智地解脱困境；在工作和学习上肯动脑筋，常表现出机敏的工作能力和较高的办事效率；对外界事务有广泛的兴趣，充满自信，不安于循规蹈矩的工作；情绪多变，富于幻想，易于浮躁，时有轻诺寡信、见异思迁的表现，缺乏忍耐力和毅力。多血质气质类型的人适合从事与外界打交道、灵活多变、富有刺激性的工作，如外交、管理、记者、律师、驾驶员、运动员等。他们不太适合做过细的、单调的机械性工作。

3. 粘液质

粘液质的人感受性低而耐受性高，不随意反应性和情绪兴奋性均低，明显内向，外部表现少，反应速度慢而具有稳定性。安静、稳重、反应缓慢、沉默寡言、情绪不易外露，注意稳定但又难以转移，善于忍耐等，是粘液质的特征。

粘液质的心理特征属于缄默而安静的类型。由于神经过程平衡且灵活性低，反应较迟缓，无论环境如何变化，都能基本保持心理平衡。凡事力求稳妥，深思熟虑，一般不做无把握的事，具有很强的自我克制能力；外柔内刚，沉静多思，很少流露出内心的真情实感；与人交往时，态度持重适度，不卑不亢，不爱抛头露面或空泛倾谈；行动缓慢而沉着，有板有眼，严格恪守既定的生活秩序和工作制度，心境平和，沉默少语。因此，能够高质量地完成那些要求有坚韧不拔、埋头苦干的品质和长时间集中注意力、有条不紊的工作。其不足之处是过于拘谨，不善于随机应变，常常墨守成规，故步自封。

粘液质人的出色之处在于，他们大多数都能很好地利用协调性、积极性、社会性及情感稳定性冷静而出色地表现自己的才能，发挥卓越的能力。而且，无论地位高低，都能在自己的行业中占有重要位置。他们不仅能从事学术、教育、研究、技术、医生等内向职业，而且可以活跃在政治家、外交官、商人、律师等外向型职业领域。他们中，以其独特才能驰骋在作家、艺术家、广告宣传、新闻报道领域的也不少。在实际工作岗位上，粘液质人多数精明强干，如出色的公务员、有才气的作家、头脑精明的银行家。

4. 抑郁质

抑郁质的人感受性高而耐受性低，不随意的反应性低，严重内向，情绪兴奋性高并且体验深刻，反应速度慢，具有刻板性和不灵活性。孤僻、行动迟缓、体验深刻、善于觉察别人不易觉察到的细小事物等，是抑郁质的特征。

抑郁质的心理特征属于呆板而羞涩的类型，对事物敏感，精神上难以承受过大的精神紧张，常为微不足道的小事引起情绪波动。情绪体验的方式比较少，极少在外表上流露自己的情感，但内心体验却相当深刻。沉静含蓄、感情专一、喜欢独处、交往拘束、性格孤僻，在友爱的集体里可能是一个很容易相处的人，对力所能及的工作认真完成，遇事三思而后行，求稳不求快，因而显得迟缓刻板；学习工作易疲倦，在困难面前怯懦、自卑、优柔寡断；遇事多疑，往往缺乏果断和信心。抑郁质的人在只需要一个人刻苦奋斗、不需要人际交往的学术、教育、研究、医学等内在要求慎重、细致、周密思考的职业领域往往有较好发展，校对、打字、排版、检验员、化验员、登记员、保管员等工作也比较适合他们。

人的气质类型可以通过一些方法加以测定。但单属于某一种类型的人很少，多数人是介于各类型之间的中间类型，即混合型，如胆汁—多血质，多血—粘液质等。

表 3－3　气质与神经类型的行为特点

气质与神经类型	内、外向	情绪稳定性	行为特点
胆汁质（兴奋型）	外向	不稳定	暴躁、好动、攻击、兴奋、善于社交、冲动、乐观、积极
多血质（活泼型）	外向	稳定	有领导能力、无忧无虑、灵活、活泼、逍遥自在、敏感、健谈、开朗、社交型
粘液质（安静型）	内向	稳定	被动、谨慎、有思想、温和、能控制、可信赖、脾气好、安静
抑郁型（抑制型）	内向	不稳定	寂静、不善社交、保守、悲观、严肃、刻板、焦虑、忧虑

心理学家达威多娃曾形象地描述 4 种基本气质类型的人在同一情景中的不同行为表现。4 个不同气质类型的人上剧院看电影，但都迟到了。胆汁质的人和检票员争吵，企图闯入剧院，他分辩说，剧院的钟表快了，他进去看戏是不会影响别人的，并打算推开检票员进入剧院；多血质的人立刻明白，检票员是不会放他进场的，但是通过楼厅进场很容易，就跑到楼上去了；粘液质的人看到检票员不让他进入正厅，就想“刚开始不会太精彩，我在小卖部等一会儿，休息时再进去”；抑郁质的人就会想“我总是不走运，偶尔一次来就这么倒霉”，接着就回家了。

（三）外向型和内向型

瑞士心理学家荣格认为，力比多（Libido，来自本能的力量）流动的方向决定人的气质类型。个体的能量活动倾向于外部环境，就是外向型的人；个体的能量活动倾向于自己，就是内向型的人。

外向型的人重视外部世界，他们爱好社交，活跃、开朗、自信，勇于进取，对周围一切事物都很感兴趣，容易适应环境的变化。内向型的人则重视主观世界，他们好沉思、善内省，常常沉浸在自我欣赏和陶醉中，孤僻、缺乏自信、易害羞、冷漠，较难适应环境变化。

内向型和外向型的特点见表 3 -4。

表 3 -4　内向型和外向型的特点

内向型			外向型	
孤独型	沉默寡言、谨慎、消极、孤独	Ⅰ	爽朗、积极、能言善辩、顺应	社交型
思考型	善于思考、深入钻研、提纲挈领	Ⅱ	现实的、说干就干、易变化、好动	行动型
丧失自信型	自卑感、自责、有强烈罪恶感	Ⅲ	瞧不起别人、过高估计自己	过于自信型
不安型	规矩、清高、小心	Ⅳ	胆量大、大方、不拘小节	乐天型
冷静型	小心谨慎、沉着、稳重	Ⅴ	敏感、喜怒哀乐变化无常	感情型

外向型和内向型是人的两大态度类型，即个体对特有环境的反应的两种态度或方式。现实生活中，绝大多数人都是兼有内向和外向的中间型。荣格也认为，没有纯粹的内向型或外向型的人，只是在特定场合下，由于情境的影响，某一种态度占优势。

四、正确认识气质差异

（一）气质无好坏之分

气质使我们每个人的全部心理活动都染上了个人独特的色彩。具有某种气质类型的人，常常在内容很不相同的活动中都显示出同样性质的动力特点。例如，一个人具有安静迟缓的气质特征，这种气质特征会在学习、工作、当众演说、体育比赛等各种活动中表现出来。所以，个人的气质特点不依活动的内容为转移，它表现出一个人生来就具有的自然特性，因而没有好坏善恶之分。

（二）气质有先天性的特征

不同的人之所以有不同的气质，与一个人的神经类型有关。不同的人神经类型各不相同，所以一般婴儿在出生后不久就会在各种活动中表现出各自所具有的气质。从这一意义上讲，人的气质特征受到先天因素的影响。不过，任何人的神经类型不是一成不变的。神经系统本身是在外界环境的影响下逐渐成长和发展起来的。因此，一个人的气质尽管表现得很早并具有很大的稳定性，但在生活实践中，只要自觉地加以培养与矫正，就能显著地发生改变，使它向优化方向发展。

（三）气质影响人的活动方式与效率

各种实践领域中，气质虽不起决定作用，但它对人的工作方式有影响，并在一定程度上影响人的工作效率，因此在职业的选择上，考虑气质因素是十分重要的。

研究和实践表明，某些气质特征为一个人从事某种工作或职业提供了可能性和有利条件。例如，粘液质、抑郁质的人，容易适应持久细致的工作，而胆汁质、多血质的人则难以适应这类工作；多血质、胆汁质的人容易适应迅速灵活的工作，而粘液质、抑郁质的人就难以适应这类工作。

总之，气质与职业活动的关系表现在两方面：一方面要使自己的气质特征适应工作的客观要求；另一方面在选择人才和安排工作时，要考虑个人的气质特点。

五、气质在管理实践活动中的作用

气质既然是人的稳定的个性心理特征，是人的心理活动和行为方式在速度、强度、变换性等动态方面的特点的综合，并贯穿在人的心理活动和行为方式中，那它一定会影响个体活动的各个方面，并为个体活动打上一定的烙印。

（一）气质对智力活动的影响

每一种气质类型既有积极方面，又有消极方面。例如，多血质的人反应灵敏，容易适应新环境，但兴趣容易转移，注意力不稳定；胆汁质的人热情开朗、精力旺盛，但是任性、脾气暴躁，易冲动；粘液质的人沉着、稳重、自制、踏实，但反应缓慢；抑郁质的人在工作中耐受力差、易疲劳，但是感情细腻、观察力敏锐。

气质不能决定一个人的智力发展水平。智力水平高的人可能具有不同的气质；相同气质的人可能表现出不同的智力水平。

但是，气质作为一种非智力因素，对智力的发展有不可忽视的影响。气质与5种思维品质（思维的深刻性、独创性、灵活性、批判性和敏捷性）有密切联系。例如，识记数量多、难度大的材料时，神经系统强型的人比弱型的人效果好；神经系统强型的人记忆大量无意义音节效果较好，而神经系统弱型的人记忆大量有意义的文章效果较好。

气质还影响个体智力活动的特点和方式。例如，多血质的人学习时精力充沛，从事紧张学习工作后只要短时间就能恢复精力；能一下子关心很多事物，复杂情况和变化不会降低其精力；对新教材感兴趣并充满热情。抑郁质的人学习一段时间后很容易感到疲劳，需要休息才能恢复精力；对于简单的作业也要沉思和准备；学习新教材感到困难和疲劳，但是复习旧教材时表现出主动性，思维具有高度准确性和清晰性。多血质人反应迅速，容易转向新的智力活动，似乎能立刻把潜能释放到最大限度；抑郁质人则缓慢、犹豫不决地解决问题，有时会出现停顿，但能够逐渐明确、完整、正确地弄清问题。这两种人都可以在学习上获得优异成绩。

（二）气质在人才培养和管理工作上的意义

从事教育和人才培养的人员以及企业管理人员，他们的工作对象就是每个具体的人。做好人的工作就要了解人，其中包括了解一个人的气质。只有了解这些知识，才能在工作中做到从实际出发，知人善用，以充分发挥每个人的长处。

(1) 根据人的气质特征来调动人的积极性，合理用人。管理者要尽量使人的气质特点与工作特点相互协调配合。一般情况下，多血质的人要安排做一些社交工作；胆汁质的人可以安排突击性、开拓性的工作；粘液质的人可以做一些从事核算和监督职能的管理工作；抑郁质的人可以安排做一些研究型工作。

(2) 根据人的气质特征来合理调整组织结构，增强团队战斗力。人的气质特征有积极的一面，也有消极的一面，合理调整不同气质的人员，组成一个领导班子或集体，形成气质互补的组合，可以相互克服气质的消极影响，发挥气质的积极作用。

(3) 要根据人的气质特征来做好思想工作。不同气质的人，对挫折、压力、批评的容忍接受程度不同，对思想感情的接受程度不同。

气质没有好坏，教育者的任务在于了解每个人的气质特征，找到适合对方气质特点的最佳策略和方法，也就是因材施教、个别对待。例如，对多血质的人不能放松要求，不能使他们感到无事可做，而是要让他们在多种有意义的活动中养成踏实、专一、克服困难的精神；胆汁质的人则需要学会抑制自己，要帮助他们养成自制、坚韧的习惯；粘液质的人则要允许他们有充分的时间考虑问题和作出反应，引导他们积极探索新问题，并鼓励他们生动活泼、机敏地投入工作，发展自己的灵活性和积极性；对抑郁质的人则不可在公共场合指责、批评，要安排适当工作鼓舞他们，在活动中磨炼其意志的坚忍性和情绪的稳定性。

胆汁质和抑郁质的学生和员工是教师和管理者应特别关怀的对象。这两种气质类型都具有情绪不稳定的特征。胆汁质的人可能出现进攻、好斗的行为问题；抑郁质的人则可能出现焦虑不安的人格问题。管理者要让胆汁质的人多得到工作与休息交替的机会；让抑郁质的人在集体中获得友谊和乐趣。

（三）气质在职业选择中的意义

气质特征是职业选择的依据之一，某些气质特征为一个人从事某项工作提供了有利条件。总体而言，要求持久、细致的工作对粘液质和抑郁质的人较合适；要求迅速灵活反应的工作对于多血质和胆汁质的人较合适。

在一般的学习和劳动活动中，气质的各种特性之间可以起互相补偿的作用，因此对活动效率的影响并不显著。对先进纺织工人所作的研究证明，一些看管多台机床的纺织女工属于粘液质，她们的注意力稳定，工作中很少分心，这在及时发现断头故障等方面是一种积极的特性。注意的这种稳定性补偿了她们从一台机床到另一台机床转移注意较为困难的缺陷。另一些纺织女工属于活泼型，她们的注意比较容易从一台机床转向另一台机床，这样注意易于转移就补偿了注意易于分散的缺陷。

但是，一些特殊职业（例如飞机驾驶员、宇航员、大型动力系统调度员或运动员等），要经受高度的身心紧张，要求人有极其灵敏的反应，敢于冒险和临危不惧，对人的气质特性提出特定的要求。在这种情况下，气质的特性影响着一个人是否适合从事该种职业。因此在培训这类职业的工作人员时，应当测定人的气质特性。这是职业选择和淘汰的根据之一（气质与职业选择见表 3 -5）。

表 3－5　气质与职业选择

	多血质	胆汁质	粘液质	抑郁质
气质特点	活泼、好动、敏感	热情直率、外露、急躁	稳重、自制、内向	安静、情绪不易外露、办事认真
适合职业	政府及企事业管理者、外事人员、公关人员、驾驶员、医生、律师、运动员、公安、服务员等	导游、推销员、节目主持人、外事接待人员、演员等	外科医生、法官、财会人员、统计员、播音员等	机要员、秘书、人事、编辑、档案管理员、化验员、保管员等
不适合职业	单调或过于细致的职业	长期安坐的职业		热闹、繁杂环境下的职业

有些职业活动对人的气质提出了特殊的要求。以运动员为例，一般认为，胆汁质的人容易兴奋，比较适合从事中、短距离跑，以及跳高、跳远、拳击、球类等动作急遽、要求爆发力强的项目；多血质的人适应性强，可塑性大，对艺术的感受较深、较快，所以除上述项目外，还可以从事体操、跳水、花样滑冰、击剑、武术等运动项目；粘液质的人比较适合从事棋类、登山、长距离跑等对耐受性要求较高的运动项目；抑郁质的人不大适合从事专项体育运动。

总之，虽然人的行为不是决定于气质，而是决定于在社会环境和教育影响下形成的动机和态度，但是气质在人的实践活动中也具有一定的意义。虽然气质与态度相比只居于从属的地位，但它是构成人们各种个性品质的一个基础，因此它是一个必须加以分析和考虑的重要因素。

第三节　性　格

一、性格的概念

性格是一个人表现在对现实的态度和习惯化的行为方式上的稳定的个性心理特征。诚实或虚伪、勇敢或怯懦、谦虚或骄傲等都是人的性格特征。性格就是一个人的许多性格特征所组成的统一体。

人的性格不仅表现在他做什么，而且表现在他怎样做。也就是说，人的性格主要表现在两个方面——“做什么”和“怎样做”。“做什么”反映了人对现实的态度；“怎么做”反映了人的行为方式。一般来说，人们习惯化的行为方式都是由他们对现实的态度决定的，因此，把握一个人的性格特征，就可以预见其在某种情况下将会作出怎样的行为反应。

性格是稳定的，但又有一定的可塑性。性格是人在实践活动中，在与客观世界相互作用的过程中形成和发展起来的。人的性格不是一朝一夕形成的，但一旦形成就比较稳定，并贯穿于全部行为中。个体一时的偶然表现并不是他的性格特征，只有经常的、习惯性的表现才是他的性格特征。性格是在主体与客体的相互作用过程中形成的，同时又在主体与客体的相互作用中发生缓慢的变化。

性格表现了一个人的品德和世界观，它在个性中具有核心的意义。人的性格与一个人的意识倾向和世界观紧密相关，体现了人的本质属性。性格最能表征一个人的个性差异。

二、性格与气质的关系

性格与气质都是描述个人典型行为的概念。这两个概念既有区别，又有密切的联系。

（一）气质与性格的区别

气质是个体心理活动的动力特征，与性格比较，气质受先天因素影响大，并且变化比较难、比较慢；性格主要在后天形成，具有社会性，变化比较容易、比较快。气质是行为的动力特征，与行为的内容无关，因此气质无好坏善恶之分；性格涉及行为内容，表现个体与社会的关系，因此有善恶好坏之分。

（二）气质与性格的联系

气质与性格相互渗透、彼此制约。

一方面，气质影响性格的动态，使性格涂上一种独特色彩，比较明显的是在性格的情绪性和表现的速度方面体现出来。例如，同样是乐于助人的性格特征，多血质者在帮助别人时，往往动作敏捷，情感明显表露于外；而粘液质者则可能动作沉着，情感不表露于外。气质还影响性格形成和发展的速度和动态。例如，要形成自制力，胆汁质的人往往需要作出极大的努力和克制；而抑郁质的人则比较容易形成，用不着特别抑制自己就能办到。

另一方面，性格可以在一定程度上掩盖或改造气质。例如，从事精细操作的外科医生应该具有冷静沉着的性格特征，在职业训练过程中有可能掩盖或改造易冲动的胆汁质气质特征。

具有不同气质类型的人可以形成同样的性格特征；具有同一种气质类型的人可以形成不同的性格特征。

总之，性格和气质是密切联系的。这是因为人具有生物性和社会性。人的发展是生物因素和社会因素相互作用的结果。不能排除生物因素来看待性格的形成和发展，也不能排除社会因素来看待人的气质。

三、性格的特征

性格是一个十分复杂的心理构成物，它由各种不同的性格特征组成。性格特征就是性格各个不同方面的特征。

（一）性格的态度特征

人对客观现实的影响总是以一定的态度予以反应，客观对象和现象是多种多样的，因此，人对客观现实进行反映时，性格的态度特征也是多种多样的。

性格的态度特征主要是指人在处理各种社会关系方面的性格特征，主要有以下三个方面。

1. 对社会、集体和他人的态度的特征

属于这方面的特征主要有：公而忘私或假公济私；忠心耿耿或三心二意；善于交际或行为孤僻；热爱集体或自私自利；礼貌待人或粗暴；正直或虚伪；富有同情心或冷酷无情，等等。

2. 对工作和学习的态度的特征

属于这方面的特征主要有：勤劳或懒惰；认真或马虎；细致或粗心；创新或墨守成规；节俭或浪费，等等。

3. 对自己的态度的特征

属于这方面的特征主要有：谦虚或骄傲；自尊或自卑；严于律己或放任，等等。

（二）性格的意志特征

意志特征是性格结构的组成部分之一，指一个人在自觉调节自己行为的方式和水平上表现出来的心理特征。

1. 自觉性

此即对行为目的明确程度的特征。属于这方面的特征主要有：目的性或盲目性；独立性或易受暗示性；纪律性或散漫性等。

2. 自制力

此即对自己行为的自觉控制水平特征，属于这方面的特征主要有：主动性或被动性；自制力或缺乏自制力、冲动等。

3. 坚毅性

此即在长期工作中表现出来的特征，个体能否坚持预定的目的百折不挠地克服一切困难与障碍，不怕挫折与失败，不达目的不罢休。如遇到困难，有的人坚毅、不灰心，而有的人则动摇、一蹶不振。

4. 果断性

此即在困难情况下，个体能否判明情况，作出正确的决策。如有的人果断、决绝，而有的人则武断或优柔寡断。

（三）性格的情绪特征

性格的情绪特征，是指人在情绪活动时在强度、稳定性、持续性和主导心境等方面表现出来的性格特征。

1. 情绪强度特征

这种特征表现为情绪对人的行为活动的感染程度，以及情绪受意志控制的程度。如有的人情绪高涨、精力旺盛，难以用意志控制；有的人则安宁、冷漠，容易用意志控制。

2. 情绪稳定性特征

这表现为一个人情绪受外界条件变化而产生起伏和波动的程度。如有的人在重大事件面前，情绪平稳，对情绪的控制也比较容易；有的人则很激动，对情绪的控制也比较困难。

3. 情绪持久性特征

这表现为情绪活动的持续时间和对身体、工作和生活影响的久暂性。如同样遇到悲伤事件，有的人悲伤情绪持续时间长、影响持久，而有的人则相反。

4. 主导心境特征

这是指不同主导心境在一个人身上稳定表现的程度。如有的人经常欢乐愉快，有的人则常常抑郁低沉。

（四）性格的理智特征

性格的理智特征是人在认识事物的态度和活动方式上的差异。人的认知水平差异被称为能力特征，人的认知活动特点与风格被称为性格的理智特征。

1. 感知方面的性格特征

有主动观察型和被动感知型。前者不易受环境干扰，能按自己的目的和任务进行观察；后者易受暗示，易受环境干扰。

知觉的详细分析和综合概括类型。前者特别注意事物的细节；后者多注意事件的整体和轮廓。

感知的快速型和精确型。前者力图迅速完成观察任务，但不细致；后者观察深入，有准确的判断力。

2. 记忆方面的性格特征

人在记忆方面的个别差异可以分为：主动记忆型和被动记忆型；直观形象记忆型和逻辑思维记忆型；在识记上有快慢之分；在保持上有长短之分等。

3. 想像方面的性格特征

就想像的主动性而言，有主动想像型和被动想像型；就想像的丰满性而言，有狭窄想像型和广阔想像型之分；在想像水平上，有创造想像型和再选想像型之分。

4. 思维方面的性格特征

从思维的深度上可分出深刻型和肤浅型。从思维的创造性上可分出独立型和依赖型，前者善于独立地提出问题和解决问题；后者则回避问题，愿意借用现成的答案附和他人之见。

在以上四个方面的性格特征中，最主要的是性格的态度特征和性格的意志特征，其中又以性格的态度特征更为重要。因为它直接体现了一个人对事物所持有的稳定的倾向，也是一个人的本质属性和世界观的反映。

四、性格的类型理论

性格的类型论和性格的特质论是两种主要的性格理论。类型论用人的一种或少数几种主要特质来说明人的性格；特质论同时用多种特质来说明人的性格。例如，类型论说某人是一个内向的人；特质论说某人是沉静、孤僻和处事谨慎的人。可以说，类型论是一种性格分类的理论，而特质论则是一种性格分析的理论。

（一）以心理机能优势分类

这是英国的培因（A. Bain）和法国的李波特（T. Ribot）提出的分类法。他们根据理智、情绪、意志 3 种心理机能在人的性格中所占优势不同，将人的性格分为理智型、情绪型、意志型。理智型的人通常以理智来评价周围发生的一切，并以理智支配和控制自己的行动，处世冷静；情绪型的人通常用情绪来评估一切，言谈举止易受情绪左右，这类人最大的特点是不能三思而后行；意志型的人行动目标明确，主动、积极、果敢、坚定，有较强的自制力。除了这3种典型的类型外，还有一些混合类型，如理智—意志型，在生活中大多数人是混合型。

（二）以心理活动的倾向分类

这是瑞士心理学家荣格（C. G. Jung）的观点。荣格根据一个人里比多的活动方向来划分性格类型。里比多指个人内在的、本能的力量。里比多活动的方向可以指向内部世界，也可以指向外部世界。前者属于内倾型，其特点是处世谨慎，深思熟虑，交际面窄，适应环境能力差；后者为外倾型，其特点是心理活动倾向于外部，活泼开朗，活动能力强，容易适应环境的变化。这种性格类型的划分，在国外已应用于教育和医疗等实践领域。但这种类型的划分，仍没摆脱气质类型的模式。

（三）以个体独立性程度分类

美国心理学家威特金（H. A. Witkin）等人根据场的理论，将人的性格分成场依存型和场独立型。前者也称顺从型，后者又称独立性。场依存型者，倾向于以外在参照物作为信息加工的依据，他们易受环境或附加物的干扰，常不加批评地接受别人的意见，应激能力差；场独立型的人不易受外来事物的干扰，习惯于更多地利用内在参照即自己的认识，他们具有独立判断事物、发现问题、解决问题的能力，而且应激能力强。可见这两种人是按两种对立的认知方式进行工作的。

（四）以人的社会生活方式分类

德国的心理学家斯普兰格（E. Spranger）从文化社会学的观点出发，根据人认为哪种生活方式最有价值，把人的性格分为6种类型，即经济型、理论型、审美型、宗教型、权力型、社会型。

经济型的人一切以经济观点为中心，以追求财富、获取利益为个人生活目的；实业家多属此类。理论型的人以探求事物本质为人的最大价值，但解决实际问题时常无能为力；哲学家、理论家多属此类。审美型的人以感受事物美为人生最高价值，他们的生活目的是追求自我实现和自我满足，不大关心现实生活；艺术家多属此类。宗教型的人把信仰宗教作为生活的最高价值，相信超自然力量，坚信永存生命，以爱人、爱物为行为标准；神学家是此类人的典型代表。权力型的人以获得权力为生活的目的，并有强烈的权力意识与权力支配欲，以掌握权力为最高价值；领袖人物多属于此类。社会型的人重视社会价值，以爱社会和关心他人为自我实现的目标，并有志于从事社会公益事物；文教卫生、社会慈善等职业活动家多属此类型。

现实生活中，往往是多种类型的特点集中在某个人身上，但常以一种类型特点为主。

（五）霍兰德的类型论

美国职业指导专家霍兰德（J. L. Holland）提出性格—职业匹配理论。他认为，学生的性格类型、学习兴趣和将来的职业准备密切相关，特提出了系统的职业指导理论，把人类的性格划分为6种类型：社会型、理智型、现实型、文艺型、企业型和传统型。每个人可以主要划分为一种性格类型，每一种性格类型的人，对相应的职业感兴趣。

1. 社会型（S）

共同特征：喜欢与人交往、不断结交新的朋友、善言谈、愿意教导别人；关心社会问题、渴望发挥自己的社会作用，寻求广泛的人际关系，比较看重社会义务和社会道德。

典型职业：喜欢要求与人打交道的工作，能够不断结交新的朋友，从事提供信息、启迪、帮助、培训、开发或治疗等事务，并具备相应能力。如教育工作者（教师、教育行政人员）、社会工作者（咨询人员、公关人员）。

2. 企业型（E）

共同特征：追求权力、权威和物质财富，具有领导才能；喜欢竞争、敢冒风险、有野心、有抱负；为人务实，习惯以利益得失、权利、地位、金钱等来衡量做事的价值，做事有较强的目的性。

典型职业：喜欢要求具备经营、管理、劝服、监督和领导才能，以实现机构、政治、社会及经济目标的工作，并具备相应的能力。如项目经理、销售人员、营销管理人员、政府官员、企业领导、法官、律师。

3. 常规型（C）

共同特点：尊重权威和规章制度，喜欢按计划办事，细心、有条理，习惯接受他人的指挥和领导，自己不谋求领导职务；喜欢关注实际和细节情况，通常较为谨慎和保守，缺乏创造性，不喜欢冒险和竞争，富有自我牺牲精神。

典型职业：喜欢要求注意细节和精确度、有系统、有条理，具有记录、归档、据特定要求或程序组织数据和文字信息的职业，并具备相应能力。如秘书、办公室人员、记事员、会计、行政助理、图书馆管理员、出纳员、打字员、投资分析员。

4. 实际型（R）

共同特点：愿意使用工具从事操作性工作，动手能力强，做事手脚灵活，动作协调；偏好于具体任务，不善言辞，做事保守，较为谦虚。缺乏社交能力，通常喜欢独立做事。

典型职业：喜欢使用工具、机器以及需要基本操作技能的工作。对要求具备机械方面才能、体力或从事与物件、机器、工具、运动器材、植物、动物相关的职业有兴趣，并具备相应能力。如技术性职业（计算机硬件人员、摄影师、制图员、机械装配工）、技能性职业（木匠、厨师、技工、修理工、农民、一般劳动）。

5. 研究型（I）

共同特点：思想家而非实干家，抽象思维能力强，求知欲强，肯动脑，善思考，不愿动手；喜欢独立的和富有创造性的工作；知识渊博，有学识才能，不善于领导他人；考虑问题理性，做事喜欢精确，喜欢逻辑分析和推理，不断探讨未知的领域。

典型职业：喜欢智力的、抽象的、分析的、独立的定向任务，要求具备智力或分析才能，并将其用于观察、估测、衡量、形成理论、最终解决问题的工作，并具备相应的能力。如科学研究人员、教师、工程师、电脑编程人员、医生、系统分析员。

6. 艺术型（A）

共同特点：有创造力，乐于创造新颖、与众不同的成果，渴望表现自己的个性，实现自身的价值；做事理想化，追求完美，不重实际；具有一定的艺术才能和个性；善于表达、怀旧、心态较为复杂。

典型职业：喜欢要求具备艺术修养、创造力、表达能力和直觉的工作，并将其用于语言、行为、声音、颜色和形式的审美、思索和感受，具备相应的能力；不善于事务性工作。如艺术方面（演员、导演、艺术设计师、雕刻家、建筑师、摄影家、广告制作人）、音乐方面（歌唱家、作曲家、乐队指挥）、文学方面（小说家、诗人、剧作家）。

然而，大多数人都并非只有一种性向（比如，一个人的性向中很可能是同时包含着社会型、实际型和研究型 3 种）。霍兰德认为，这些性向越相似，相容性越强，则一个人在选择职业时所面临的内在冲突和犹豫就会越少。

各种性格类型之间的相关可以用六角模型来表述（图 3 - 1）。

如果职业类型与性格类型相重合，个人会感到有兴趣和内在的满足，并最能发挥自己的聪明才智；如果职业类型与性格类型相近，个人经过努力，也能适应并做好工作；如果职业类型与性格类型相斥，则个人会对职业毫无兴趣，不能胜任工作。

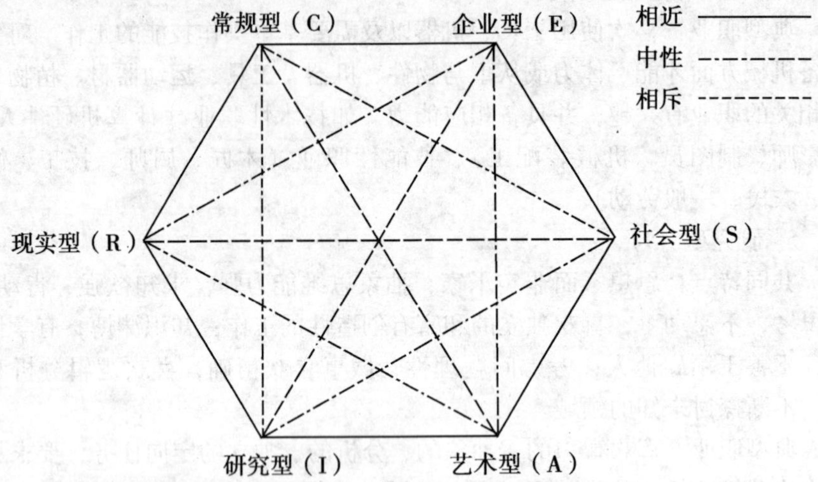

图 3－1　霍兰德的性格类型六角形模型

五、性格的特质论

特质是指个人的遗传与环境相互作用而形成的对刺激发生反应的一种内在倾向。特质是构成人的性格的基本单位，特质决定个体的行为。性格特质在时间上具有稳定性，在空间上具有普遍性。

美国心理学家奥尔波特最早提出人格特质学说。他认为，性格包括两种特质：一是个人特质，为个体所独有，代表个人的行为倾向；二是共同特质，是同一文化形态下人们所具有的一般共同特征。

美国另一位心理学家卡特尔根据奥尔波特的观点，采用因素分析法，将众多的性格分为两类特质，即表面特质和根源特质。表面特质只反映一个人外在的行为表现，是直接与环境接触、常随环境变化而变化的，不是特质的本质。经研究，他把性格概括为 35 种表面特质。根源特质是一个人整体人格的根本特征，每一种表面特质都来源于一种或多种根源特质，而一种根源特质也能影响多种表面特质。他通过多年研究，找出 16 种根源特质，它们是乐群性、聪慧性、稳定性、恃强性、怀疑性、兴奋性、有恒性、敢为性、敏感性、幻想性、世故性、忧虑性、实验性、独立性、自律性、紧张性（具体含义详见表 3－6）。根据这 16 种各自独立的根源特质，卡特尔设计了卡特尔 16 种人格因素问卷，利用此量表可判断一个人的行为反应。

表 3-6　卡特尔 16 种人格因素的性格特征

因素	特质名称	低分者特征	高分者特征
A	乐群性	缄默、孤独、冷淡	外向、乐趣、热情
B	聪慧性	迟钝、学识浅薄	聪明、富有才识
C	稳定性	情绪激动、易烦恼	情绪稳定、能面对现实
E	恃强性	谦逊、顺从、通融、恭顺	好强、固执、独立积极
F	兴奋性	严肃、审慎、冷静、寡言	轻松兴奋、随遇而安
G	有恒性	敷衍、缺少奉公守法精神	有恒、负责、做事尽责
H	敢为性	畏怯退缩、缺乏自信心	冒险敢为、少有顾虑
I	敏感性	理智、注重现实	敏感、感情用事
L	怀疑性	信赖随和、易与人相处	怀疑、刚愎、固执己见
M	幻想性	现实、合乎成规	妄想、狂妄不羁
N	世故性	坦白直率、天真	精明能干、世故
O	忧虑性	安详、沉着、有信心	忧虑抑郁、烦恼自扰
Q1	实验性	保守、服于传统	自由、批评激进、不拘泥于现实
Q2	独立性	依赖、随群附和	自立自强、当机立断
Q3	自律性	矛盾冲突、不顾大体	知己知彼、自律严谨
Q4	紧张性	心气平和、闲散宁静	紧张困扰、激动挣扎

六、性格的形成和发展

在性格的形成和发展问题上，历史上有两种极端的观点，一个是遗传决定论，一个是环境决定论。现在持有极端观点的人已经很少了，一般认为，性格是遗传因素和环境因素相互作用的结果。

（一）生物学因素

个体的性格不直接受机体因素的影响，但是一个人性格的发生和发展确实存在生物学根源。气质主要决定于遗传因素，气质是高级神经活动类型生理特征的行为表现。从儿童出生的时候起，高级神经活动类型就表现出天然的差别，而性格与气质有一定的联系，因此神经系统的某些遗传特质会影响性格的形成。例如神经系统的强度、平衡性和灵活性都在一定程度上影响性格的形成。一方面，先天神经类型制约着暂时神经联系的形成和变化；另一方面，后天建立的暂时神经联系也改造着神经类型的特征，而后天形成的暂时神经联系对性格的形成具有重大的作用。

此外，人的身体器官的构造和机能如身高、体重、体型、性别和外貌体格特点对个体的性格也有重要影响。西方不少心理学家提出体格类型说，认为不同体型的人性格不同。人的体格是否符合文化的社会价值观，受到社会的赞许还是轻视，都会对人的行为有重要影响。例如，一个儿童具有社会所中意的体格时，常常得到周围人的喜爱和亲近，容易形成自信、乐观、活泼开朗的性格；相反，外貌不好的儿童通常都会有以特有的消极方式去反映外部世界的倾向，也更容易形成内向、自卑的性格。

体格上的各种变化，不论是否限制或增进一个人的能力，但总会引起社会上的一些期望，并要求个人实现这些期望。一些研究指出，符合社会上所赞许的体格标准的人，比体型不太理想的人会受到社会更多的赞许。当然，在体格方面不被社会赞许的人并不都会形成自卑或自愧不如别人的消极性格品质。人具有主观能动性，他可以有选择地接受外来影响，不接受生理机能受社会排斥的影响，他可以从其他方面补偿自已的不足。

性别差异对个体性格的影响也有明显作用。人们普遍认为男性比女性在性格上更具攻击性、独立性、支配感、好动，并且有更强烈的竞争心、逻辑性和冒险精神等；而女性则比男性分寸感强、虔诚笃信，更具依赖性、顺从、易被说服、忍耐性强等。性别差异与男女性激素有关，但也受到社会文化的影响。人类性格角色一般要经过模仿、认同、内化等阶段，受到家庭、学校教育、社会习俗和舆论宣传等因素的影响，个体最终固定了自我的性别角色并表现出相应特征的外显行为。

（二）环境因素

1. 家庭

家庭是社会的细胞，是儿童最早接触的社会环境。T. 帕金斯曾点破了家庭对儿童身心成长的影响。他把家庭看成是“制造人格的工厂”。家庭是人的第一个环境，是最早向儿童传播社会经验的场所。家庭不仅为儿童提供一个物质环境，也提供“精神环境”。

家庭是社会生活的基本单位。一方面，社会上的各种关系都通过家庭影响儿童；另一方面，家庭的各种因素，例如家庭经济收入水平、家长的职业、家庭结构的健全程度、家庭的气氛，父母的教养态度、家庭子女的多少、儿童在家庭中的作用等都会对儿童性格的形成产生重要的影响。

（1）父母的教养方式对孩子性格的形成具有重要的影响。采取严厉教养态度的双亲，对儿童过于苛责、限制、干涉、训斥，不考虑儿童的需要与特点，这样势必遇到子女的对抗。其表现形式为文过饰非、弄虚作假或者目空一切、消极对抗，甚至表现出明显的敌意。这样，儿童很难形成独立、主动、自信、富有创造性的性格特征，反之则会形成反抗、粗暴、企图引人注目和冷淡的性格。采取放任养育态度的双亲营造“和平共处”的家庭关系。这样的家庭无法成为吸引子女情感的中心，这样的孩子容易形成冷酷的、攻击的、情绪不安的或者消极的、与世无争和玩世不恭的性格。采取溺爱养育态度的双亲对子女百依百顺，甚至对不合理的要求和行为也不制止纠正。这样的孩子很容易形成任性、自我中心、不礼貌、撒娇放肆等性格特征。有些父母承担子女应当承担的责任，不愿让孩子经受困难险阻的磨难，这样成长起来的孩子可能缺乏信心。而有些父母的感情过于外露，过多地亲昵孩子，频繁地表现出强烈的感情，有可能使孩子因不停地兴奋而神经质。采用民主养育态度的父母爱护子女，不任意干涉孩子的活动，合理地严格要求子女，不苛求孩子，遇事与子女商量，不把成人的意见强加给孩子。这样孩子容易形成亲切温和、情绪稳定、深思熟虑、独立、积极和协作的性格。

表 3－7　母亲的养育态度对子女性格的影响情况表

母亲的态度	子女的性格
支配的	服从、无主动性、消极的、依赖的、温和
照管过甚	幼稚的、依赖的、神经质的、被动的、胆怯
保护的	缺乏社会性、深思的、亲切的、非神经质的、情绪安定
溺爱的	任性的、反抗的、幼稚的、神经质的
顺应的	无责任心、不服从、攻击的、粗暴的
忽视	冷酷的、攻击的、情绪不安、创造力强、社会性的
拒绝的	神经质的、反抗的、粗暴的、企图引起别人注意、冷淡的
残酷的	执拗的、冷酷的、神经质的、逃避的、社交的
民主的	独立的、爽直的、协作的、亲切的、社交的
专制的	依赖的、反抗的、情绪不安、自我中心、大胆的

（2）生活在不同家庭气氛中的儿童会形成不同的性格。家庭气氛是指

家庭中占优势的态度和情绪。宁静愉快、成员之间和睦相处、相互尊重、相互体贴、相互理解的家庭气氛，使儿童感到安全愉快、生活乐观、信心充足、待人和善，有助于儿童形成谦虚、有礼貌、待人亲切而诚恳的性格。反之气氛紧张的家庭，成员之间吵闹不断、猜疑，存在矛盾与隔阂，则容易使儿童长期忧心忡忡而形成紧张、焦虑、恐惧、自卑、孤独等性格特征。

（3）家庭自然结构对孩子的性格形成有很大的影响。家庭成员的组成是家庭结构的基本要素。几代同堂的传统大家庭、核心家庭和破裂家庭是3种主要的家庭结构。目前社会上普遍存在的是由独生子女和双职工父母组成的三口之家；也有不少家庭是破裂家庭，孩子跟着单亲生活（单亲家庭）；还有父母双亡或者遭父母遗弃，孩子跟随隔代长辈生活或寄养在亲戚家中的。生活在不同结构家庭中的孩子，在其性格形成和发展过程中，家庭的影响不同。其中，破裂家庭对孩子的性格发展会带来不良影响。研究发现，破裂家庭中的孩子常因幼时的情感缺失以及缺少合理教育，在人格发展上出现障碍。5岁前失去父亲的男孩所受的不利影响更严重。父母离婚对子女性格的不良影响，远远超过父母死亡，它对子女性格的不良影响是终生的。

（4）家庭中子女出生顺序及其在家庭中的地位和作用不同，也会影响孩子性格的形成和发展。艾森伯格的研究认为，长子或独子比中间的孩子或末子具有更多的优越感。儿童在家庭中越是受重视，对家庭的作用越明显，其性格发展越倾向于自信、独立、优越感强。反之，则会形成依赖、盲从、优柔寡断、不善交际的性格特征。当然，这是一种较大的可能性，因为儿童生活的环境是丰富多彩的，除家庭环境外，还有社会与学校及其他环境因素。在不同的环境中，儿童受到的重视程度与地位也是不一样的。

2. 学校环境

儿童进入学校学习以后，学校向学生传授科学文化知识，指导学生锻炼身体，对学生进行思想品德教育，帮助学生树立正确的理想和世界观，学生性格的形成和发展进入一个关键时期。

（1）教师的教育态度对学生性格特征的形成和发展具有很大的影响。教师的教育态度是指教师对教育工作在认识、情感、能力和行为特征等各个方面所具有的倾向及态度。由于教师在对教育工作的认识、情感、能力和行为等方面都有自己的特点，每个教师的教育态度各不相同，但一般可分为放任型、专制型和民主型3种教育态度。研究表明，教师态度呈专制型，包办学生的一切学习活动，独揽大权，采取专制作风，全凭个人好恶对学生赞誉毁贬，学生则表现为紧张、对立，行动上也因循守旧，态度不一致；教师态度呈放任型，教师不控制学生的行动，不指导学生的学习方法，教师不负任何实际责任，还经常迁就学生的要求，学生就会表现出无团体目标、无组织、无纪律的倾向；如果教师采用民主型态度，尊重学生的自尊心和人格，重视学生集体的作用，根据客观情况进行表扬或批评，学生则情绪稳定、积极、态度友好。

（2）学校的基本组织是班集体，班集体的特点、要求、舆论和评价对学生性格的形成与发展有具体的影响。良好的班集体具有良好的班风，民主气氛浓厚，对学生个体严格要求，这样的班集体有助于其成员形成既有积极性、主动性，又有纪律性的优良性格。同时，每个学生在班级里都处于一定的地位，在活动中扮演各种角色。学生之间既有正式的同学关系、同志关系、领导与被领导的关系，也存在非正式的心理相容、情投意合的伙伴关系，还有格格不入、相互排斥的对手关系。这种角色地位和关系必然影响学生性格的形成和发展。例如班级里人缘关系好、地位高的学生就会情绪高涨而稳定，充满幸福感，自信心强，乐于助人，坦率热情；而处于被孤立和嫌弃地位的学生无法与大家融洽相处而感到失意，导致性格孤僻。由于性格是动态发展的，随着学生在集体中地位的变化，他们的性格也会发生变化。

（3）知识塑造人的性格。学校是通过多种活动有目的、有计划地向学生施加影响的场所，学生在学校掌握一定科学文化知识的同时，也接受一定的政治观点和掌握道德标准，形成和发展自己的性格。英国哲学家培根说过："知识能塑造人的性格。"学生性格上的各种不足，都可以通过求知来改变。通过学习和掌握越来越多的知识可以拓宽学生认知的天地，启迪智慧，陶冶情操，锤炼性格。

努力学习、勤奋读书会使学生受益无穷。哲学家培根说过："读书使人充实，讨论使人机敏，写作则能使人精确。""读史使人明智，读诗使人聪慧，演算使人精神，哲理使人深刻，道德使人高尚，逻辑修辞使人善辩。"高尔基年轻的时候，几乎成天处在愚昧无知的小市民的包围之中，目睹的差不多尽是酗酒、斗殴、欺诈一类的丑事，但他执着地追求知识，知识使他成为有理想的、坚强的和诚实的革命战士。所以，学习和获取知识的过程也是形成和发展性格的过程。

（4）教师的期望对学生性格的形成也具有重要的影响。学校是以教师和学生之间的相互关系为主轴构成的社会集体，教师对学生期望、期待、热情关注是影响学生性格的一个重要因素。1968 年，美国心理学家罗森塔尔和雅可布森等人作了一个著名实验。他们在一所小学的一至六年级各选一批学生进行所谓“预测未来发展的测验”，然后交给教师一份学生名单说：“这些学生将来大有发展前途。”实际上，这些学生是随机抽取的。结果8个月后，对这些学生进行智能测验，发现名单上的学生的成绩确实进步了，教师也给了他们好的品行评语，实验取得了奇迹般的效应。罗森塔尔认为这个结果是因为教师接受了“权威诺言的暗示”，对名单上的学生偏爱和期待，从而对学生的心理和行为产生了直接的影响。他借用希腊神话中主人公皮格马利翁的名字，把这个效应定名为“皮格马利翁效应”。显然，教师的期望是一种巨大的影响力量，教师的期望通过容貌、眼神和语调微妙地传递给这些学生，欢乐和奋发的激流在这些学生心中荡漾，激发出奋发上进的力量和信心，有助于形成关心人、照顾人和同情人的性格。相反，教师的低期望会使学生体验到否定和排斥，产生遗弃感和自卑感，不利于性格发展。

(5) 教师的榜样力量同样对学生性格的发展有很大的影响。俄罗斯教育家乌申斯基说过：“没有教师给学生的个人直接影响，深入学生性格中的真正的教育是不可能有的。”教师在引导学生认识周围世界的同时，教师自己也作为周围世界中的一个重要成分出现在学生面前。学生用自己敏锐的眼睛观察教师的一言一行，教师的性格及其行为举止自觉不自觉地影响着学生，成为学生模仿和学习的榜样。这种无声胜有声的教育，在塑造学生的性格过程中所起的潜移默化的作用，是其他影响难以比拟的，也是其他教育方法代替不了的。

此外，学校环境中的其他因素，如校风、班风、体育锻炼和劳动等，都对学生性格的形成和发展产生很大的影响。

3. 社会文化

每个人都处在特定的社会文化环境中，文化对性格的影响极为重要。社会文化塑造了社会成员的性格特征，使其成员的性格结构朝着相似性的方向发展，这种相似性具有维系社会稳定的功能，又使得每个人能稳固地“嵌入”整个文化形态里。

社会文化对性格的影响力因文化而异，这要看社会对顺应的要求是否严格。要求越严格，其影响力越大。影响力的强弱也要看行为的社会意义，对于社会意义不大的行为，社会允许较大的变异；对社会意义十分重要的行为，就不允许有太大的变异。如果一个人极端偏离其社会文化所要求的性格特征，不能融入社会文化环境中，就可能被视为行为偏差或患有心理疾病。

社会文化对性格具有塑造功能，这表现在不同文化的民族有其固有的民族性格。例如，米德等人研究了新几内亚3个民族的性格特征。这3个民族分别居住在不同的自然环境中，有着不同的社会文化背景，他们在民族性格上的差异，显示了社会文化环境和自然环境对性格的影响。研究显示，居住在山丘地带的阿拉比修族，崇尚男女平等的生活原则，成员之间互助友爱，团结协作，没有恃强凌弱或争强好胜，人与人之间一派亲和景象。居住在河川地带的孟都古姆族，生活以狩猎为主，男女之间有权力和地位之争，对孩子处罚严厉。这个民族的成员表现出攻击性强、冷酷无情、嫉妒心强、妄自尊大、争强好胜等性格特征。居住在湖泊地带的张布里族，男女角色差异明显。女性是这个社会的主体，她们每天劳动，掌握着经济的实权；而男性则处于从属地位，主要从事艺术、工艺和祭祀活动，并承担孩子的养育责任。这种社会分工使女人表现出刚毅、支配、自主与快活的性格，而男人则有明显的自卑感。

（三）主观因素

辩证唯物主义认为，外因是事物变化的条件，内因是变化的根据。任何环境因素对人的性格产生影响，都必须首先通过个体已有的发展水平和自我意识活动才能发生作用。后天环境的各种影响，经过个体接受、理解，然后与已有的个性体系相比较，继而促使自我对环境的刺激作出相应的反应态度和行为。其中人对环境的理解形成的心理状态对性格有一定的影响。

一切心理活动都以一定的心理状态为背景，都受心理状态的影响，心理状态似乎给心理过程涂上了一层独特的色彩，使当前进行的心理活动带有一定的特点。心理状态还具有情境性。随情境的变化，一种心理状态就会转变为另一种心理状态，甚至可能转变为对立的心理状态。心理状态的这些特点，使它把心理过程和性格连结起来，成为个体性格形成过程中的过渡环节。正如前苏联著名心理学家列维托夫所说，心理状态是介于心理过程和稳定的性格特征之间的“中间构成部”。当然偶然的心理状态是不可能倾刻在性格上表现出来的。但如果某种心理状态在个体身上经常出现，持续的时间越来越长，它就会巩固下来，逐渐转化为相应的性格特征。

自我意识对个体性格的形成和发展也有十分重要的影响，自我意识包括自我评价、自我体验与自我调控。随着年龄的增长，个体的自我意识逐步发展起来，并且逐渐由他律变为自律，即从顺从他人的评价发展到独立评价。个体对客观事物的态度反应和行为方式也越来越稳定和复杂，性格的发展也就越来越成熟。同样的环境因素，不同的人可能会形成不同的性格。如面对重大生活事件，有的人难以适应而导致性格发生偏差，有的人却很快克服困难，找到生活的方向，性格获得良好的发展。

可见，任何环境等外在因素必须通过个体主观心理因素才能起作用。

七、性格与管理

性格是具有核心意义的个性心理特征，是一个人社会本质的集中体现。性格贯穿人的全部行为，既表现出一个人对人、对事、对己的态度，又反映出他习惯性的行为方式，是一个人品德和世界观的具体标志，是精神面貌的综合反映。

（一）性格对管理的影响

1. 性格与人际关系

人际关系是影响管理绩效的重要因素。科学研究及管理实践表明，良好的性格特征，例如谅解、支持、友谊、团结、诚实、谦虚、热情等，都能使组织的人际关系和谐，有凝聚力。

2. 性格与创造力、竞争力

员工的创造力与竞争力是关系组织能否生存、发展的重要心理品质。人的创造力和竞争力与他的性格特征密切相关。一般来说，独立性强的人抱负水平较高，适应能力强，有开拓精神，但难免武断；依赖性强的人自信心弱，易受传统束缚，创造力和竞争性也差。管理者要妥善处理好某些职业与性格之间的关系，努力为员工创造良好的环境，鼓励独立性强的人从事具有创新性的工作，让依赖性强的人从事常规性工作。

3. 性格与效率

性格是影响员工工作效率的重要因素。有的人智力水平一般、能力一般，但有良好的性格特征，如有事业心、责任心、恒心，就可以弥补能力上的不足，取得成就。相反，只有小聪明，没有良好的性格，懒惰、浮躁、对知识不求甚解，那么学习和工作的效率不会很高。组织的管理者在选拔人才时，除了考虑智力和能力因素，还要更多地考虑员工的性格等非智力因素。

4. 性格与领导类型

一个优秀的领导者应当具备何种性格品质，是管理学家和心理学家研究的问题。例如魅力、热情、勇气等都是人们认为的优秀品质。领导也有不同类型，不同类型的领导在管理中所起的作用也是不一样的。

5. 性格与工作匹配

人的性格各有特点，与人际关系、工作效率有直接关系，因此要针对人的性格差异进行工作匹配。例如，害羞、不善社交的人不适合做业务接洽员；性格柔顺、易服从的人不适合做广告设计师。

（二）性格在管理工作中的应用

1. 准确把握员工性格特点

管理者了解员工性格，不仅有助于解释和掌握他现在的行为表现，而且可以预测他未来的行为趋势，还可以据此创设适宜的工作环境，从而提高工作效率。对于员工的性格管理者可以通过活动中的观察进行了解，可以通过深入调查进行了解，也可以通过一些心理测验来了解。

2. 实施有针对性的管理

针对性管理包括“因人施用”和“因材施教”两方面。因人施用就是要根据员工的性格特点考虑岗位的适用性，选择合适的人担任合适的工作。因材施教是指对员工进行教育时，要针对员工的性格特点，提出适当的教育要求和适当的教育方法。例如，对于心胸狭隘的员工进行教育时，既要谨慎小心，不伤害其自尊心，又要热情开导，逐步帮助他形成宽阔的胸怀。

3. 管理者应注意自身性格修养

优秀的管理者不仅要依靠知识和法律的力量进行管理，还要依靠自己人格的力量。管理者需要注意自身的性格修养，限制不利于管理工作的性格特征，发挥有利于管理工作的性格特点。要对自己的性格全面分析，并分清优缺点，据此提出对自己性格的培育目标。

第四节 能　　力

一、能力概述

能力是指人们成功地完成某种活动所必需具备的个性心理特征。

能力和活动紧密联系。一方面，人的能力是在活动中形成、发展和表现出来的；另一方面，从事某种活动又必须以一定的能力为前提。掌握活动的速度和成果的质量被认为是能力的重要标志。如果一个人能迅速和成功地掌握某种活动，比其他人较易于得到相应的技能和达到熟练程度，并且能取得比中等水平优越得多的成果，那么这个人就被认为是有能力的。

能力有两种含义：一是个人的实际能力，即现在实际“所能为者”；二是指个人的潜在能力，即将来“可能为者”。实际能力和潜在能力密切联系。潜在能力是实际能力形成的基础和条件，实际能力是潜在能力的展现。

为了成功地完成某种活动，多种能力的完备结合称为才能。才能的高度发展就是天才，它是多种能力最完备的结合。

二、能力和知识

能力和知识既有区别，又密切联系。

区别在于：（1）它们属于不同范畴。能力是人的个性心理特征，知识是人类社会历史经验的总结和概括。例如，关于音程、和弦、音阶等概念属于知识范畴，而听音、辨音、节奏感和曲调感属于能力范畴。（2）知识的掌握和能力的发展是不同步的，能力的发展比知识的获得要慢得多，而且不是永远随知识的增加而成正比地发展的。人的知识在一生中可以随年龄增长而不断积累，但能力随年龄的增长是一个发展、停滞和衰退的过程。

能力和知识又是紧密联系的：（1）知识是能力的基础。能力的形成都是以一定的知识为基础的，能力也是在掌握知识的过程中不断形成和发展的。离开了学习和训练，任何能力都得不到发展。有关专家系统的研究表明，一个领域内善于解决问题的专家必须有5万～20万个知识组块，一个专家再有能力，如果不具备这个领域的专门知识，就不能解决这个领域的问题。能力是基础知识加以升华而产生的。（2）掌握知识以一定的能力为前提。能力是掌握知识的内在条件和可能性。一个人的能力影响他掌握知识的快慢、难易、深浅和巩固程度。智力发展高的学生，掌握知识又多又快；智力发展低的学生，掌握知识就有较大困难。能力既是掌握知识的结果，又是掌握知识的前提。能力和知识密切联系，相互促进。

三、能力的种类

（一）一般能力和特殊能力

能力按照它的倾向性可以分为一般能力和特殊能力。

1. 一般能力

一般能力又称普通能力，是指大多数活动共同需要的能力，是人所共有的最基本的能力。它适用于广泛的活动范围，符合多种活动的要求，并保证人们比较容易和有效地掌握知识。

一般能力和认知活动紧密联系。观察力、记忆力、注意力、想像力和思维能力都是一般能力。一般能力的综合体就是通常所说的智力。

2. 特殊能力

特殊能力又称专门能力，是指为某项专门活动所必须的能力。它只在特殊活动领域内发生，是完成有关活动必不可少的能力。例如，数学能力、音乐能力、绘画能力、写作能力等都是特殊能力。一个人可以具有多种特殊能力，但是其中有一两种特殊能力占优势。

同一种特殊能力包含多种成分，其中各种成分对活动的作用是不同的。例如，音乐能力包括音乐感知能力、音乐记忆能力和音乐想像能力。这些要素的不同组合就构成了各种独特的音乐才能。

一般能力和特殊能力密切联系。一般能力是特殊能力形成和发展的基础，一般能力的发展为特殊能力的发展创造了有利条件；在各种活动中，特殊能力的发展同时也会促进一般能力的发展。要成功地完成某项活动，既需要具有一般能力，也需要具有与该项活动相关的特殊能力。

（二）认知能力、操作能力和社交能力

能力按照它的功能可以划分为认知能力、操作能力和社交能力。

1. 认知能力

认知能力是指接收、加工、储存和应用信息的能力。它是人们成功地完成活动最重要的心理条件。知觉、记忆、注意、思维和想像的能力都被认为是认知能力。

2. 操作能力

操作能力是指操纵、制作和运动的能力。艺术表现能力、体育运动能力、实验操作能力都是操作能力。操作能力是在操作技能的基础上发展起来的，又成为顺利掌握操作技能的重要条件。

认知能力和操作能力紧密联系。认知能力中必然有操作能力，操作能力中也有认知能力。

3. 社交能力

社交能力是指人们在社会交往活动中所表现出来的能力。组织管理能力、言语感染能力都被认为是社交能力。社交能力中包含认知能力和操作能力。

（三）模仿能力和创造能力

能力按照它参与其中的活动的性质可划分为模仿能力和创造能力。

1. 模仿能力

模仿能力是指仿效他人的言行举止而引起的与之相类似行为活动的能力。美国心理学家班杜拉（A. Bandura）认为，模仿是人们彼此之间相互影响的重要方式，是实现个体行为社会化的基本历程之一。模仿能使原有的行为巩固或改变，使原来潜伏的行为得以表现，从而习得新的行为动作。

2. 创造能力

创造能力是指产生新思想和创造新事物的能力。创造能力是成功地完成某种创造性活动所必需的条件，在创造能力中创造性思维和创造性想像起着十分重要的作用。

模仿能力和创造能力相互联系、相互渗透。创造能力是在模仿能力的基础上发展起来的。人们一般是先模仿、后创造。模仿是创造的前提和基础，创造是模仿的发展。

四、智力和智力结构

（一）什么是智力

智力又称智慧或智能。智力概念非常复杂，它的定义也有很多种。目前对智力主要有以下几种解释。

（1）智力是个体学习的能力。一些学者认为，智力就是个体学习的能力。他们认为个体的学习成绩就可以代表智力水平。智力高的学生学习快、掌握知识多；智力低的学生学习慢、掌握的知识少。

（2）智力是个体抽象思维的能力。有些学者认为，智力高的人善于抽象思维，善于判断和推理。

（3）智力是个体适应环境的能力。有学者认为，智力越高，适应环境的能力也就越强。他们认为智力的本质就是适应。

目前，较多的心理学家认为，智力是个体认识方面的各种能力的综合，其中抽象逻辑思维能力是智力的核心。

（二）智力的结构

目前，智力结构的理论也很多。我国心理学者王极盛教授认为，个体的智力结构是由5种基本能力组成的：观察力、记忆力、思维能力、想像力和操作能力。

观察力是智力结构的接收器，接收来自外界的信息；记忆力是智力结构的储存器，保持和检索各种信息；思维能力是智力结构的加工器，对各种信息进行加工；想像力是智力结构的翅膀，使各种信息具有活力；操作能力是智力结构的转换器，它是智力转化为物质力量的基础。其中，创造力最重要，它主要由创造性思维和创造性想像组成。

五、能力的个别差异

人与人之间在能力上存在明显的个别差异。人的先天素质不同，后天的环境、教育和从事的实践活动不同，因此人的能力存在很大差异。

能力的个别差异主要表现在：能力的类型差异、能力发展水平的差异和能力表现的早晚差异。

（一）能力的类型差异

1. 一般能力的类型差异

人在知觉、记忆、言语和思维方面存在着类型差异。

知觉方面的类型差异有：（1）综合型。知觉具有概括性和整体性，但分析能力较弱。（2）分析型。知觉的分析能力较强，对事物的细节能清晰感知，但对事物的整体知觉较弱。（3）分析综合型。知觉兼有上述两种类型的特点。

记忆方面的类型差异，根据个人记忆材料可分为：（1）视觉型，视觉识记的效果较好；（2）听觉型，听觉识记的效果较好；（3）运动型，有运动觉参加时识记效果较好。根据个人识记不同材料效果和方法可分为：（1）直觉形象的记忆型，这种人识记物体、图画、颜色和声音较好；（2）词的抽象记忆型，这种人识记词的材料、概念和数字较好；（3）中间记忆型，这种人对上述两种材料的识记效果都较好。大多数人是中间型。

言语和思维方面的类型差异有：（1）生动的思维言语型，这种人在思维和言语中有丰富的形象和情绪因素；（2）逻辑联系的思维言语型，这种人的思维和言语是概括的、逻辑联系占优势。（3）中间型。

2. 特殊能力的类型差异

特殊能力的类型差异是指完成同一活动可以由能力的不同组合来保证。例如，同样在音乐方面富有天赋的儿童，可能一个在曲调感和听觉表象能力方面强，但节奏感弱；另一个具有很好的听觉表象能力和强烈的节奏感，但曲调感较弱。

（二）能力发展水平的差异

人与人之间在能力发展水平上存在明显差异。

1. 超常儿童

超常儿童是指儿童的智力发展显著地超过同年龄常态儿童的水平，或具有某方面突出发展的特殊才能，能创造性地完成某种或多种活动的儿童。

美国心理学家推孟（L. M. Terman）首先用智力测验来鉴别天才儿童，并把智商超过 140 的儿童称为天才儿童。美国联邦教育部根据许多研究结果，规定天才儿童应该包括：一般智力、特殊学习能力倾向、创造性思维、领导才能、视觉和演奏艺术、心理运动能力。

我国学者发现了超常儿童的共同特点：浓厚的认知兴趣，旺盛的求知欲；思维敏捷，理解力强，有独创性；敏锐的感知觉，良好的观察力；注意力集中，记忆力强；进取心强、自信、勤奋、有坚持性。

2. 低常儿童

低常儿童是指智力发展明显低于同龄儿童平均水平，并有适应行为障碍的儿童。低常儿童又称为智力落后儿童、弱智儿童。

当代心理学根据以下 3 个指标来确定低常儿童。(1) 智商明显低下。智商在 70 以下的儿童是低常儿童。(2) 社会适应不良。低常儿童对周围的自然环境和社会环境不能适应。例如不能从事简单劳动，生活不能自理等。(3) 问题发生在早年。低常儿童的问题一般发生在 1 ~ 18 岁。

(三) 能力表现的早晚差异

人的能力有早期表现的，也有中年成才和大器晚成的。

1. 能力的早期表现

能力的早期表现又称人才早熟。古今中外有些人在童年期就表现出某些方面的优异能力。能力早期表现在音乐、绘画等领域最为常见。根据研究，儿童在 3 岁左右开始显露音乐才能的情况最多。

2. 中年成才

中年是创造发明的最佳年龄，是人生的黄金时期。中年人年富力强、体格健壮、精力充沛、敏锐、少保守，既有较强的抽象思维能力和记忆能力，又有丰富的基础知识和实践经验。中年期是个人成就最多、对社会贡献最多的时期。一般认为，30 ~ 45 岁是人的智力最佳年龄阶段，其峰值在 37 岁左右。

3. 能力晚期表现

有些人的才能表现较晚。能力的晚期表现又叫大器晚成。

能力晚期表现的原因是多方面的，可能是年轻时不努力，后来加倍勤奋的结果；也可能是小时智力平常，通过长期的主观努力，智力像菊花一样，到了人生的秋天才绚丽多彩。

六、能力发展的影响因素

(一) 先天素质的影响

先天素质是人们与生俱来的解剖生理特点，它包括感觉器官、运动器官以及神经系统和脑的特点。它是能力形成和发展的自然前提和物质基础。没有这个基础，任何能力都无从产生，也不可能发展。听觉或视觉生来就失灵者，无法形成与发展音乐才能，也不能成为画家；早期脑损伤或发育不全的人，其智力发展会受严重影响。

神经系统是素质的重要组成部分，它的特性（强度、灵活性、平衡性）对能力的形成是有影响的。如神经系统的强度水平影响人注意力集中的程度和持续时间，并与学生的学习能力有关；神经系统的平衡性影响注意的分配；神经系统的灵活性影响知觉的广度。

我们承认先天素质在能力形成中的作用，并承认先天素质具有遗传性，但并不能由此而得出能力（主要指智力）由遗传决定的结论。（1）先天素质本身就不完全是通过遗传获得的，有些是胎儿期受母体环境的各种变异的影响，如孕妇的营养、疾病、药物和受到辐射等，都会给儿童的智力形成和发展带来危害。这些危害是先天因素造成的而非遗传因素。（2）先天素质只能为能力提供形成与发展的可能性，并不能预定或决定能力的发展方向。例如，人的手指长短是由遗传决定的，手指长为学弹钢琴提供了良好的自然条件，但这不能决定将来就一定能成为钢琴家，因为成为钢琴家还需要许多主客观条件。又如，个子矮的人不利于排球场上拦网，但如有较好的弹跳力，又灵活，就能补偿个子矮这一无法改变的先天素质条件而成为出色的拦网手。所以说，先天素质并不等于能力本身。（3）同样的先天素质可能发展多种不同的能力，而良好的先天素质由于没有受到良好的培养和训练，能力也不可能得到应有的发展。

（二）环境、教育的影响

1. 产前环境及营养状况的影响

胎儿生活在母体的环境中，这种环境对胎儿的生长发育及出生后智力的发展，都有重要的影响。许多研究表明，母亲怀孕期间服药、患病、大量吸烟、遭受过多的辐射、营养不良等，能造成染色体受损或影响胎儿细胞数量，使胎儿发育受到影响，甚至直接影响出生后婴儿的智力发展。

2. 早期环境的作用

在儿童成长的整个过程中，智力的发展速度是不均衡的，往往是先快后慢。美国著名的心理学家布卢姆（B. S. Bloom）对近千人进行追踪研究后，提出这样的假说，即5岁前是儿童智力发展最为迅速的时期。日本学者木村久一提出了智慧发展的递减规律，他认为，生下来就具有100分能力的人，如果一出生就得到最恰当的教育，那么就可以成为有100分能力的人；如从5岁才得到最恰当的教育，那么就只能具有80分能力；若从10岁才开始教育，就只能成为有60分能力的人。可见，发展能力要重视早期环境的作用。

3. 教育条件的影响

一个人能朝什么方向发展，发展水平的高低、速度的快慢，主要取决于后天的教育条件。家庭环境、生活方式，家庭成员的职业、文化修养、兴趣、爱好以及家长对孩子的教育方法与态度，对儿童能力的形成与发展有极大的影响。如歌德小时候，他父亲就对他进行有计划、多方面的教育，经常带他参观城市建筑物，并讲解城市的历史，以培养他对美的欣赏和对历史的爱好；他的母亲也常给他讲故事，每讲到关键之处便停下来，留给歌德去想像，待歌德说出自己的想法后，母亲再继续讲。歌德从小就受到良好的家庭教育，这为他能成为世界著名的大诗人打下了基础。

在教育条件中，学校教育在学生能力发展中则起主导作用。学校教育是有计划、有组织、有目的地对学生施加影响，因此，不但可以使学生掌握知识和技能，而且在学习和训练的同时促进了其能力的发展。在教育教学中发展学生的能力并不是无条件的、绝对的、自发的，而是依赖教育教学内容的正确选择、教学过程的合理安排、教学方法的恰当使用等。

（三）实践活动的影响

实践活动是人与客观现实相互作用的过程，是人所特有的积极主动的运动形式。前面提到的素质和环境、教育是影响能力形成的重要因素，但这些因素只有在实践活动中才能影响能力的形成与发展，因此可以说，实践活动是能力形成与发展的必要条件。

我国汉代唯物主义哲学家王充就曾提出过“施用累能”和“科用累能”的思想。前者是说能力是在使用中积累的，后者指从事不同职业活动可以积累不同的能力。许多关于劳动、体育、科研等实践活动影响能力形成的研究充分证明了这一点。油漆工在长期的工作中，辨别漆色的能力得到充分的发展，他们可以分辨的颜色达四五百种；陶器和瓷器工人听觉很灵敏，他们可以根据轻敲制品时发出的声音的性质，来确定器皿质量的优劣。同样的道理，人的自学能力是在学习活动中形成与发展的；人的组织能力也是在长期的社会实践中逐渐形成的。人的各种能力，脱离了具体的实践活动是无从提高和发展的。

（四）其他个性因素的影响

环境和教育是能力形成与发展的外部条件，外因必须通过内因起作用。一个人要想发展能力，除了必须积极地投入实践之外，还要充分发挥自身的主观能动性——积极的个性心理特征，即理想、兴趣、勤奋和不怕困难的意志力。

许多学者和有成就的人指出，人的智慧同坚强的信念、崇高的理想联系在一起。没有理想和信念，发展能力就缺乏强大的动力；兴趣和爱好是促使人们去探索实践，进而发展各种能力的重要条件。高尔基说过：才能不是别的什么东西，而是对事业的热爱。当人们迷恋于自己感兴趣的工作时，就会给能力的发展提供巨大的内部力量；勤奋与坚强的毅力也是能力得以发展所不可或缺的性格因素。歌德说过：天才就是勤奋。著名的物理学家爱因斯坦在向别人介绍自己的成功经验时写下了一个公式：$A = X + Y + Z$。A代表成功，X代表艰苦的劳动，Y代表正确的方法，Z代表少说空话。从这个公式可以看出，爱因斯坦把自己的成功归于多种因素的结合，但勤奋是最重要的因素，因此把它放在首位。

综上所述，优秀的个性心理品质能促进能力的发展，因此，教师在注重发展学生能力的同时，还必须重视学生优良个性品质的培养。

七、能力与管理

（一）管理者的能力要求

管理者除了具备必须的决策能力之外，还必须具备技术能力（或业务能力）、人际关系能力、管理能力。

1. 技术能力

技术能力主要是通过科学技术和专业知识的学习和训练，以及个人经验所获得的知识、方法、技巧去完成任务的能力。这种能力，各层次的管理者都应当具备，但基层管理者尤其需要具备。

2. 人际关系能力

人际关系能力是指与人共事的能力。管理者要善于通过各种激励措施对下级实施有效的管理与领导，管理者可以学习心理学、管理学、行为科学等以获得这方面知识。各层次的管理者都需要这种能力，中层管理者更需要。

3. 管理能力

管理能力是了解整个组织及自己在组织中的地位和作用，从而使自己能随时按照组织的总体目标办事的能力。它要求管理者有较高的决策能力、统驭能力和对整个组织目标的全局观念。各层管理者都需要这样的能力，高层管理者尤其需要。

（二）能力在管理中的运用

管理者除了认识自身能力外，还必须认识到员工的能力差异，根据工作需要和员工能力科学安排人事，并对员工进行相应培训。

1. 合理招聘人才，量才而用

管理者不应谋求把能力最强的人聚集在自己周围，而是应谋求适合本企业能力标准的人才。管理者要把握好衡量人的能力标准，既重视学历又注重实际工作能力，既注重经验又注重潜力，利用科学方法全面合理地测评人才能力。

2. 让员工能力与工作相匹配

安排人员时，一定要使员工的文化水平、技术水平等工作能力与实际工作要求的能力相匹配。当个体具备的能力高于实际工作时，不仅浪费人才，还会使员工感到工作乏味、工作效率不高；个体能力达不到工作要求时，不仅工作效率不高，而且工作压力太大对身心健康不利。

3. 激发员工所有能力

管理者用人的目的是发挥人所有的能力，提高管理绩效。个体能力存在差异，管理者必须全面了解人的能力特点，激发人的能力中的积极因素。这需要建立合理的竞争机制、评价机制和激励机制。

4. 注意提高员工能力

有效提高员工能力是组织管理的重要内容。可以通过提高人的科学文化知识水平，提高其观察能力、思维能力、分析能力、想像能力、创造能力等一般能力；通过不断的专业知识教育和专业技能教育，提高其业务能力、技术能力、实际工作能力等特殊能力。

【思考题】

(1) 什么是个性？个性的基本特征有哪些？

(2) 对个性的结构进行描述。

(3) 个性的形成和发展有哪些影响因素？

(4) 什么是气质？传统的气质类型有哪些？

(5) 什么是性格？性格的特征有哪些？

(6) 性格与气质的关系是什么样的？

(7) 性格的形成和发展受哪些因素影响？

(8) 能力是什么？它与知识的关系是什么样的？

(9) 能力的种类有哪些？

(10) 什么是智力？智力包含哪些内容？

(11) 能力的个体差异表现在哪些方面？

气质问卷量表

下面60道题，可以帮助你大致确定自己的气质类型，在回答这些问题时，你认为：非常符合自己情况（记2分）；比较符合（记1分）；介于中间（记0分）；比较不符合（记 –1 分）；完全不符（记 –2 分）。

1. 做事力求稳妥，一般不做无把握的事。
2. 遇到可气的事就怒不可遏，想把心里话全说出来才痛快。
3. 宁可一个人干事，也不愿很多人在一起。
4. 到一个新环境很快就能适应。
5. 厌恶那些强烈的刺激，如尖叫、噪音、危险镜头等。
6. 和人争吵时，总是先发制人，喜欢挑剔别人。
7. 喜欢安静的环境。
8. 善于和人交往。
9. 羡慕那种善于克制自己感情的人。
10. 生活有规律，很少违反作息制度。
11. 在多数情况下情绪是乐观的。
12. 碰到陌生人觉得很拘束。
13. 遇到令人气愤的事，能很好地自我克制。
14. 做事总是有旺盛的精力。
15. 遇到问题总是举棋不定，优柔寡断。
16. 在人群中从不觉得过分约束。
17. 在情绪高昂的时候，觉得干什么都有趣，情绪低落的时候，又觉得什么都没有意思。
18. 当注意力集中于一事物时，别的事很难使我分心。
19. 理解问题总比别人快。
20. 碰到危险情境，常有一种极度恐惧感。
21. 对学习、工作，怀有很高的热情。
22. 能够长时间做枯燥、单调的工作。
23. 符合自己兴趣的事情，干起来劲头十足，否则就不想干。
24. 一点儿小事就能引起情绪波动。
25. 厌做那种需要耐心、细致的工作。
26. 与人交往不卑不亢。
27. 喜欢参加热烈的活动。
28. 爱看感情细腻、描写人物内心活动的文学作品。

29. 工作学习时间长了，常感到厌倦。
30. 不喜欢长时间谈论一个问题，愿意实际动手干。
31. 宁愿侃侃而谈，不愿窃窃私语。
32. 别人说我总是闷闷不乐。
33. 理解问题常比别人慢。
34. 疲倦时只要短暂的休息就能精神抖擞，重新投入工作。
35. 心里有话宁愿自己想，也不愿说出来。
36. 认准一个目标就希望尽快实现，不达目的，誓不罢休。
37. 学习、工作同样一段时间后，常比别人更疲倦。
38. 做事有些莽撞，常常不考虑后果。
39. 老师或师傅传授新知识、技术时，总希望他讲慢些，多重复几遍。
40. 能够很快忘记那些不愉快的事情。
41. 做作业或完成一件工作总比别人花的时间多。
42. 喜欢运动量大的剧烈体育活动，或参加各种文娱活动。
43. 不能很快把注意力从一件事转移到另一件事情上去。
44. 接受一个任务后，希望把它迅速完成。
45. 认为墨守成规比冒风险强些。
46. 能够同时注意几件事情。
47. 当我烦闷的时候，别人很难使我高兴起来。
48. 爱看情节起伏跌宕、激动人心的小说。
49. 对工作抱认真严谨、始终一贯的态度。
50. 和周围人们的关系总是相处不好。
51. 喜欢复习学过的知识，重复已经掌握的东西。
52. 喜欢做变化大、花样多的工作。
53. 小时候会背的诗歌，我似乎比别人记得清楚。
54. 别人说我“出语伤人”，可我并不觉得这样。
55. 在体育活动中，常因反应慢而落后。
56. 反应敏捷，头脑机智。
57. 喜欢有条理而不麻烦的工作。
58. 兴奋的事常使我失眠。
59. 老师讲新概念，常常听不懂，但是弄懂后就很难忘记。
60. 假如工作枯燥无味，马上就会情绪低落。

胆汁质：2，6，9，14，17，21，27，31，36，38，42，48，50，54，58 各题；总分：（　）

多血质：4，8，11，16，19，23，25，29，34，40，44，46，52，56，60 各题；总分：（　）

粘液质：1，7，10，13，18，22，26，30，33，39，43，45，49，55，57 各题；总分：（　）

抑郁质：3，5，12，15，20，24，28，32，35，37，41，47，51，53，59 各题。总分：（　）

气质测验量表为自陈形式，计分采取数字等级制，即非常符合计 +2，比较符合计 +1，拿不准的计 0，比较不符合的计 -1，完全不符合的计 -2。

最后的评分标准是：如果某种气质得分明显高于其他 3 种（均高出 4 分以上），则可定为该种气质；如两种气质得分接近（差异低于 3 分）而又明显高于其他 2 种（高出 4 分以上），则可定为 2 种气质混合型；如果 3 种气质均高于第四种的得分且相接近，则为 3 种气质的混合型。

第四章　价值观与态度

【本章目标】

（1）了解价值观的概念、作用及类型；

（2）掌握态度的概念；

（3）熟悉态度的各种理论；

（4）掌握态度改变的理论；

（5）了解态度的测量方法。

【案例】

企业成功的经验——价值观

海尔：真诚到永远。

IBM公司：为顾客提供世界上任何公司都比不上的最佳的服务，追求卓越的精神以及对公司员工的尊重。

福特公司：人是力量的源泉，产品是“我们努力的最终目的”。

迪斯尼公司：不许悲观失望，对工作细致入微，不断创新，永远保持迪斯尼公司的“神奇”形象。

3M公司：创新，绝对正直，尊重个人进取性和个人发展，容纳诚实的错误。

第一节　价　值　观

价值观是研究组织行为、了解员工态度和动机的基础。个体对客观事物都有自己的衡量标准，例如工作、金钱、感情等，哪些是重要的？价值观并非与生俱来，而是在后天环境中逐步形成的。价值观一旦形成，就相对稳定持久。

在组织管理中，管理者不仅要了解自己的价值观，还要了解影响组织的其他群体的价值观，并在此基础上努力培育组织的价值体系。

一、价值观的概念

（一）定义及属性

价值观就是个体所持有的一系列基本信念和看法：从个体或社会的角度看，某种具体的行为类型或存在状态比相反的行为类型或行为状态更可取。

从这个定义来看，价值观就是个体对某种特定行为方式和存在终极状态的判断和选择，反映了个体对于正确和错误、应该和不应该、可取和不可取的观念。价值观就是个体对客观事物的综合态度，它直接影响个体对事物的看法和行为。例如，对诚实这一行为方式的价值观判断，一个人认为诚实是良好的品质，是可取的；另一个人则认为诚实是不可取的，诚实的人容易受骗。如果两个人都从事企业经营，那么他们的经营理念就会出现很大差异，前者诚信，后者则可能有投机欺骗等行为。可见，价值观影响支配着个体的需要、动机、行为。价值观不仅影响个体的人际关系，还影响个体的决策，影响个体及组织对成功的看法。

价值观有内容属性和强度属性。内容属性是指某种行为方式或存在终极状态是重要的；强度属性则表明该行为方式或存在终极状态的重要程度。每个个体都有一系列价值观，如果将这些价值观按照重要程度进行排列，那就形成了个体的价值体系。由于每个人对各个观念的判断和选择的重要性有所不同，因此每个人的价值体系都有差异。

（二）价值观的形成

价值观是个体出生以后在家庭和社会生活中逐步形成的。遗传、社会文化、父母、教师、朋友等都是价值观的重要来源。

遗传是价值观的重要来源之一，亲生父母的价值观在解释子女的价值观方面有重要作用。寄养双生子研究发现，约40%的价值观是遗传获得的。有学者认为，人类文化基因“拟子”（meme）是文化传播的单位。但是，价值观的形成和变化绝大部分是环境因素决定的。

文化是价值观和价值体系形成的重要来源。价值观和价值体系必定根植于一定的文化背景中，而文化又不断地强化、规范着这些价值观。例如，勤劳、谦虚、节俭的价值观就是中华民族在长期历史发展中形成的，并且不断地被处于这些文化中的人们所强化和传承。

个体的价值观很大一部分在早年就形成了，而且是从父母、老师或朋友那里习得的。正确与错误的价值观首先受到父母观点的影响，例如父母在孩童时期就教育他们“谦虚使人进步”“礼节谦让”等，这就是教育和传承的过程。个体在成长的过程中，又会陆续接触学校、群体、工作单位等组织的其他价值体系，这可能会使个体的价值观发生变化。

个体的价值观是相对稳定和持久的。这是因为，价值观在长期的家庭、社会生活中逐步形成，而且是绝对的、黑白分明的，这些都影响了价值观的稳定性和持久性。

二、价值观的作用

价值观对人们自身行为的定向和调节起着非常重要的作用，渗透于个人的自我意识之中，不断审查、过滤动机、欲望、需要和意图，形成自身做人处事的标准和目标，并使之符合社会的价值要求。它是左右个人思想行为的主导因素。价值观决定人的自我认识，直接影响和决定一个人的理想、信念、生活目标和追求方向的性质。对于个体来说，价值观则是其人生和事业中最重要的精神追求、精神寄托、精神支柱和精神动力之所在。

（1）价值观对动机有导向的作用。人们行为的动机受价值观的支配和制约，价值观对动机模式有重要影响。在同样的客观条件下，具有不同价值观的人，其动机模式不同，产生的行为也不相同。动机的目的方向受价值观的支配，只有那些经过价值判断被认为是可取的动机，才能转换为行为，并以此为目标引导人们的行为。

（2）价值观反映人们的认知和需求状况。价值观是人们对客观世界及行为结果的评价和看法，因而，它从某个方面反映了人们的人生观和价值观，反映了人的主观认知世界。

三、价值观类型

价值观按内容、表现形态等可以分为不同的类别。

（一）奥尔波特的价值观分类

美国心理学家奥尔波特及助手史布兰格对价值观的分类是该领域最早的，他们把价值观类型划分为6种：经济型、理论型、审美型、社会型、政治型和宗教型。

表4-1　奥尔波特的6种价值观

类型	价值观特点
经济型	人生的价值在于追求经济实惠和物质财富，强调有效和实用
理论型	人生的意义在于用理性和批判的方法寻求真理
审美型	重视外形与和谐匀称的价值
社会型	认为有意义的事情是增进社会福利，服务于他人，强调对人的热爱
政治型	重视拥有权力、地位和影响力
宗教型	关心对宇宙整体的理解和体验的融合

有关调查结果表明，美国人多拥有“政治型价值观”和“经济型价值观”。

（二）罗克奇价值观调查

罗克奇（Milton Rokeach）设计了罗克奇调查问卷（Rokeach Value Survey，简称RVS），它包括两种价值观类型，每种类型都有18项具体内容。

一种类型是终极价值观（或称目的性价值观）。它是个体期望存在的终极状态，是个体希望通过一生努力去实现的目标。另一种类型是工具性价值观，是个体偏爱的行为方式，或者实现终极价值观的手段。

表4-2　罗克奇的价值观类型

终极价值观	工具价值观
舒适的生活（富足的生活）	雄心勃勃（辛勤工作、奋发向上）
振奋的生活（刺激、积极的生活）	心胸开阔（开放）
成就感（持续的贡献）	能干（有能力、效率）
和平的世界（没有冲突和战争）	欢乐（轻松愉快）
美丽的世界（艺术与自然的爱）	清洁（卫生、整洁）
平等（兄弟情谊、机会均等）	勇敢（坚持自己的信仰）
家庭安全（照顾自己所爱的人）	宽容（谅解他人）
自由（独立、自主选择）	助人为乐（为他人的福利工作）
幸福（满足）	正直（真挚、诚实）
内在和谐（没有内心冲突）	富于想像（大胆、有创造性）

续表

终极价值观	工具价值观
成熟的爱（性和精神上的亲密）	独立（自力更生、自给自足）
国家的安全（免遭攻击）	智慧（有知识的、善思考的）
快乐（快乐、闲暇的生活）	符合逻辑（理性的）
救世（救世的、永恒的生活）	博爱（温情的、温柔的）
自尊（自重）	顺从（有责任感、尊重的）
社会承认（尊重、赞赏）	礼貌（有礼貌的、性情好）
真挚的友谊（亲密关系）	负责（可靠的）
睿智（对生活有成熟的理解）	自我控制（自律的、约束的）

一些研究证实，RVS价值观在不同的人群中有很大差异。相同职业或类别的人倾向于拥有同样的价值观。对公司经营者、工会成员、社区工作者三组职业人群进行比较，发现他们的价值观有显著差异。社区工作者认为平等是最重要的价值观；公司经营者或工会成员却将这一价值观排在第12位和第13位。社区工作者将“助人为乐”排在工具价值观类型的第2位，而其他则将这一价值观放在第14位。

表4－3　不同职业人群的价值体系（最高的5种）

公司经营者		工会成员		社区工作者	
终极价值观	工具价值观	终极价值观	工具价值观	终极价值观	工具价值观
（1）自尊	（1）诚实	（1）家庭安全	（1）负责	（1）平等	（1）诚实
（2）家庭安全	（2）负责	（2）自由	（2）诚实	（2）世界和平	（2）助人为乐
（3）自由	（3）能干	（3）快乐	（3）勇敢	（3）家庭安全	（3）勇敢
（4）成就感	（4）雄心勃勃	（4）自尊	（4）独立	（4）自尊	（4）负责
（5）快乐	（5）独立	（5）成熟的爱	（5）能干	（5）自由	（5）能干

（三）格雷夫斯价值观 7 个等级类型

格雷夫斯（Clare W. Graves）在对企业组织各类人员进行大量调查的基础上，根据表现形态将价值观分为 7 个等级。它们由低到高分别是：反应型、部落型、自我中心型、坚持己见型、玩弄权术型、社交中心型、存在主义型。

表 4－4　格雷夫斯价值观的 7 个等级类型

级别	类型	价值观特点
第一级	反应型	并没有意识到自己和周围的人是作为人类而存在的，按照自己基本的生理需要作出反应，不顾其他任何条件。这种人实际等于婴儿，很少见
第二级	部落型	依赖性，服从于传统习惯和权势
第三级	自我中心型	信仰冷酷的个人主义，爱挑衅，比较自私，主要服从于权力
第四级	坚持己见型	对模棱两可的意见不能容忍，难以接受不同的价值观，希望别人接受他的价值观
第五级	玩弄权术型	戏弄别人，篡改事实，以达到个人目的，积极争取地位和社会影响
第六级	社交中心型	把被人喜爱和与人善处看得重于自我发展，受现实主义、权力主义和坚持己见者的排斥
第七级	存在主义型	能高度容忍模糊不清的意见和不同观点的人，对制度和方针的僵化、职位空挂、强制使用权力等都敢于直言

调查表明，企业员工的价值观分布在第二级到第七级之间；管理人员中第四级、第五级的人较多。相信随着时代的发展，第六级、第七级的管理人员会越来越多。

四、当今中国劳动者的主导价值观

了解当今劳动者的主导价值观，有助于管理者改善管理活动，提高管理效率。

表 4－5　中国当今劳动力中占主导地位的价值观

阶段	进入劳动力领域的时间	现在大概年龄	占主导地位的价值观
崇拜主义	解放初期	65 岁以上	忠诚、爱国、热情、服从、崇拜、勤劳刻苦、诚实、节省
文化革命主义	文革时期	50～65 岁	猜疑、知识系统性不够、明哲保身、压抑、稳重、谨慎、踏实
文化精英主义	20 世纪 80 年代	35～50 岁	好学、忠诚、诚实、传统、成功、负责、健康
物质主义	20 世纪 90 年代	35 岁以下	灵活、对组织忠诚度减弱、享受、竞争、思考、好学、成就、独立

资料来源：陈国海等编著：《管理心理学》，清华大学出版社 2008 年版，第 54 页。

虽然个体的价值观并不相同，但通过它可以反映出个体成长时期的社会价值观，认识这些价值观差异对于解释和预测行为非常有帮助。例如，60 岁左右的员工会比小他 15 岁的同事更能接受权威、纪律。而 30 岁以下的员工与其父母相比，更可能会辞职去寻找能提供更多机会的工作。

五、工作价值观与企业价值观

（一）工作价值观

工作价值观是个体的一般价值观在工作中的表现，是个体关于工作行为、个人与组织的关系及其从工作环境中获得的某种结果的价值判断，是一种直接影响行为的内在思想体系。在个体的职业生涯中起着影响其择业行为、工作动机、责任心、忠诚度、诚实度等方面的作用。工作价值观不仅影响个体的职业选择与职业行为，而且能够为企业更快更好地实现战略目标提供有力支持。

工作价值观具有下列特性：（1）是一种内在趋力，引导个体行为的方向与动机；（2）为个人评判的标准，提供个人计算评估的依据，以调节工作向度与情感的关系，用以衡量什么是重要的、什么不重要；（3）具有次序性，是一种体系、结构，工作价值观中包含许多种价值，这些价值彼此间有重要程度的差异；（4）是个人需求的满足或需求的表现；（5）是一种信念，具有认知、情感与指导性。

（二）企业价值观

企业价值观是以企业为主体的价值观念，是企业决策者对企业性质、目标、经营方式的取向作出的选择，是企业内部绝大多数人所共同持有的价值观念。

企业价值观是把所有员工联系在一起的纽带，是企业生存发展的内在动力，是企业行为规范制度的基础，是企业文化的核心。从意识形态上对本企业的发展产生影响。其具体作用如下。

（1）企业价值观塑造企业的形象，决定企业的基本特征。人们的行为往往因价值观的不同而表现出相应的差异。例如，一个把创新作为价值观的企业，当利润、效益与创新相冲突时，它会自然地选择后者，使利润、效益服从创新的需要。而一个以利益为本位的企业，则会使一切服从追逐利润的目的。

（2）企业价值观也是约束员工、激励员工的精神力量。企业凭借自己的价值观，树立起一种以企业为中心的共同的价值观念，通过群体气氛和意识的深层诱导等规范员工的行为，告诉职工什么是它所提倡的、什么是它所反对的。同时，这种被大多数员工所认同的价值观作为一种精神上的纽带，使企业更具有凝聚力。

优秀的企业往往相当重视企业价值观及其培育。企业领导者通过个人的关注、努力不懈的精神以及打入企业基层的方式，来培育为大家共同接受的价值观，从而为企业成功带来贡献。比如海尔公司的价值观是“着眼创新、注重品质、尊重个人、一切以顾客为中心”；北大方正的价值观是“爱心创造和谐、理性铸就成长、创新改变命运、激情成就梦想”；3M 公司的价值观是“以卓越的品质与价值满足顾客的需求；以持续高品质的成长，提供令投资者满意的回报；尊重社会及自然环境；成为一个令同仁引以为荣的企业”等。

六、价值观与管理

价值观不仅影响个人的行为，还影响着群体行为和组织行为。每个人在加入一个组织之前，早已形成什么是应该的、什么是不应该的思维模式。在同一客观条件下，对于同一个事物，由于人们的价值观不同，就会产生不同的行为。例如，同一个规章制度，认为其合理的人就会认真贯彻执行；认为其错误的人就会拒不执行。而这两种截然相反的行为，将对组织目标的实现起着完全不同的作用。又如，在同一个单位中，有人注重工作成就，有人看重金钱报酬，也有人重视地位权力，在行为上自然也会有不同的表现。对于管理者而言，价值观是了解员工的态度和动机、进而理解其行为的基础。

每个人的价值观是不同的，一个好的管理者要学会认可并注意员工的价值观，诱导、激励他把组织的目标及价值观同自己的工作价值观相结合，从而改变员工的心态，影响员工的行为，促进员工发挥潜能，实现自我价值，从而更好地实现组织目标、提高组织绩效。在选人、用人时，应重视对价值观的考察，尽量避免任用那些个人价值观与组织价值观相悖的人，以免造成冲突，对组织产生消极影响。

同时，在组织管理中，管理者要致力于组织文化建设，根据组织的使命、任务，树立明确的组织价值观并信守它，以使（企业）组织的发展更为长远和更有生命力。

第二节　态 度 概 述

一、态度的概念

（一）定义

态度是个体对特定的社会客体所持有的具有一定结构和比较稳定的心理倾向。它反映了一个人对某些事物的感受，如赞成或反对、喜欢或厌恶、肯定或否定、满意或不满意等。

（二）态度的特性

1. 社会性

态度是个体在后天的社会生活中通过与他人的交往和相互作用，通过接受周围生活环境和社会文化的不断影响而逐渐形成的。态度本身所包含的内容及其变化充分体现了态度的社会性。

2. 指向性

态度的对象是具有社会意义的存在物，包括与个体有关联的他人、他事、他物以及个体自身等。

3. 稳定性

态度具有比较持久的稳定性。当然，这种稳定性是相对而言的，指的是在一定的时间内和在一定程度上态度是稳定的。

4. 内隐性

态度以内隐的形式存在于个体自身内部，是难以直接观察到的。人们通常所表达出来的意见、看法、观点和主张等，虽然反映和体现了个体所持有的对某事物的内在态度，但这只是态度的表达或态度外化的产物，而不是态度本身。

5. 动力性

态度对人的内隐心理和外显行为起着动力作用，表现为激发、始动和调整、协调的作用。

二、态度的心理成分

（一）认知成分

此指个体对态度对象所具有的知觉、理解、信念和评价。态度的认知成分常常是带有评价意味的陈述，即不只是个体对态度对象的认识和理解，同时也表示个体的评判、赞成或反对。比如“学习管理心理学，有助于提高管理者现代化管理的能力”是主体对管理心理学的认知，表明主体对该学科的肯定和赞成。

（二）情感成分

此指个体对态度对象所持的一种情绪体验，如尊敬和鄙视、喜欢和厌恶、同情和嘲讽等。比如“我喜欢管理心理学”，反映主体对态度对象的积极的情感体验。

（三）行为倾向成分

此指个体对态度对象所持有的一种内在反应倾向，是个体作出行为之前所保持的一种准备状态。比如“我准备去上管理心理学的课”，这种意向不同于行为本身，只是一种倾向。

态度的 3 个成分是相互依赖、协调一致的。其中认知成分是基础，情感成分是态度的核心与关键，行为倾向成分则是态度的外在表现。

三、态度与价值观

个体所持有的态度与个体观念世界中的价值观有着密不可分的联系。一方面，个体的态度往往体现和反映出个体的价值观；另一方面，个体的价值观又影响和决定着个体所持有的态度。尽管价值观对行为没有直接的影响，但它却强烈地影响一个人的态度。所以对个体的价值系统进行了解能够使我们深入认识一个人的态度。

价值观是一种较为宽泛和抽象的概念，缺乏具体的对象和明确的界域，它为人们提供一种进行判断和决策的准则。这种准则就是事物或对象本身对人们所具有的意义，亦即该事物所具有的价值。

态度的核心是价值，因而态度受价值的调节。人们对于某一事物或对象所具有的态度，取决于该事物或对象对人们所具有的意义，亦即该事物所具有的价值；而价值观是态度更广泛、更抽象的内在倾向。

人们的各种态度构成一个具有整体性的态度体系，越是接近价值系统中的价值核心，越是接近态度体系中的核心态度，对行为的影响越大。

四、态度与管理

（一）与工作有关的态度

1. 工作满意度（job satisfaction）

工作满意度指个人对他所从事的工作的一般态度。它是员工对于其工作所具有的感觉或情感性反应，是一种主观的心理感受。满意往往与人的需要是否得到满足以及满足的程度密切相关，而工作满意的程度，取决于员工自特定工作环境中所实际获得的价值与其预期获得的价值的差距。差距越小，满意度越高；差距越大，满意度越低。

一个人的工作满意度水平高，对工作就可能持积极的态度；对工作不满意的人就可能对工作持消极态度。当人们谈论员工的态度时，更多的是指工作满意度。工作满意度与员工的缺勤、离职、迟到、工作绩效等行为关系密切。

工作本身的特点、薪资待遇、职业发展的前景、组织中的人际关系、工作环境、组织管理等因素对员工的工作满意度影响较大。

2. 工作投入（job involvement）

工作投入，也称工作参与，是一种与工作相关的积极、完满的情绪与认知状态，它测量的是一个人在心理上对他所从事工作的认同程度。工作投入程度高的员工对他们所做的工作有强烈的认同感，并且很在意自己所做的工作类型。

3. 组织承诺（organizational commitment ）

组织承诺是员工对于所在组织及其目标的认同，并且希望维持组织成员身份的一种心理状态。组织承诺程度越高，员工就越会视自己为组织的一分子，更相信及认可组织的目标及价值，更愿意付出努力达成组织目标，对维持组织成员身份有强烈欲望。

简而言之，工作满意度是个人对工作本身及相关因素总体的感觉，工作投入意味着个人对特定工作的认同，组织承诺则意味着个体对于所在组织的认同。

（二）态度对组织的影响

1. 态度影响员工行为

态度是决定员工行为的一个主要因素。虽然态度仅仅是一种行为倾向，与实际的行为并不完全对等，但是员工的态度还是与其离职率、缺勤率、工作效率等密切相关。一般而言，对组织和工作满意度高的员工离职率和缺勤率都很低。

2. 态度影响组织氛围

员工的态度对组织的工作氛围以及生活氛围、员工的人生观、价值观都会产生一定的影响。积极主动的态度能感染、影响周围的人。如果组织中大多数员工持有诚实、友好、宽容、互助等积极的态度，组织的氛围就会好，相容程度也高，员工彼此之间就容易和睦相处，团结一致，这也有利于增强组织的凝聚力。

3. 态度影响组织效能

组织效能是组织达成其预定目标的程度。员工态度对组织效能有着重大的影响。一般来说，如果员工对自己所从事的工作及所在组织抱积极态度，那么其工作的积极性和主动性就比较高，工作效率自然也相应提高；反之，消极、否定的工作态度很难激发个人潜能，也不利于组织目标的达成。

第三节　态度的理论

有关态度的各种理论观点可区分为几大类，即学习理论、认知理论和功能理论。

一、学习理论

（一）经典条件反射理论的研究

经典条件反射理论是由俄国生理学家巴甫洛夫（I. P. Pavlov）创立并完善的。他通过狗的唾液分泌实验，区分出了无条件反射和条件反射。由无条件刺激引起动物本能反射，称为无条件反射，如给狗呈现食物，会导致狗唾液分泌。而由条件刺激引起的动物本能反射，称为条件反射。条件反射的出现必须建立在无条件反射的基础上，即当无条件刺激引起动物本能反射的同时，伴随一种条件刺激的出现，反复多次之后，只要一出现条件刺激，就会引起动物的本能反射。如在呈现食物致狗唾液分泌的时候，伴随着铃声的出现，反复多次之后，只要一出现铃声，狗就会分泌唾液。巴甫洛夫认为，动物之所以能够对条件刺激作出条件反射，就在于动物凭借联想的过程在刺激之间建立了联系。

经典条件反射的原理也被用来解释和说明态度的习得过程。如果把态度作为对于社会对象的评价或情感的话，那么以态度对象作为条件刺激，将其与人已经具有的肯定或否定性评价、情感等无条件刺激多次结合强化，则对于条件刺激的态度对象也就会形成与无条件刺激同样的评价和情感，即形成特定的态度。

斯戴兹（A. W. Staas）在 1958 年曾用实验证明了经典条件反射对社会态度形成的作用。他以随机的方式在屏幕上呈现 6 个国名中的 1 个，紧接着念出 1 个单词。有 2 个国名与带有肯定性评价的单词如快乐等相联系，有 2 个国名与中性词配对，另外 2 个国名与带有否定性评价的单词如痛苦等相联系。每一国名与形容词配对各出现 18 次，然后测定被试对各个国名的态度。结果发现，被试对于肯定性单词相结合的国名的态度是最肯定的，而对于否定性单词结合的国名的态度是最否定的。

根据经典条件反射作用的原理还可以说明态度的泛化表现。联想的产生往往是因为事物本身的接近或相似。所以，个体常常会将对一类对象所形成的态度扩张或延伸到其他相近或相类似的对象上。例如，将对某一类人的态度扩展到与这一类人相近或经常来往接触的人身上。

（二）操作性条件反射理论的研究

操作性条件反应是由斯金纳（Skinner）创建的，他认为人类的学习都是建立在操作和强化的基础上。操作行为是指那些作用于环境从而产生结果的行为，行为本身的结果就构成了个体行为的强化刺激物。如果个体采取某种行为作用于环境得到的是积极的结果，即得到了正性的强化，则个体在今后出现同样的环境条件时就会表现出同样的行为；反之，如果个体行为导致的是消极的结果，即得到负强化，则个体在今后出现同样的环境条件时就会避免同样行为的出现。

强化原理也用于解释人们态度的习得过程。希尔苏姆认为，借助操作性条件反射机制可以有效地使态度发生转变。他在用言语强化来研究态度习得的实验中发现，那些受到正强化（鼓励性的言语报酬）的学生所表达出的态度不仅其基本观点没变，而且在程度上更为强烈；而那些受到负强化（批评性的言语惩罚或不作反应）的学生所表现出的态度，虽然其基本观点也没有大的变动，但在程度上明显不如受到正强化的学生强烈。其他的一些研究也得到类似的结果。当然报酬不仅限于语言，只要加以及时强化，许多物质和精神手段都可以使特定的态度发生改变——巩固加强或削弱衰减。

（三）观察学习理论的研究

观察学习是指个体通过对他人言行的观察而进行的学习，这种学习同样可以使个体学得许多新的行为。个体在对他人进行观察时，将他人的言行举止记忆在头脑中，在以后遇到相同或相似的场合时再将头脑中储存的这些言行方式通过行动表现出来。人们态度的习得同样也可以通过对他人的观察来进行。例如，通过电影电视，人们可习得对某些事物、对象的态度。通过观察他人而进行的学习基本上是依靠在观察后对他人进行模仿而实现的，模仿得如何则首先取决于观察得如何；此外，模仿还受到强化因素的影响，这种强化可以是个体自身所持有的自我强化，也可以是外界施加于个体的直接强化，还可以是从他人被强化的事实经验中所感受到的替代强化。个体在对学习对象有了较好的观察，又受到强化因素的激励后，就能够较好地进行模仿而学得一种新的行为。

学习理论关于态度改变的观点是，它认为人们态度改变的过程实际上是一个学习过程。这种学习的基本过程实质上是在强化原理的支配和控制下所进行的特定刺激和特定反应的联结过程。

二、认知论观点

（一）费斯汀格的认知失调理论

认知失调理论是社会心理学家费斯汀格（Festinger）1957 年提出来的，该理论对态度改变的研究影响较大。

认知失调是指个体所持有的认知彼此矛盾冲突，处于相互对立的状态。认知包括思想、态度、信念以及人们对行为的感知。在人的认知系统中，各类认知元素的关系分为 3 种：（1）不相关。两种认知元素间没有关系，例如，“今天要下雨”和“我吸烟很厉害”之间就不存在联系。（2）协调。两种认知元素彼此一致。例如，“我是一个品德高尚的人”与“今天我帮助了别人”之间就是协调的。（3）不协调。两种认知元素彼此矛盾，例如，“吸烟是有害健康的”和“我吸烟很厉害”就是不协调的。

认知失调论的一个基本假设是：认知失调是一种不愉快的心理体验，具有动机作用，驱使个体设法减轻或消除失调的状态，使相关的态度之间和相关的态度与行为之间的关系变得比较协调。

个体的认知失调感的程度依赖于两个因素：一是两个认知因素矛盾的强烈程度，不协调程度越强烈，个体的感受越强；二是对个人而言，两个认知因素的重要性。该认知的重要性越大，则造成的不协调程度就越大。

如何解决认知不协调问题呢？费斯汀格提出了3种途径。以“我平日吸许多烟”与“研究证明吸烟危害健康”这两个认知因素相互失调为例，个体可采用的方法有：

(1) 改变认知因素之一的方向，使其与另一个相协调。比如，把后者改为“很多吸烟的人身体都很健康”。

(2) 改变行为，采取新的行动以获得协调；比如，戒烟就能够使态度与行为相统一。

(3) 引进新的认知元素，重新调整原来的认知系统；比如，增加“生死由命、富贵在天”的新认知来避免认知不协调。

(4) 改变认知因素的重要性。比如，“与其对未来不确定的健康受损担心，不如享受吸烟给自己带来的放松、愉快的感觉”。

认知失调理论能够解释态度的变化，特别是强调通过个人自我调节，达到认知协调而改变某种态度，具有一定的说服力。

(二) 海德的认知平衡理论

认知平衡理论是由心理学家海德（Heider）研究创立的。他认为，世界上的人、物、事、概念等都是我们的认知对象，这些对象之间的关系有的不相关，有的彼此联结。在相互联结的关系中，包括一个认知主体（P）和两个态度对象。两个态度对象中，一个往往是人（O），另一个是一件事情或者一种现象（X）。P、O、X三者之间存在一定的关系。

海德认为，如果P、O、X三者关系一致，则该体系呈均衡状态，否则，就是不平衡状态。三者的感情关系可以推导出8种模式（见图4-1）：P—O—X三者之间的关系符号相乘，结果为正时，三者关系处于平衡状态；三者关系符号相乘，结果为负时，三者处于不平衡状态。海德认为，人类普遍地有一种平衡、和谐的需要，一旦认知出现了不平衡状态，就会在心理上产生紧张和焦虑，从而促使他们的认知结构向平衡与和谐转化。

例如，P为职工，O为一位有威望的领导，X是公司即将开发的新项目。P主张开发新项目，如果O是赞同的，那么P的认知体系就是平衡的。但是，如果O不赞同开发新项目X，那么P的认知体系就出现了不平衡。

解除这种认知不平衡的状态有以下3种方法：(1) P改变自己的态度，使P-X的关系改变为“-”，这样就保持了与O态度的一致性；(2) P坚持己见，改变对领导O的评价，不再崇拜或听信O的意见，使P-O关系变为“-”；(3) P主观上认为领导反对开发新项目是表面的，有其内在原

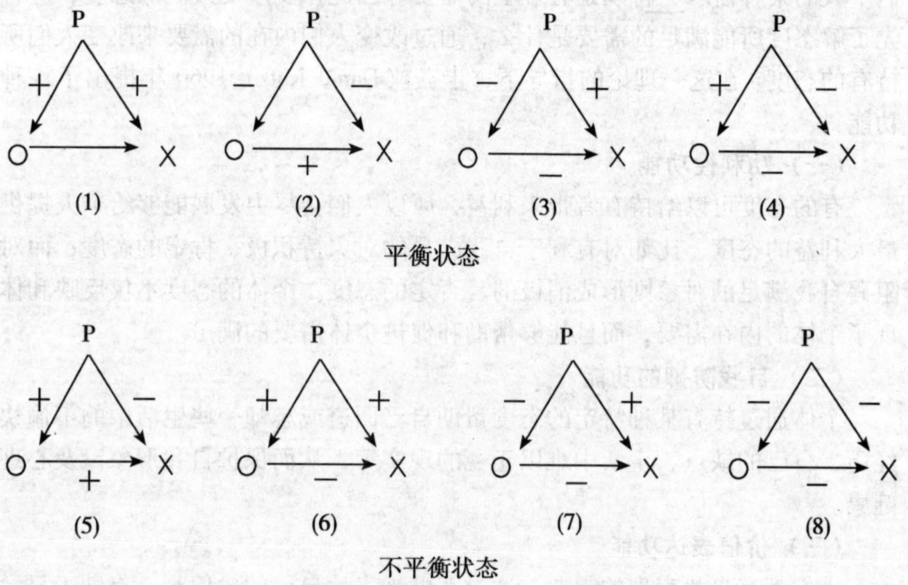

图 4－1　海德认知平衡理论模式

因，实际上领导还是赞成开发该项目的，也就是将 O－X 的关系变为“+”。

平衡理论的作用是使个体以“最小努力原则”来预计不平衡所产生的效应，使个体尽可能少地改变情感关系，以恢复平衡结构。

（三）自我知觉理论

贝姆（D. J. Bem）于 1967 年提出了自己对态度和态度改变的看法，认为自我知觉的很多重要方面都是有明确持久的信念、态度和情感偏好方式存在的内在参照。人们通过对自己的行为的归因来知觉事物，并对事物抱有某种态度。

根据这个理论，人能够清楚地意识到自己的态度和情感，并常常积极主动地将当前的认识对象及其有关评价与过去的经验相比较。

人们一般都能表述出自己为什么具有这样那样的态度，对态度形成与变化的心理原因也有一定的自知之明。总体而言，态度的形成与变化建立在人们有意识的理性评价的基础之上。

三、功能理论

功能理论认为，人们之所以持有某种态度，是因为这种态度能够满足他们个人的某种需求，特别是心理上的需要。因此，要改变人们的态度，应首先了解态度所能满足的需要是什么，通过改变人们内在的需要来改变人们所持有的态度。在这一理论的指导下，卡茨（Danel Katz）1960 年提出了 4 种功能 。

（一）功利性功能

有的态度可以给持有者带来利益，所以人们会尽力发展能够给个人提供最大利益的态度，比如对有利于自我满足的对象持积极、肯定的态度；而对阻碍自我满足的对象则形成消极的、否定的态度。个体的态度不仅反映和体现了个体的内在需要，而且能够帮助和促进个体需要的满足。

（二）自我防御的功能

个体通过持有某种特定的态度帮助自己回避或忘却一些生活中的不愉快经历、自己的缺点、生活中难以正视的现实等，从而保护自我形象以及心理健康。

（三）价值表达功能

人们都有自我表现的需要，通过态度来表达自己的价值观，有助于显示自己的人格和对人生意义的追求。在日常生活中，人们常常通过表明自己的态度，来显示自己的社会价值。

（四）认识功能

个体所持有的态度也是个体认识周围环境的一个重要途径。人们常常从实际生活和各种媒介中获得许多零碎的知识，态度便为汇集和整理这些观察到的事实、经验以及推理、思考提供了结构，使得这些知识有意义。

第四节　态度的形成和改变

一、态度的形成

态度的形成是个体社会化的过程，常常是个体在后天的社会环境中通过经典条件反射、操作性条件反射、观察学习这 3 种类型的学习而习得的，受到社会生活环境中各种因素的影响和制约，环境的影响主要有以下几个方面。

（一）社会环境的影响

一个人自出生开始直到生命的终结都生活在一定的社会环境之中，并受到社会环境的影响。这种影响主要是通过社会规范、准则的要求和约束以及各种思想观念的宣传教育、风俗习惯的潜移默化和文化的熏陶等方式进行的。

（二）家庭的影响

对于个体最初态度的形成，家庭和父母的影响是最重要的。父母的教养方式对于个体态度的形成及其今后态度的变化和发展具有决定性的作用。早期形成的态度往往会一直保持到成人期，甚至会影响人一生的发展。家庭和父母的影响还通过家庭成员之间的人际关系以及家庭成员共同生活的方式表现出来。除了以血缘关系为基础形成的长幼关系之外，还包括相互之间的情感关系。情感关系较融洽，则相互之间的影响就较大，在态度上也易趋于相近或相同；另外家庭共同的生活方式对孩子态度的形成也具有显著影响，生活在一个充满民主、平等气氛家庭的孩子，容易形成良好的与人相处的态度，学会用平等的方式与人相处，用民主的方式解决问题。

（三）同辈群体的影响

随着个体年龄的增长，父母和家庭的影响作用会不断减弱，同辈群体逐渐成为首要的参照群体，对个人的态度产生重要影响。个体开始倾向于把自身所持有的态度、观点与同伴们的态度、观点作比较，并以此为依据，不断调整自己的态度，使之与同伴们保持一致。

（四）群体的影响

个人所属的群体对其态度的形成具有重要的影响作用。每个群体都有一定的行为规范和准则，加入群体的个人一般都需要遵守群体规则，在言行上与群体保持一致。由此，群体通过对个体的这种影响和约束作用就可以促成个体态度的形成和转变。但是群体对个人态度影响的大小是因人而异的，主要取决于群体对个人吸引力大小以及个人在群体中的地位等因素。比如，群体对个人吸引力越大，则其对个体态度的影响力也越大；个体在群体中的地位越高，则受群体规范的压力越大，其态度受团体的影响也越大。

（五）大众传媒的影响

大众传媒是以报刊、图书、电影、广播、电视、网络等为手段面向大众的一种信息沟通方式。大众传媒将一些社会规范、价值标准、文化传统以及对某一社会事件的态度传递给公众，从而潜移默化地促进公众态度的形成和转变。

二、态度形成与改变的理论

(一) 凯尔曼的态度转变与形成三阶段理论

态度不同于一般的认知活动，它具有情感等因素，比较持久、稳固。因此，态度的改变需要经历一个较为复杂的过程。心理学家凯尔曼（Kellmen）于1961年提出了态度形成的三阶段：服从、同化和内化。

服从又称顺从，它是态度转化的第一阶段。服从是指人们为了达到某种物质或精神上的满足，或为了避免惩罚而按照社会要求、群体规范或他人意志而作出的行为。这通常是外在压力作用的结果，不是个体的自愿选择，因而，由服从所造成的态度改变大多是暂时的、表面的。

同化又称认同，是态度转化的第二阶段。同化是指个体自愿地接受他人的观点、信念、态度和行为，并有意无意地模仿他人，使自己的态度和他人的要求保持一致的行为。例如，个体会随着对群体同伴的了解、熟稔而形成与之一致的态度、行为。

内化则是态度转化的第三阶段。在这个阶段，个体完全从内心相信并接受了他人的观点，并将他人的观点、态度完全纳入自己的价值体系中，成为自己人格的一个组成部分。这时，个体的态度已经发生了彻底的改变，不再需要具体的、外在的榜样来学习了，形成的态度也比较稳固，不易再改变了。

(二) 墨菲的沟通改变态度理论

沟通改变态度理论是心理学家墨菲（Gardner Murphy）提出的。他认为，人与人之间的沟通可以改变态度，并提出了影响态度改变的因素。

墨菲对黑人态度进行了研究。他选择了白人作为被试，并随机将这些白人分为实验组、控制组两个组。实验开始前，使用瑟斯顿量表对于两组白人进行态度测量，发现两组白人对种族歧视的态度是大体一致的。然后，墨菲让实验组的白人观看一些宣传黑人精神的电影、电视等，控制组被试则不进行这些活动。实验发现，实验组的被试对黑人的态度发生了显著的转变，他们通过对黑人的深入了解改变了自己的态度，而控制组被试的态度则没有发生改变。

可见，人与人之间的有效沟通的确可以改变人的态度。墨菲提出了沟通改变态度的影响因素。

1. 沟通者

沟通者是信息的来源，沟通者所具有的能力、风度、可靠性和人格魅力等都可以影响对方对信息的接受程度。

2. 沟通过程

沟通过程中，工作的特点、信息表达的方式等都会影响沟通效果。

3. 沟通对象

沟通对象的特点，例如性格、智力水平、自尊心、原有态度等，都会影响他们的态度改变。

（三）预言实现改变态度理论

别人的预见以及由此采取的行为方式会影响个体的心理与态度。称赞和鼓励会诱发个体向上的动力；经常受到指责、歧视则会导致个体消极、自暴自弃。在组织中，员工的行为可以用以下模式来表示：

员工行为 =f（管理者期望×对待方式）

【小资料】

皮格马利翁效应与罗森塔尔效应

远古神话称，塞浦路斯王子皮格马利翁喜爱雕塑。一天，他成功塑造了一个美女的形象，爱不释手，每天以深情的眼光观赏不止。看着看着，美女竟复活了。

1968 年，美国心理学家罗森塔尔来到一所小学，他们从一至六年级中各选 3 个班，在学生中进行了一次煞有介事的"发展测验"。然后，他们以肯定和赞许的口吻将那些有"优异发展可能"的学生名单通知有关老师。8 个月后，他们又来到这所学校进行复试，结果发现，名单上的学生成绩有了显著进步，而且情感、性格更为开朗，求知欲望强，敢于发表意见，与教师关系也特别融洽。当然，所有的学生都不知道"发展测验"的结果。

实际上，这是心理学家进行的一次期望心理实验。他们提供的名单纯粹是随机抽取的。他们通过"权威性的谎言"暗示教师，坚定教师对名单上学生的信心，虽然教师始终把这些名单藏在内心深处，但掩饰不住的热情和期望仍然通过眼神、鼓励的语言等传递给了学生，实际上他们扮演了皮格马利翁的角色。学生也潜移默化地受到影响，变得更加自信、奋发向上，他们在行动上不知不觉地更加努力学习，结果就有了飞速的进步。这个令人赞叹不已的实验，后来被誉为"皮格马利翁效应"或"罗森塔尔效应"。

（四）态度的社会判断理论

社会判断理论是由谢里夫和霍夫兰德在 1961 年首次提出的。他们根据研究概括出这样的原则，即在人们对他物进行判断时，如果该事物与个人自身已经持有的标准或帮助判断的参照物相似的话，人们会判断其更加相似（同化）；如果与参照物相差较远的话，则人们会判断其相差更远（对比）。

谢里夫以此来说明态度的改变。他认为，个体所持有的态度区域分为3个部分：接受区域、态度不明朗区域和拒绝区域。当个体接触到一个新信息的时候，他会根据自己的态度区域对该信息进行判断，如果一个新的观点与个体原有态度极为相似，可能出现新态度被原有态度同化的情况；如果一种新态度与个体原有态度相差很远，则会遭到个体的拒绝。因此，只有当新态度位于不明朗区域的时候，劝说的作用才比较大，态度改变才是比较明显的。态度区域的大小和态度改变之间也存在紧密联系。接受区域较狭窄的个体，其态度的改变较为困难；而接受区域较为宽广的个体，其态度的改变较为容易。

三、如何转变员工的态度

在组织中，员工的态度直接影响到绩效潜能，不容忽视。转变员工态度是指管理人员将员工的消极态度转变为积极态度，将较弱的积极态度转变为较强的积极态度，或者将较强的消极态度转变为较弱的消极态度等。可见，转变员工态度对于提高人力资源管理效率具有重要意义。因此，加强对员工态度的研究，通过采取积极有效的措施，促进员工消极态度的转变和积极态度的形成，对推动组织发展和组织目标的实现具有重要的作用。

由于态度是一种相对稳定的心理倾向，态度的转变不是一蹴而就的。对于管理者和领导者而言，只有了解并懂得态度形成和转变的规律，运用灵活、有效的策略，才有可能促进员工的态度向企业和组织所期望的方向转变。

（一）影响员工态度转变的因素

影响员工态度转变的因素有外部因素和内部因素两种。其中，外部因素包括人际关系、企业内部信息沟通、企业文化等；内部因素则包括员工的认知水平、个体需要、个性心理特征等。

1. 外部因素

（1）人际影响。员工在组织中生存，其领导、下属、同事、客户等的观念、态度、行为等都会影响他。其中，对员工影响重大的是有权威的上级、关系密切的同事以及非正式组织的领导。

（2）企业内部信息沟通。企业内部信息沟通的方式对于改变与员工态度结构中的认知成分有着重要影响。信息沟通的方式、选择的场合等，都会影响员工态度转变。

（3）企业文化。企业文化是一个组织中大多数成员所认同的一套意义共享的体系，也就是核心价值观。企业文化影响和制约着员工的态度，管理者可以通过培育企业文化来转变员工的态度。

2. 内部因素

（1）员工的认知。个体对某件事物所持有的信念会影响态度改变的进程。员工原有态度的认知越深刻，改变起来就越困难。具体而言，管理者要针对员工的原有态度，采取适当方法改变。例如，如果员工只有意念但还未采取行动，则比较容易改变；既有意念又有行为，则较难改变；如果不仅仅有意念，还有公开的表态，则更难改变。

（2）员工的需要。员工的态度主要指员工对工作中的人、事及各项活动的看法和评价。一般说来，能够满足员工需要或有助于达到目标的对象，容易使员工产生积极的态度，比如喜爱、愉快等。反之，那些妨碍需要满足的对象则会使员工产生如沮丧、退缩等消极态度。因此，管理者要注意分析、了解员工的需求性质，对他们的合理需求应尽可能地予以满足，这样才可能促进员工产生积极的工作态度。

（3）员工的个性心理特征。个体的气质性格对于态度转变有重要影响。具体而言，胆汁质、多血质员工的态度转变比较容易，粘液质、抑郁质的员工态度转变较难；外向者比内向者态度容易转变。此外，自尊水平、智力水平较低的员工，容易被说服。在高智力者的态度转变过程中，要强调对信息的理解；在低智力者的态度转变过程中，则可以强调顺从的重要性。高自尊的员工不易被说服，他们很看重自己的观点和意见，对外来的说服和冲击会加以抵制；低自尊者则不大在乎自己的看法和意见，遇到外在压力或强大的说服者时，容易放弃自己的观点和态度。此外，刚从学校毕业的年轻人，可塑性强，灵活性强，求知欲强，容易改变自己的态度和观点。

（二）转变员工态度的方法

1. 组织规范法

态度形成是个体社会化的结果，组织中的规则、价值观等对个体态度的形成及转变均有较大影响。组织规范法就是通过一定的组织规定、行政制度等迫使员工接受组织的规则、价值观等。研究表明，集体规定、公众参与的方法对态度的影响较大，更有助于人们态度的改变。

管理中一些重大问题的决策可以适当采用讨论的方法形成决议，充分运用群体对个体的影响作用，并通过团体精神、企业文化有效影响员工。

2. 宣传法

宣传法就是借助一定的传播媒介，如简报、广播、讲座、电视、网络、录像、广告等，把企业的文化、价值观、组织目标等信息传递给员工，使其态度发生转变。

宣传可以分为单向宣传和双向宣传。单向宣传是指管理者仅向员工宣传事情有利或不利的一个方面；双向宣传则是全面宣传事情有利和不利的两个方面。双向宣传是一种更公正的讲评方式，一定程度上可以减少员工的对抗或防御心理，更容易说服员工；单向宣传被认为是有偏见的，可能会增强员工的抵抗心理。对于文化程度较高的员工，双向宣传更有效；对文化程度较低的员工，单向宣传更能改变其态度。

宣传过程中有以下 3 种常见的心理效应，管理者可以加以运用。

（1）权威效应。权威效应是指宣传者的威望具有很强的影响力，它会使受宣传者更易于接受宣传的信息和观点。例如，哈夫兰德（Hovland）对大学生进行的实验。一组大学生被告知宣传者威望很高、很受人们尊敬；另一组大学生则被告知宣传者是普通人。实验结果显示，第一组学生有 23% 的人发生了态度转变，后一组则不足 7%。可见，由高威望的宣传者发出的信息具有强烈的心理影响力。

（2）名片效应。名片效应是指宣传者在论述自己的观点前，先表明自己在很多问题上与受宣传者意见一致，给对方一种印象，即宣传的观点与受宣传者的原有态度接近，这会使宣传对象更容易接受宣传观点。

（3）自己人效应。不仅仅是宣传者与宣传对象的观点一致会促进宣传效果，而且他们间的任何相似之处都会增强宣传效果，例如籍贯、职业、经历、学历等。这些相似之处会使人产生认同趋向，把对方看做自己人，从而缩短心理距离，增强接受性。

3. 参与实践法

员工通过参与工作实践，在实践中不断地认识了解工作，从工作中得到启发和教育进而转变消极的工作态度。在管理中，可以通过员工参与管理、工作丰富化、提合理化建议等途径来转变员工的消极工作态度。

例如，在现实管理工作中，一些工厂让个人轮流担任质量督导员，对于强化职工质量意识就有很好的作用。

第五节　态度的测量

态度是一种潜在的心理活动，往往很难直接观察到，对人们态度的了解和认识也是通过对人们的外显行为（如口头语言、书面语言以及行为观察）

的观察和记录进行的，所以对有关他人的态度的了解和认识实际上是通过由外向内的间接推断而获得的。态度的测评有许多方法，经常使用的有量表法（自我评断法）、问卷法（自我报告法）、投射法（测验法）、行为观察法和生理反应法。

一、量表法

量表法又称自我评断法，是运用根据一定的测量、统计原理而编制的态度量表来测评个体所持态度的一种方法。在心理学中，主要有瑟斯顿量表、利克特量表、语意分化量表等。

（一）瑟斯顿量表

瑟斯顿及其同事于 1929 年提出该量表，又名等距量表。编制时，首先要搜集一系列有关所测问题、事物的各种态度的表述语，而后邀请一些专家、学者评判，根据每一表述语句所含观点的看法、赞成和反对的程度，将所有语句放在一个 11 点的尺度上。根据全部评判者对每一态度表述语评断的结果，求出态度表述语在尺度 11 点上的累计评断次数，画出曲线图。用作图法以 50% 为基准确定每一态度表述语的量表值，再用作图法算出每一态度表述语的 Q 值（四分位差）。Q 值是语句筛选的一个重要依据。所有态度表述语的量表值和 Q 值都算出来后，就可进行语句的筛选。用筛选合格的态度表述语编制成正式测量用的量表，测量时要求被试选出自己所赞同的语句，算出这些语句量表分的中数，即为被试测量的得分。

瑟斯顿量表侧重于态度的认知维度，编制方法也较为严谨，但由于该方法过于繁琐、费时，近年来已较少为人们采用。

表 4－6 瑟斯顿量表举例（对宗教态度的量表）

序号	分值	题目
1	1.0	我相信成为教会会员是生活的基本要素
2	1.5	我相信做礼拜能使人身心安宁
3	2.3	教会的教训能使人保持身心健康
4	5.6	有时相信教会是有价值的，有时又怀疑

（二）利克特量表

利克特 1932 年提出该量表，又称为总加量表。这种量表的编制过程较为简单，编制者首先要收集或编写大量的有关所测问题或事物的态度表述语，将其编制成问卷，每句表述语之后附有一个5等级或7等级的选择回答，5等级是“非常赞同、赞同、中性、不赞同、非常不赞同”，7等级则分为“非常赞同、中等赞同、轻微赞同、中性、轻微不赞同、中等不赞同、非常不赞同”。计分则最高为5分或7分，最低为1分。将这样的问卷发给被试填答，之后计算每个被试所得总分以及在每一表述语上的得分，根据这些分数进行态度表述语的筛选，确定最后用于正式量表中的语句。正式测量时，将被试在每一语句上的得分相加即为被试测量所得分数。

利克特量表的一种改进形式是强迫选择法，为了使被试一定作出选择而排除了中性点，如把原7点量表改为6点量表，把5点量表改为4点量表。

利克特量表侧重于对态度情感维度的测量，是通过对被试所持观点、看法的情感强度进行测定来确定被试态度的异同的。该量表最大的优点就是编制过程较为简单，分数的评定也简便易行，因此为人们广为采用。

表4－7　利克特量表举例

题目	非常不同意	不同意	中性	同意	非常同意
(1) 工作十分繁重，休息时间很少					
(2) 我很喜欢自己的工作					
(3) 升迁缓慢或几乎没有升迁的机会					
(4) 对目前的工资待遇很满意					

评分标准：非常不同意＝1，不同意＝2，中性＝3，同意＝4，非常同意＝5。

（三）语义分化量表

该表是奥斯古德等人1957年创制的。原用于测量某一概念或事物本身对人们所具有的意义。这种意义并不完全是由概念或事物本身的语词含义所决定的，而是根据人们所具有的经验或对此的理解来定的。例如家庭这一概念，其语词含义是统一的、相对稳定的，但对每个人来说可能具有不同的意义，有的人想到家庭时会产生温暖、舒适的感受，有的人则可能会联想到悲伤或痛苦的经历。

实际测量时，要求被试在一个7点尺度上评断自己对某事某物的看法。7点尺度的两端是成对的形容词，尺度上每一点均有相应的分数，被试选择出能够代表自己看法的那一点，将其所选择的分数相加，即得到被试态度测量的得分。

表 4－8　语义分化量表举例

序号	我的同事		
1	热情	7 6 5 4 3 2 1	冷淡
2	聪明	7 6 5 4 3 2 1	愚蠢
3	真诚	7 6 5 4 3 2 1	虚伪

二、问卷法

问卷法是进行调查访问的一种重要方法，常常也用于态度测评。问卷法在编制上极为简单，无需严格的统计和测量原则，只要注意问句中可能出现的语句问题即可。根据问卷形式上的特点，可将问卷分为开放式和封闭式两种。

开放式问卷不提供任何可能的或供选择的答案，由被试自由回答，使之能够充分自由地表述自己的态度。如“你对工作环境的看法?”“你在公司里感到……”这种方法的优点是被试不易隐瞒自己真实的态度，研究者能够收集到较多的信息，但是较为费时，要求被试有一定的表达能力，资料进行汇总分析时有一定难度。

封闭式问卷是提出问题的同时提供可能的几种选择答案，由被试根据自己的看法和想法选择一个作为自己的回答。这种方法资料易于统计处理和分析，费时少，被试容易作答。不足之处是，所提供的几种选择答案未必能将所有可能存在的回答都包括在内，而且也难以避免被试在无从作答或难以回答时凭借猜测或随机地选择答案进行回答的情况。

三、投射法

投射法实际上是一种心理测验，是间接地了解人们潜意识的一种方法。通常是向被试提供一种情境刺激，通过分析这种情境刺激在人们头脑中所引起的联想或想像来推测其所持有的态度。例如图画测验，让被试观看一幅幅图画，同时要求他根据自己对图画内容的理解编一个故事，描述图中的人和事。在这个过程中，被试就会不知不觉地将自己对某事某物所持有的态度投射进故事内容之中，研究者根据一定的计分标准对此进行分析。其他还有语句完成法等方法，它要求受测者将一系列句子补充成完整的句子，通过受测者的反应可以对其态度进行解释。例如，“企业领导者常常……”

投射法测试意图往往比较隐蔽，得出的结果较为真实。不足之处是分析相对比较困难，在计分和解释上缺乏客观标准，主观性较强，科学性有待进一步考察。

四、行为观察法

此法是指调查者深入现场观察员工的行为，根据员工的言语、表情和行为来推断其对某事物的态度，这种方法在使用时可以不让员工发现，所以在资料收集上往往比较准确。缺点是有些态度和行为难以观察，需要的时间较长，人力成本高，另外行为与态度并非对等关系，不能简单地根据行为的观察来确定态度。

五、生理反应法

此为通过个体的生理反应的指标来确定个体态度的方法，常用的生理指标有血压、脉搏、呼吸和皮肤温度、脑电反应等。这种方法的原理在于，人的态度中情感占有很重要的成分，当出现某种态度时，情感因素的作用会唤起自主神经系统的变化，如呼吸加快、血压升高、心率增加等，通过这些生理指标的测定，可以推测其内在态度的变化。在实际使用中，如果同问卷法或访谈等结合，则能够大大提高对态度测评的准确性。

【思考题】

(1) 什么是价值观？它是如何形成的？
(2) 价值观的类型有哪些？
(3) 什么是态度？说明它的三种成分。
(4) 与工作有关的态度有哪些？
(5) 请解释费斯汀格的认知失调理论以及海德的认知平衡理论。
(6) 阐述态度转变的几个理论。
(7) 如何转变员工的态度？

【课后练习】

价值大拍卖

1. 解释：人的一生是由无数次的选择所构成的，不同的选择，把人们导向不同的路途和方向，使各自的人生呈现出不同的色泽和价值，最终收获不同的果实。今天，我们进行一场价值拍卖会，在爱情、友情、健康、自由、美貌、爱心、权力、财富、欢乐、亲情等这些东西面前，同学们是怎样选择的呢？我们的选择不一样，体现了我们对人生的追求和事业的追求也不一样。希望通过这次价值拍卖会，让同学们更清晰地了解到自己的价值取向和人生态度。

2. 活动规则：（1）拍卖的东西如下表，每一样东西的底价都是2 000元；

序号	拍卖物	序号	拍卖物	序号	拍卖物
1	爱情	6	欢乐	11	友情
2	健康	7	威望	12	亲情
3	美貌	8	财富	13	精湛的技艺
4	爱心	9	自由	14	理想的事业
5	知识	10	诚实	15	名垂青史

（2）每人总共有10 000元钱；

（3）封顶价是5 000元（此时可多人同时买进）；

（4）最低以1 000元为单位加价；

（5）报价举手的同时叫价。

3. 活动过程：

（1）首先拍卖爱情，叫价高者得；

（2）再依次拍卖健康、美貌……

4. 记录：如：×××投得爱情，3 000元，成交等。

（三）分享与讨论

拍卖结束后整理一下自己的所得，看看自己最初打算买进的与最终买进的有什么不同、自己的花费是多少、自己在活动中的心得等。

1. 你是否买到自己认为最重要的项目？

——如果是，买到时的心情如何？

——如果不是，则因何故没有买到，没有买到的心情如何？

——你最想买的项目是什么？为什么它对你而言那么重要？

2. 有没有同学什么都没有买？为什么什么都没买？

3. 你是否后悔得到你所买的东西？为什么？

4. 拍卖过程中你的感受如何？

5. 假如现在已经是人生的尽头，请你看看你手上所有的是什么东西？它们对你来说是否仍有意义？

6. 现在把你自己最想要的东西写下来，想一想在现实生活中怎样才能得到它呢？

7. 最终确定你想要的东西是什么？本次活动结束后的你有什么感受？

（四）启示

在这次价值拍卖会中可以看到同学们的不同的价值观，相信同学们通过刚才的交流会进一步思考并澄清自己的价值观。

我们要学会选择，选择真正属于自己的价值观。

我们要学会抓住机会，一旦锁定了目标就要紧紧抓住，不要轻易放弃。

第五章　知觉与归因

【本章目标】

(1) 了解知觉及其特性；

(2) 了解影响知觉的因素；

(3) 了解社会知觉的分类；

(4) 掌握社会知觉的偏差；

(5) 掌握归因的概念及理论。

【案例】

什么影响知觉？

心理学家曾作过这么一个实验：给两组大学生看同一个人的同一张照片。在看这张照片之前，对一组大学生说，照片上的人是一位屡教不改的罪犯；对另一组大学生说，照片上的人是一位著名的学者。然后，让这两组大学生分别从这个人的外貌中说明他的性格特征。结果两组学生的解释截然不同：第一组大学生说，深沉的目光里隐藏着险恶，突出的下巴表现他死不悔改的决心；第二组大学生说，深沉的目光表明他思想的深刻性，突出的下巴表明了他在科学道路上勇于攀登的坚强意志。

心理学家还选取两位被试，第一位被试1小时前已经吃过东西，而第二位被试16小时未吃过东西了。主试给两位被试看一幅主题模糊的图片。结果，第二位被试将图片知觉为食物的频率远高于第一位被试。

人的行为的产生有赖于个体对他所处的环境的理解和判断，而这种理解和判断是通过知觉的作用产生的。知觉直接影响人的心理状态和行为，因此，了解人的一般知觉过程及其规律，尤其是知觉在社会交往和归因中的作用，对于我们研究和预测人的行为有重要意义。

知觉与人们常说的感觉不同，感觉是作用于感觉器官的客观事物的个别属性在头脑中的反映；而知觉是客观事物在感官的帮助下，呈现在大脑中的反映，是人类认识事物的一个过程。通过眼、耳、口、鼻、皮肤等，人们可以感觉到食物不同的颜色。温度、形状、味道，是人对世界最根本的认知。

第一节　知　　觉

一、知觉概念及特征

知觉是个体为了对所在环境赋予意义而解释感觉印象的过程，是人脑对直接作用于感觉器官的客观事物的整体反映。在认知科学中，知觉被看做是一组程序，包括获取感官信息、理解信息、筛选信息、组织信息等过程。

知觉有这样几个特性：整体性、恒常性、理解性、选择性。

（一）整体性

人并不把对象感知为许多个别的孤立的部分，而总是知觉为一个统一的整体。人常常是无意识地填满缺少的那部分鸿沟，而知觉为完整的形象。这其中，各个组成部分的强度有重要意义。强的成分（关键部分）决定知觉的完整性，由于各部分不同的相互关系就会知觉为不同整体。

知觉的整体性有以下规律：

（1）接近性定律。距离上相近的物体容易被知觉组织在一起。如图5－1。

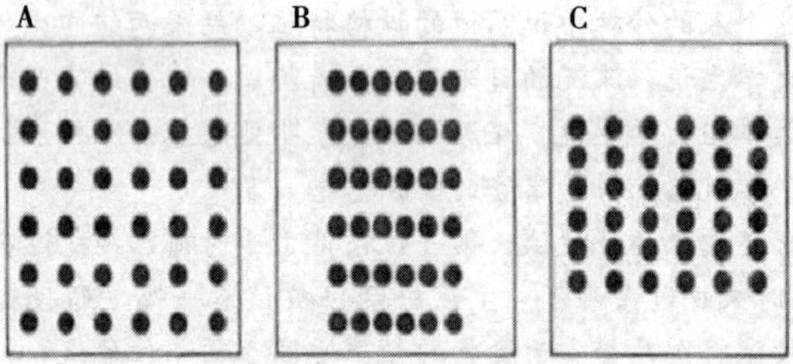

图5－1　接近性定律

（2）相似性定律。物理属性上相近的物体容易被知觉组织在一起。如图5－2。

（3）连续性定律。凡是具有连续性或共同运动方向的刺激容易被看做一个整体。如图5－3。

（4）封闭性定律。人们倾向于将缺损的轮廓加以补充，使知觉成为一个完整的封闭图形。如图5－4。

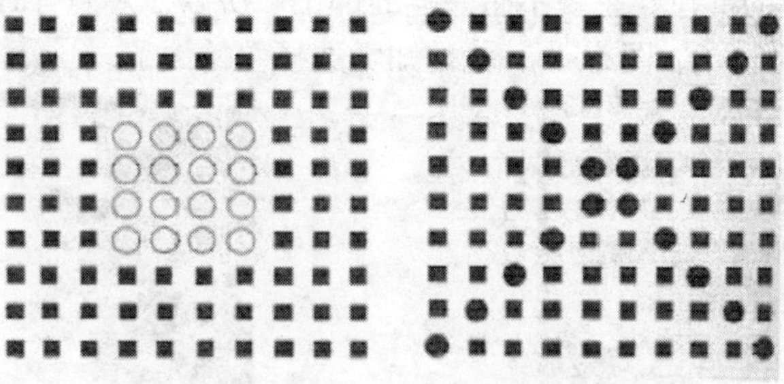

图 5-2　相似性定律

图 5-3　连续性定律

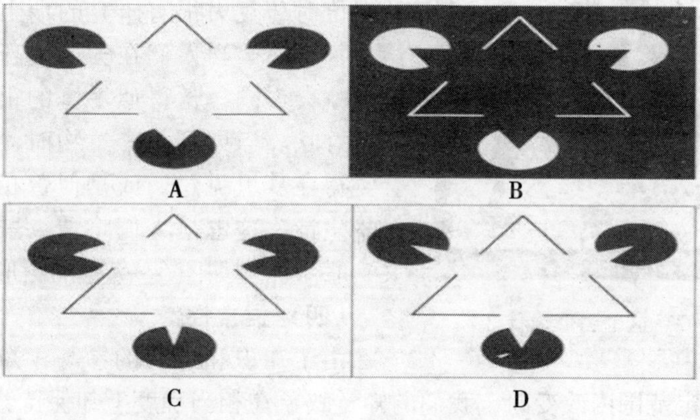

图 5-4　封闭性定律

（二）选择性

知觉的选择性是指一定时间内人总是选择地以某个事物为对象，显得格外清晰，把其他事物作为背景。

人们通常会因为自己的兴趣、喜好、个性来选择他们看到的事物的具体部分，如果他们喜欢红色，那对红色的衣物、玩具就有一种偏爱。于是会放大自己感兴趣的部位，忽视不感兴趣的部位。所以，人们有时会犯以偏概全的错误。如图 5－5、图 5－6，就是知觉选择性的例子。

图 5－5　少女还是老妇人？

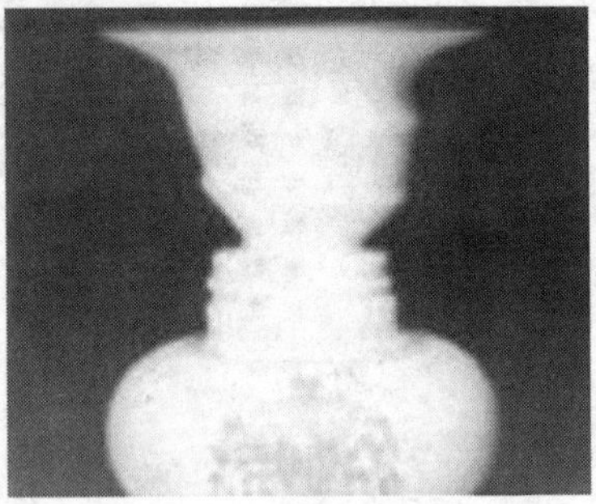

图 5－6　花瓶还是侧影？

（三）理解性

人在知觉过程中，不是被动地把知觉对象的特点登记下来，而是以过去的知识经验为依据，力求对知觉对象作出某种解释，使它具有一定的意义。一块普通的巧克力，如果包上了精美的包装，并让一位对巧克力很有研究的瑞士朋友推荐给大家，那么当人们在尝这快巧克力时的起点就会不同，觉得似乎真的很不错，越吃越好吃。当见到某个景物时，人们可能会觉得在梦里见过，或是似曾相识，所以触景生情，这也是人们将情、景赋予了意义、联系。例如图 5－7 中的图形。

图 5－7　这个图形像什么？

（四）恒常性

由于知识和经验的参与，知觉的客观条件在一定范围内改变时，我们的知觉映象在相当程度上却保持着它的稳定性。它是人们知觉客观事物的一个重要特性。

虽然事物的某些方面发生了变化，但人们的知觉告诉自己事物本身并没有发生变化，例如，汽车飞驰时，会看见马路两旁的树木飞快的缩小，人们很清楚地意识到，树本身并没有变小，只是距离远了；从高楼上往下看，看到的汽车只有火柴盒那么大，但我们不会认为汽车只有火柴盒那么大，而会继续认为那就是平时所见到的普通汽车。知觉的恒常性使我们对客观事物的认识不会由于一定范围内的位置、光线、距离等条件的变化而失真。

大小恒常性就是对物体大小的知觉不因网像大小的变化而变化。大小知觉是由网像大小与知觉距离二者共同决定的，对于网像大距离近与网像小距离远两种组合，人们可以根据经验作出物体大小相等的知觉解释。如图5－8。

形状恒常性是指对物体形状的知觉不因它在网膜上投影的变化而变化，如图5－9。

图5－8　大小恒常性

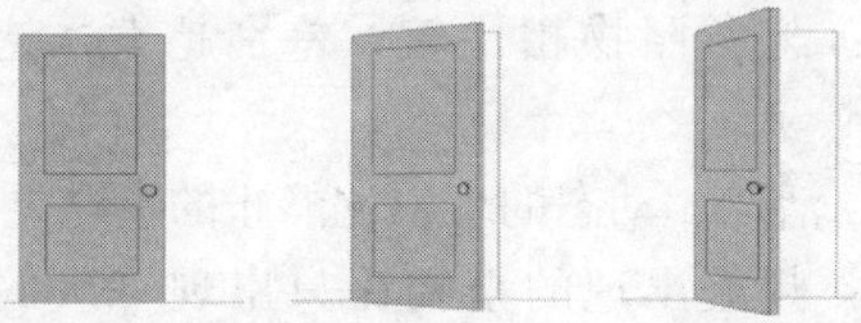

图5－9　形状恒常性

二、影响知觉的因素

不同的人面对同一事物或者同一人，会有不同的理解和反应，有的时候，人的解释和反应甚至与事实相反。知觉是个体理解和判断环境的过程，它受到各种因素的影响。知觉者、知觉对象和情境因素都会影响个体的知觉。

（一）知觉者

知觉者的个体因素会影响知觉过程和知觉结果。最相关的因素有经验、态度、价值观、动机、兴趣和期望。

对于有兴趣做的事情，人们会废寝忘食，流连忘返；当有目标或压力的时候，自然有一种动力在支撑着人们的行为，因为人们有分析事情发生的动机；对于外向的人来说，容易和人交识，而性格孤僻的人，往往身边来往的人也少；对于工作有丰富经验的人来说，看一眼你做的事情就知道你的能力有多少了。

这些特征同样影响个体在组织中的知觉。一个渴望提升、满怀期望的员工，对上司的批评可能会知觉为有意挑剔；一个对技术创新感兴趣的员工会非常乐意参加新技术的学习或讲座；一个具有乐观坚韧性格的员工会把困难看做挑战，而同样的困难会使一个懦弱无能的人束手无策。这些事例都说明，知觉者的个体因素能够影响知觉过程和结果。

（二）知觉对象

知觉对象的特点也会影响知觉的过程和结果。人们通常会对不同于一般知觉对象的事物比较敏感，例如，形状特别怪异的、颜色特别鲜艳的事物，人们的感官通常会被吸引，最先知觉到这些事物的存在。人们对知觉对象的加工一般遵循以下6种法则。

（1）大小法则：越大的东西越容易吸引人，尺寸、空间越大，就越容易引起注意和重视。例如，高大醒目的广告比普通的小广告更能引人注意。

（2）强度法则：最先被感知的事物通常强度都相对较大。

（3）对比法则：与参照物相比较，差别越大、越出乎意料，越易被感知。

（4）动感法则：活动、动态的事物比静止的事物更容易被感知。

（5）重复法则：频繁出现的事物比只出现一次的事物更容易被人们记住。

（6）新颖法则：新奇的事物容易被感知。

（三）情境因素

情境因素就是人们所处的客观环境、人际环境等。时间、社会文化、工作和家庭环境是构成情境因素的主要部分。通过对情境的分析，人们借助对比，会感知事物的特点。

空间距离可能影响个体的认知判断。例如，我们看到两个人低声交谈，就可以推断他们可能有较深的关系。

对象所处的场合背景也可能成为判断的参考系统。人们往往以为，出现在特定环境背景下的人必然从事某种行为，他的个性特征也可以通过环境加以认定。

社会文化背景也会影响个体的知觉过程和结果。例如，男士邀请女士吃晚饭的行为，在美国人和中国人眼里就富有不同的含义。

三、知觉的防卫机制与错觉

（一）知觉的防卫机制

知觉的防卫机制是指个体为了防止自己受到威胁性刺激的侵扰，会自动地抑制对它们的知觉和反应的倾向。具体而言，个体对恐惧或感到威胁的刺激会表现出回避、阻滞或反应缓慢的倾向。

知觉防御是指人们对不利于自己的信息会视而不见或加以歪曲，以达到防御的目的。实验表明，人们对“强奸”“猥亵”等负性词语的识别时间要远远长于对“儿童”“火炉”等中性词语的识别时间。这是因为，当知觉者发现被知觉对象与自己已有的定型模式不相符合时，便会通过抹去被知觉对象中那些与模式不相符的部分，从而对被观察对象加以歪曲。

知觉防御是一种回避欲求的知觉倾向。它既是对社会知觉的歪曲，又是一种有效的心理防护手段。它的积极作用就在于能够使人对刺激的冲击加以缓冲，以增加心理承受能力。但要真正解决问题，仅靠回避、歪曲知觉对象是不行的，而必须客观地修正自己的心理定型模式，使其与外部世界相适应。

（二）错觉

错觉是一种不正确和被歪曲了的知觉，也就是把实际存在的事物被歪曲地感知为与实际事物完全不相符的事物。

错觉可以发生在视觉方面，也可以发生在其他知觉方面。如当你掂量一公斤棉花和一公斤铁块时，你会感到铁块重，这是形重错觉；当你坐在正在行驶的火车上看车窗外的树木时，会以为树木在移动，这是运动错觉等。

错觉产生的原因主要是知觉者的生理、心理状况，以及知觉对象和背景特点。感知条件不佳、客观刺激不清晰、视听觉功能减退、强烈情绪影响、想像、暗示以及意识障碍等都能引起错觉。重听的人常会听错别人说的话；胆小者夜晚独经旷野，心中恐惧，会把树木当成人形，把自己的脚步声误认为是有人在追赶；对亲人的长久思念，会把风声误认为是有人敲门。错觉本身不一定都说明有病，因为健康人也能出现错觉，只是健康人对错觉都能自行矫正罢了。

在病理状态下，尤其在各种不同程度的意识障碍时，常常出现错觉。如处于感染、中毒或躯体疾病引起的谵妄状态时，病人可将门上挂的衣衫视为鬼怪。在情感性精神病状态中也会出现错觉，如抑郁症患者常把别人的谈话听成是议论他的罪恶，甚至将如何把他处死。

在不同的心理状态、背景或某方面特别强烈的对比下，人们会出现知觉错觉的情况。经常我们能看到很多有关视觉错觉方面的趣味题，如图5－10、图5－11。

图5－10　人是在拼图里吗?

图5－11　眼睛看着黑点，前后移动你的头，转了吧?

第二节　社会知觉

一、社会知觉的概念及特点

（一）社会知觉的概念

社会知觉又称人际知觉或者社会认知。作用于人的信息有两大类：一类是自然界中的机械、物理、化学和生物方面的信息；另一类是由人的实践所构成的社会现象的信息，这包括担任社会角色并具有人性的人、人际关系和群体，以及各种社会结构和社会事件等。如果说后者是社会性信息，则前者为非社会性信息。对非社会性信息所形成的知觉，通常被称为物知觉，而对社会性信息所形成的知觉就叫做社会知觉。

社会知觉就是指个人在社会环境中对他人（某个个体或某个群体）的心理状态、行为动机和意向（社会特征和社会现象）作出推测与判断的过程。社会知觉包括三个方面的内容：对人的知觉（包括对他人和自我的知觉）、对社会事件因果关系的知觉、对人际关系的知觉。

（二）社会知觉的特点

社会知觉作为一个特殊的心理过程，有以下特点。

1. 认知对象的独特性

人能体验其内部世界，而物不能，所以社会知觉的主体可能同时还是社会知觉的对象。换句话说，社会知觉的对象是有意识的人、复杂的社会环境和人际关系，而人们对这些对象的知觉又是通过一些特殊的介质进行的。例如，通过他人的言行、表情、态度等来认识、判断，但是，无论是知觉的主体，还是知觉的对象，都会掩饰自己的内在动机。因此，人们的社会知觉判断常常可能是不准确的。

2. 对他人行为的期望会影响社会知觉过程

社会知觉的主客体能够理解彼此间的行为对对方的利害关系，于是知觉者和被知觉者都可以有意识地操纵和利用彼此。当个体能够预测他人可能作出的行动时，他自己便可以预先计划自己的行动。因此相互间的期望会影响彼此的知觉。

3. 社会知觉加工过程的特殊性

进行社会知觉也需要对知觉对象的各种信息加以组织和分类，但社会知觉往往根据他人的外表和行为进行概括和判断，而且在加工过程中，对信息的处理也更容易采用以点带面的策略，所以，个人的经验会严重影响社会知觉的过程。另外，人总是在不断地变化，人与人之间的差异很大。因此，获得对人的知觉要比对物的知觉更为困难。

二、社会知觉的分类

社会知觉分为3大类：对个人的知觉、人际知觉、角色知觉。

（一）对个人的知觉

对个人的知觉一般是指下述两个方面含义。

1. 知觉对象的外部特征

这是指个体在与他人交往时，通过观察对方的外部特征来判断他的需要、动机、兴趣、情感和个性等心理活动。其内容包括面部表情、目光接触、言语或肢体表达等。

研究认为，一般根据人的外部特征了解其内心活动的指标有：

（1）面部表情。就是通过人的面部肌肉活动变化来表达情绪状态及对现实的态度。而知觉者对他人面部表情进行判断时还受到多种因素的制约和影响，如知觉者的社会经验、文化程度以及他人的暗示等。

（2）目光接触。眼睛是心灵的窗户，通过一个人的眼睛可以洞察他内心深处。目光交流是非语言交流的重要方式，通过眼神可以传递很多感情和信息。

（3）肢体语言。一个人的体态和动作变化也可以表达他的情绪状态和思想情感，知觉者可以通过对方的身体姿态和手势来了解、判断对方的性格和心理活动。例如，我们认为站如松、坐如钟、睡如弓的人是正派、干练的；相反，弓腰哈背、贼眉鼠眼的人，我们就认为是行为不端的。

（4）言语表情。人的语音、声调、节奏等也能表达个体的情绪和思想。言语表情是人特有的，它具有调节功能和信号作用。

2. 知觉者自身的知觉组织结构

这是指知觉主体在长期知觉过程中形成的知觉图式。人总是按照自己固定的知觉模式去知觉外界事物、人物或现象。例如，在知觉同一人时，有的人注重其道德品质，而有的人则更注重其智力特征，那么最终的评价就不同。

两个陌生人在知觉对方时，首先是通过对方的面部表情、身体姿态、外部行为等进行知觉，进而了解对方的动机、意图、个性特点等，然后进一步分析产生对人的知觉。

对个人的知觉的精确性往往取决于下述两个要素：第一，被知觉对象的客观表现和所处的背景条件；第二，知觉者本身主观因素（包括能力因素、知识因素和情感因素）。正是由于这些主客观因素，对他人的知觉很难做到客观准确，所以才有“千里马常有而伯乐不常有”的感慨。

（二）人际知觉

1. 人际知觉的定义

人际知觉就是对人与人之间关系的感知、理解和评价。它研究考察知觉主体如何处理有关他人信息的过程和方式，以及影响人际知觉的主要因素。它以人际交往行为作为知觉对象，是社会知觉最核心的部分。

人际知觉的研究内容：一是主体与他人关系的知觉；二是对他人与他人关系的知觉。

2. 人际知觉的特征

人际知觉具有如下特征：

（1）复杂性。人际知觉的内容复杂，影响知觉过程的因素也很复杂，这些都对人际知觉的准确性有影响。第一，人际关系不仅受双方自身特点的制约，还受到情境因素的影响；第二，知觉是在已有的经验中形成的，知觉者的情感、态度、观念和经验等主观因素都会影响人际知觉。

（2）倾向性。这是指个体都是按照自己的个人意愿理解人际关系的。例如，人们都以为自己喜欢的，别人也同样喜欢。

（3）综合性。人际知觉的综合性是指人际知觉是人际关系等各种因素影响的结果。群体中个体之间的相互关系非常复杂。

3. 影响人际知觉的因素

影响人际知觉的因素有客观因素和主观因素。客观因素包括人际关系对自身价值的大小、人际关系发生时的情境等。主观因素包括认知主体的思想、经验、情绪和个性等。

（三）角色知觉

1. 角色知觉的概念

角色是个体在一定的社会结构中所占据的位置，以及被社会结构所规定和期望的行为模式。角色反映一个人在社会体系中的地位以及相应的权利、职责。

角色知觉是指个体对于自己或他人在特定社会或组织中的这种地位、权利、义务、权力、职责和行为模式的知觉。人们的角色知觉是通过人际交往、社会活动不断产生的。

2. 角色知觉的构成

一个完整的角色知觉过程包括角色认知、角色行为、角色期望和角色评价。

（1）角色认知是指角色的扮演者对于自身角色的认知。知道自己处在什么位置、这个位置的职责范围是什么、这个位置的工作标准和目标是什么、这个位置对角色的各种知识技能要求是什么等，都是角色认知的内容。

（2）角色行为是关于扮演某角色的具体行为方法。个体在角色认知的基础上实现自己所扮演角色的行为就是角色行为，它也是角色实现的过程。

（3）角色期望是指社会或他人对自己所扮演角色的希望和寄托。社会或组织中的多数成员都会期望或要求某一成员作出某些应有的行为方式，即担任某一职位者被期待的行动或特质。角色期待的内容包括期望、主观的可能性、权利与义务的行使等。角色期待的主要功用在于使角色行使者明白其权利与义务，也就是角色的学习。

（4）角色评价是社会按照一定的标准对于个体所扮演角色的成效所作出的评价。评价个体是否履行了角色应该承担的职责。

3. 影响角色知觉的因素

（1）对角色认知的影响因素：一是客观的自我评价，二是文化背景和家庭社会环境。人对自己要有客观、清醒的认识，要正确分析自己的长处与短处，这样才能够明确自己所应追求角色的方向。此外，家庭环境、社会环境、文化氛围都制约着人的角色认知与抱负。如音乐世家有可能造就音乐家后代，而当今社会市场经济发展形势使得人们对“创业者”“企业家”的角色追求更多。

（2）对角色行为的影响因素：角色认知程度、角色扮演者的个性特征。一个人能否按照角色所规定的行为模式行动，受到个体对角色认知的程度及其自身个性的影响。对一个角色的认知越深刻、越认同，他就越会更好地履行自身义务，做好本职工作。另外，不同个性的人在履行角色行为时会有不同的表现，甚至会影响角色行为的效果。但是，个性不是一成不变的，个体可以通过角色塑造，按照角色规定的规范来改变自己的个性特征。

（3）对角色期望的影响因素：角色职责性质、对角色扮演者的认知。一个人对某个角色的期望受到自身经验、能力以及对角色了解程度的影响。经验越丰富、能力越强，角色期望就越准确。

（4）对角色评价的影响因素：角色行为和期望的差距、纵向和横向的比较。角色期望与角色行为的差距说明：对某一角色的期望过高，而该角色实际又做不到，必然导致失望。如果领导者向群众承诺过多，但是又做不到，必然遭受群众的低评价。此外，对某个角色的评价还受到纵向和横向比较的影响。例如，前一任领导过于专制、强硬，那么后任领导的感情激励会受到较高的角色评价。这就是纵向比较的结果。而 A、B 两个同行业公司，A 的奖励很高，B 的奖励较低，那么群众对 B 公司领导的评价就不高。这是横向比较的结果。

（四）自我知觉

自我知觉是一个人对自己心理和行为状态的知觉，也就是对自己的看法和评价。一个思维健全的正常人在社会实践中，不仅要知觉周围的人和事，还要知觉自我。自我知觉和外部知觉交错进行，而且相互影响、相互作用，从而形成正确的自我内容和自我追求的目标。

1. 自我知觉的内容

（1）物质自我。物质自我是个体对自己身体存在的知觉。人们要在物质上知觉到自己的存在，自己靠什么存在，如何存在。物质自我的存在会导致物质自我的追求，例如，衣、食、住、行等，形成各种追求目标。

（2）社会自我。社会自我是个体对自己在社会上或组织中的地位以及社会关系的知觉。每个人都在社会中扮演一定的角色，从事各种社会活动，而且要与他人建立各种社会关系。这些角色、活动和关系都是在人们社会自我知觉的基础上进行的。人的社会自我知觉会导致人们对社会地位的追求、建立良好人际关系的追求。

（3）精神自我。精神存在是人们除了物质存在和社会存在之外的另一种重要存在形式，这也是人区别于一般动物的关键所在。精神自我是指个体对自身的智慧、能力、道德水平的知觉，这方面的追求包括进取心、道德感、自我实现、友谊和爱情等。

2. 自我知觉的途径

（1）以人为镜。通过别人对自己的认识来获得自我认知，或者调整自我认知。

（2）以人为师。以人之长补己之短，要善于学习和运用他人的优势来促进自我知觉的发展和自我改善。

（3）自我评价。要善于通过别人的认知和评价不断地纠正或充实自我评价，从而形成正确的自我观念。

（4）自我剖析。可以通过对自己的行为和心理活动的特点进行自我分析，从而准确客观地认识自我。

三、社会知觉的过程

社会知觉或社会认知实质上就是研究人们如何根据周围环境中的社会信息进行推理。这一过程可以划分为两个子过程：搜集、选择信息过程和整合信息过程。

（一）信息的搜集和选择

社会信息的搜集和选择，也会受到主客观因素的制约。比如刺激的物理强度，刺激与刺激背景之间的差异，刺激的重复出现和运动特征，认知者的需要、兴趣、动机、认知风格，以及刺激的情境等。除此之外，社会信息的选择途径也有独特之处。

人们要作出社会判断，必须要获取足够的信息。在社会情境中，获取信息的途径是很多的，他人的言谈举止、表情、声调，扮演的社会角色，所处群体中成员相互之间的关系，群体的气氛等，都是信息的来源。

人们的先前经验会影响他对信息的搜集和选择。例如，你新到一个工作单位，同事们对你很冷淡，你便有了这里的人很冷漠的印象。你总要去寻找一些与先前经验一致的信息，如自己不知道去哪里打水而没人告诉你等。其实，水房就在办公室的隔壁，而且门口有醒目的标牌，别人以为你已经知道了，才没告诉你。先前经验容易使人得出错误的判断，因为先前经验本身可能是错误的，而认知者意识不到自己的先前经验是在信息搜集时就产生了误差，所下的结论是不合适的。

认知者搜集到许多信息后，还要对其加以选择。这一过程往往也受到先前经验的影响。（1）个体根据先前经验决定哪些信息是有关的，而先前经验很可能是错误的或者有误差。（2）个体没注意到信息中的偏差。他所搜集的信息往往是从少数人身上得到的，一个人在短时间内的行为表现，并不能代表一个群体或一类人的总体特征。（3）个体往往抓住那些最显著的个案信息，忽略基于多数人的统计信息。例如，很多人都认为到沿海地区可以发大财，他们总拿某某人去南方一年赚了300万等作为论据，却忽视了大多数人都在那里辛苦打工的事实。

（二）信息的整合

完成了信息搜集、选择之后，人们就将信息放在一起，对被知觉者进行判断和推测，以便形成关于人和事的完整印象。

四、社会知觉的偏差

（一）首因效应和近因效应

1. 首因效应

首因效应指的是人们在对他人总体印象的形成过程中，最初获得的信息比后来获得的信息影响更大的现象。首因效应又叫做第一印象效应。人们首次认知客观事物时形成的印象往往十分深刻，并对以后的认知起着重要的影响和指导作用。这种“先入为主”的现象对人们的启示是，在各种社交活动中，要特别慎重，力争给他人留下良好的第一印象。

美国心理学家卢钦斯（A. Ladins，1957）用编撰的两段文字作为实验材料研究了首因效应现象。他编撰的文字材料主要是描写一个名叫吉姆的男孩的生活片段，第一段文字将吉姆描写成热情并外向的人，另一段文字则相反，把他描写成冷淡而内向的人。例如，第一段中说吉姆与朋友一起去上学，走在撒满阳光的马路上，与店铺里的熟人说话，与新结识的女孩子打招呼等；第二段中说吉姆放学后一个人步行回家，他走在马路的背阴一侧，他没有与新近结识的女孩子打招呼等。在实验中，卢钦斯把两段文字加以组合：

第一组，描写吉姆热情外向的文字先出现，冷淡内向的文字后出现；第二组，描写吉姆冷淡内向的文字先出现，热情外向的文字后出现；第三组，只显示描写吉姆热情外向的文字；第四组，只显示描写吉姆冷淡内向的文字。

卢钦斯让4组被试分别阅读一组文字材料，然后回答一个问题“吉姆是一个什么样的人?”结果发现，第一组被试中有78%的人认为吉姆是友好的，第二组中只有18%的被试认为吉姆是友好的，第三组中认为吉姆是友好的被试有95%，第四组只有3%的被试认为吉姆是友好的。

这项研究结果证明：信息呈现的顺序会对社会认知产生影响，先呈现的信息比后呈现的信息有更大的影响作用。

2. 近因效应

近因效应指在总体印象形成过程中，新近获得的信息比原来获得的信息影响更大的现象。

卢钦斯进一步设计了实验，如果在两段文字之间插入某些其他活动，如做数学题、听故事等，则大部分被试会根据活动以后得到的信息对吉姆进行判断，也就是说，最近获得的信息对他们的社会知觉起到了更大的影响作用，这就是近因效应。

在生活中，近因效应一般不如首因效应明显和普遍。在印象形成过程中，当不断有足够引人注意的新信息进来，或者原来的印象已经淡忘时，新近获得的信息的作用就会较大，就会发生近因效应。个性特点也影响近因效应或首因效应的发生。一般心理上开放、灵活的人容易受近因效应的影响；而心理上保持高度一致，具有稳定倾向的人，容易受首因效应的影响。

近因效应给我们的启示是，当第一次给人留下不好的印象时，并非是不可改变的，可以不断努力，用真诚的行为改变和打动别人。

（二）晕轮效应

晕轮效应又叫做光环效应，是指人们对他人的认知判断会受到对方某种突出品质或特征的影响，然后由此判断推论出认知对象的其他品质的现象。

这是在人际相互作用过程中形成的一种夸大的社会印象，正如日、月的光辉，在云雾的作用下扩大到四周，形成一种光环作用。这是一种片面知觉，即以偏概全的现象。如果认知对象被标明是“好”的，他就会被“好”的光圈笼罩着，并被赋予一切好的品质；如果认知对象被标明是“坏”的，他就会被“坏”的光圈笼罩着，他所有的品质都会被认为是坏的。

心理学家戴恩等人（K. Dion 等，1972）曾用实验证实了晕轮效应的存在。他们让被试看一些人的照片，这些照片上的人有的非常有魅力，有的魅力中等，还有的没有魅力。然后，研究者让被试评定这些人的一些特点，例如职业地位、做父母的能力等。这些特点原本可能与有无魅力是无关的，但评定的结果却显示：有魅力的人得到了最高的评价，无魅力的人得到了最低的评价。

此研究说明，当人们由于认知对象的外表魅力而对其产生了好感或相反的感觉以后，就会据此对认知对象的其他品质或特点进行信息整合，这些其他的信息也就被笼罩上了“好”或“坏”的晕轮。

日常生活中，晕轮效应往往悄无声息而又强有力地影响着我们对客观事物的评价。例如，有的领导对某些员工的穿着打扮或者生活习惯看不顺眼，就把他看得一无是处，相反，喜欢一个人的时候，缺点也会变成优点。

甲乙两个学生在课堂上睡觉，老师看到后批评了同学乙：“你看你，只要一看书就睡觉。你看甲同学多用功，睡觉都在看书。”

提示：这是典型的晕轮效应。同样是两个同学的睡觉行为，老师因为喜欢甲同学，就将此行为看做是优点；不喜欢乙，该行为就成了缺点。

（三）选择性知觉

人们并不是关注周围发生的所有事件，而是进行选择性知觉。因为我们的知觉不可能接受所有刺激，而是只接受其中一些内容。例如，人们更可能注意与自己汽车相同的品牌；有的人因为某事受到上司的指责，而其他人做了同样的事情却未被注意到。一方面，个体的兴趣、态度、经验等显著地影响到对问题的认识和了解；另一方面，任何人、物、事件的突出特点都会提高人们对它进行知觉的可能性。

有研究者进行过一项实验，请23位企业经营人员阅读一份描述某钢厂的组织与活动的综合案例。这23名经营人员中，6人掌管销售工作，5人掌管生产工作，4人掌管财会工作，8人掌管总务工作。让每名管理者都写出在这一案例中自己认为最重要的问题。结果，掌管销售的经营人员中有83%的人认为销售最重要，而其他人中则只有29%的持有同样看法。这说明，在环境中，参与者所感知的方面与他所承担的活动和目标有着明显联系。换言之，当刺激模棱两可时，知觉者更多倾向于受到个体解释基础（如态度、兴趣和背景）的影响，而不是刺激本身的影响。

由于人们不可能接受所有观察到的信息，只能接受零零星星的信息。但这些零散的信息并非随机选择，而是观察者依据自身、背景、经验和态度进行主动选择的。选择性知觉使得我们快速阅读他人，但这同时也冒着信息失真的风险，因为我们看到的是想看到的东西。

（四）刻板印象

刻板印象是指社会上对某一类人或事物所形成的共同的、较固定的、笼统的看法和印象。刻板印象的形成是因为人们会按照预想的方式把人分成若干类型，然后贴上固定的“标签”。

职业、地区、性别、年龄都可以成为刻板印象形成的基础。例如，人们认为北方人豪放、粗犷，南方人精明、细致；年轻人冒失、冲动，老年人稳重、保守。教师是文质彬彬的，商人是精明的，推销员是能说会道的。当人们采用这些较为固定的看法去识别一个具体的人，去对他进行判断、推测和概括的时候，就有可能出现偏差。事实上，并非所有的北方人都是豪爽的，也并非所有的教师都是文质彬彬的。

这种“物以类聚，人以群分”的方法虽然提高了认识效率，但容易形成偏见。在组织管理工作中，我们要尽量避免刻板印象的消极影响。

性别角色刻板印象是指人们对于男人和女人在行为、人格特征等方面的期望、要求和看法。国内学者秦启华和余华（2001）对此有较多研究（见表5-1）。

表5-1　对男人和女人正负刻板印象前五位人格特征形容词排序

排序	对男人的刻板印象				对女人的刻板印象			
	重要的人格特征	百分比%	不应有的人格特征	百分比%	重要的人格特征	百分比%	不应有的人格特征	百分比%
1	有创造力的	78.01	斤斤计较的	18.24	自立的	46.04	见钱眼开的	27.15
2	有幽默感的	61.54	目光短浅的	16.90	善良的	42.71	依赖性强的	20.72
3	自立的	46.39	欺软怕硬的	16.12	贤淑的	36.07	斤斤计较的	18.64
4	乐观的	37.83	优柔寡断的	14.70	温柔的	33.14	自卑的	15.09
5	精干的	31.68	自卑的	14.70	文雅的	32.57	挥霍的	10.72

（五）投射

投射效应就是将自己的感觉、倾向或动机投映到对他人的判断中。也就是用自己的眼光或自己拥有的品质来判断他人。这是一种以己度人的过程。

一般来说，投射效应的表现形式主要有两种：

（1）感情投射，即认为别人的好恶与自己相同，把他人的特性硬纳入自己既定的框框中，按照自己的思维方式加以理解。比如，自己喜欢某一事物，跟他人谈论的话题总是离不开这件事，不管别人是不是感兴趣、能不能听进去。引不起别人共鸣，就认为是别人不给面子，或不理解自己。

（2）认知缺乏客观性，比如，有的人对自己喜欢的人或事越来越喜欢，越看优点越多；对自己不喜欢的人或事越来越讨厌，越看缺点越多。因而表现出过分地赞扬和吹捧自己喜欢的人或事，过分地指责甚至中伤自己所厌恶的人或事。这种认为自己喜欢的人或事是美好的，自己讨厌的人或事是丑恶的，并且把自己的感情投射到这些人或事上进行美化或丑化的心理倾向，失去了人际沟通中认知的客观性，从而导致主观臆断并陷入偏见的泥潭。

投射效应常发生在两种情况下：一是当别人各方面的条件与自己相似时，如年龄、性别、学历等，就会产生一种“试比高低”的冲动或欲望；二是当自己有不称心的事时，就把一些问题转移到别人身上，以求心理平衡。比如有人批评年轻人不该吸烟，有的年轻人就说：你看电影上的大人物叼个烟卷多潇洒！这就是说，大人物还吸烟呢，我这无名小辈有什么不可以的？以此来解脱。

第三节　归因理论

社会知觉和自我知觉都涉及解释行为原因和意义的问题。20 世纪 60 年代以来，许多人致力于探讨行为的因果关系，进行行为原因的归属即归因理论研究。

一、归因的概念

（一）归因的定义

归因就是观察者为了预测和评价人们的行为并对环境和行为加以控制，而对自己或他人的行为过程进行因果解释和推论的过程。它是人们解释和推测自己或他人行为原因的过程。

归因在社会知觉中具有非常重要的作用。（1）归因影响我们对他人根本特征及特质的判断；（2）归因会影响我们对他人行为的评价和预测，从而进一步影响我们对环境及他人行为的控制。

根据归因理论的假设，人是理性的，总是试图识别和理解外界事物及事件的因果结构，从而能采取正确的行动控制环境。可以说，人们无时无刻不在进行归因活动。

（二）归因的内容

归因的内容包括：

（1）因果关系归属。也就是人们对心理活动及行为的原因进行归因。

（2）社会推论问题。就是根据人的行为和外部表现来推测其心理特征和个性差异。

（3）未来行为的预测。就是根据人们过去的行为表现，预测其以后在相关情境中会产生什么行为。

二、归因理论

（一）海德的两归因模式

归因理论的创始人是海德（F. Heider），他于 1958 年提出了归因理论。海德的归因理论是关于人的某种行为与自身动机、目的和价值取向等属性之间是逻辑结合的理论。

海德把行为的原因基本上划分为两大类：内因和外因。内因又称为个人倾向归因，就是主观条件，包括个体的人格、道德、态度、动机、能力、努力程度等；外因又称为情境归因，就是环境因素，包括社会文化、舆论、运气等。

海德还提出了“控制点”的概念，并把人分为“内控型”和“外控型”。内控型的人认为成败是由自身原因造成的；外控型的人则认为成败由外部因素造成。

（二）维纳的成败归因模式

1. 归因维度

心理学家维纳（Weiner）把人的行为归因划分为内外性、稳定性和可控性3个维度（见表5－2）。内外性是指行为的内因和外因，稳定性是指作为行为原因的内外因素是否具有持久性，可控性是指行为原因是否能被行为者所控制。

表5－2　维纳的归因三维分类表

稳定性 / 内外性 / 可控性	内部因素		外部因素	
	稳定	不稳定	稳定	不稳定
可控	持久努力	暂时努力		他人的帮助
不可控	能力、个性	情绪、注意	任务难度	机遇、运气

2. 结论

对成功与失败的原因作不同归因判断，可能产生不同的结果和影响：

如果把成功归结为内部因素（如努力、能力），则可以使人感到满意和自豪；如果把成功归因为外部因素（任务容易、运气好），则会令人感到惊奇和感激。如果把失败归于内因（努力不够、能力不足），会使人产生内疚和无助感；如果把失败归因于外因（任务难度、运气不好），则会让人气愤、产生敌意。

如果把成功归于稳定的因素（任务容易、个人能力强），会提高个体以后工作成功的信心；把成功归于可控因素（努力），则可能提高努力的积极性；把成功归因于不稳定且不可控的因素（运气好），则会使人产生侥幸心理，但对提高积极性作用不大。

如果把失败归因于稳定因素（任务难、能力差），则可能降低以后工作的积极性；把失败归因于不稳定因素（运气不好、努力不够），则可以减少失败带来的挫折感，提高以后工作的积极性。

因此，了解人的归因倾向和规律，正确地进行归因，有助于人们对成功的经验和失败的教训进行合理的分析和总结，从而达到增强自信心、激发努力动机、提高工作积极性的目的。

（三）凯利的三度归因模式

1967 年，美国社会心理学家凯利（H. H. Kelley）提出了三度归因理论（见图 5－12），也称为三维理论。

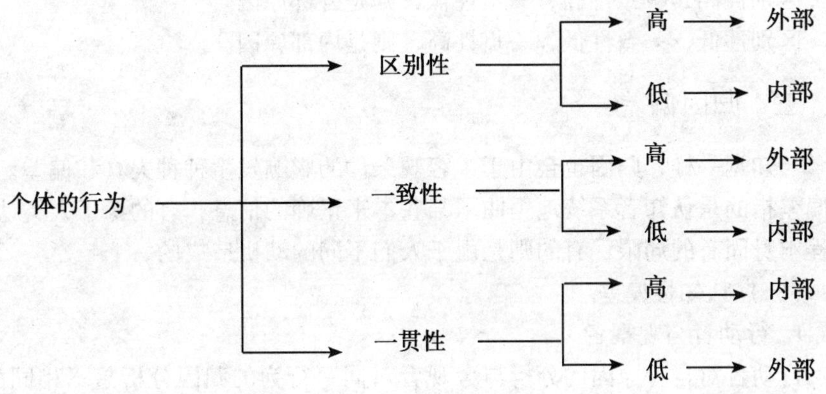

图 5－12　凯利的三度归因模式

1. 行为归因的三要素

凯利认为归因总是涉及三个方面的因素：客观刺激物、行动者、所处的关系或情境。其中，行动者的因素属于内部归因，客观刺激物和所处的关系情境属于外部归因。这三方面要素都是人行为的原因，但仅凭一次观察很难推断，往往需要在类似情境中作多次观察。

2. 归因的三种信息

对上述三个因素的任何一个进行归因都取决于以下三种行为信息：

（1）区别性。此指同一个体的行为是否具有跨情境的一致性。如果个体的行为在不同情境下表现出很大差异，那就说明区别性比较高；反之，则表明区别性低。例如，某员工在某项任务中工作效率很低，那么还要看他完成其他工作任务的效率。如果所有任务的完成效率都很低，那说明行为的区别性低。相反，如果其他任务的效率尚可，那么就说明行为的区别性高。

（2）一致性。此指在同一情境下，不同主体的行为之间是否一致。如果不同主体面对相似情境都有相似反应，那么就说明一致性高。例如，所有的员工在一项任务中表现出的工作效率都很低，那说明该行为具有一致性，相反就是一致性低。

(3) 一贯性。此指个体行为是否具有跨时间的一致性。如果个体的行为在不同的时期表现出一致性，说明一贯性高。例如，某员工以前的工作效率较低，但最近的工作效率较高，那就说明其低效率工作的行为不具有一贯性。

3. 结论

区别性高，一致性高，一贯性低，则是外部原因。

区别性低，一致性低，一贯性高，则是内部原因。

三、归因偏差

与知觉一样，归因也会由于主客观条件的影响发生种种失真和偏差。归因偏差指的是认知者系统地歪曲了某些本来正确的信息，有的源于人类认知过程本身固有的局限，有的则是由于人们不同的动机造成的。

(一) 认知性偏差

1. 行动者与观察者

行动者对自身原因的分析与旁观者对同一行为的归因分析是不相同的，行动者倾向于强调情境的作用，作出情境归因；而观察者倾向于强调行动者特质的作用，作出内部归因。这种差异是导致归因偏差的最重要因素。

例如，某学生考试成绩不好，就学生本人（行动者）来说，他可能以试题太难、范围太广等外在因素来解释考试失败的行为；但就教师（旁观者）来说，他往往以学生不用功、没有做充分的准备，或者素质太差等内在因素来解释这种考试失败的行为。换句话说，对于考试失败，行动者本人所作的归因分析大都是外在的、情境的因素，而一般人对于别人的行为所作的归因分析大都是内在的、个人的因素。导致行动者与观察者归因偏差的原因主要有两种解释。

第一种解释认为，行动者与观察者的着眼点不同。行动者对于自身的行为很难作直接深入的观察，于是，他们的注意力偏重于外在的情境因素；相反，观察者把注意力集中于行动者及其内在因素。第二种解释认为，行动者与观察者的信息来源不同。行动者对自己过去的行为比较了解，他们的反应会因不同的情境而有所差别，这种信息是观察者难以获得的。旁观者由于对行动者过去的行为方式了解较少，于是，他们往往假定行动者当前的行为方式与过去的行为方式是一致的，于是归因于行动者的内在因素。

2. 显著性与获得性

显著性主要指刺激引起注意的特点。例如，一只火烈鸟在一群乌鸦中是显著的。显著性的影响有助于解释行动者与观察者的归因偏差。对于行动者来说，情境是显著的；而对于观察者来说，行动者是显著的。什么东西显著，什么东西就被认为是主要原因。

（二）动机性偏差

1. 归因中的利己主义倾向

归因中的协变性原则被认为是一种符合逻辑模式的归因。但是，有大量的研究证明，人们在对自己的行为进行归因时并不总是按照逻辑来归因，其不符合逻辑的归因表现为利用自我满足的策略来归因。自我满足的策略又由自我夸张和自我保护两种策略组成。在前一种策略下，人们把成功全部归于内部的原因；在后一种策略下，人们把失败全部归于外部的原因。人们自我满足的倾向往往随自我卷入的深浅而不同，自我卷入愈深，自我满足的程度也愈高。人们为什么有自我满足的倾向？有研究者认为，人们对自己成功或失败的真正原因虽有正确认识，但为了使别人对自己产生一个良好的印象，他们只好“往自己脸上贴金”，推卸自己的责任。

归因中的自我保护倾向还表现为自我设阻。例如，运动员在参加重大比赛前，对自己是否能取胜没有充分的把握，怕万一比赛失利，遭受他人的耻笑和轻视。为了避免面对这种不愉快的后果，有些运动员可能采取自我设阻的技巧，如赛前故意受伤，故意与队友、家属和教练发生矛盾、冲突，故意忘记带自己习惯用的运动器械（如球拍等）登场，或是制造其他身心不舒适的症状等。这样做是的目的是为将来万一比赛失利留一条后路，可归罪于这些因素，从而减少个人对行为后果所应负的责任。如果有许多困难存在的情况下，依然能获得好的比赛名次，那么就更能显示个人“功力”的不凡。采取这种自我保护策略的人，虽然可以不必面对自己缺乏某种优良特质的难题，但却会减少成功的可能性。

研究结果表明，体验到成功的人会把成功归因于诸如努力和能力的内部因素；体验到失败的人在归因时常有自我保护的倾向，则会把失败归因于某些情境的因素。在客观地确定成功或失败的条件下，被试倾向于用自我满足的策略来选择归因，但在主观地确定成功或失败的条件下，即被试根据自己所理解的“目标实现的情况”来进行归因，则会把失败同时归于内部的原因和外部的原因，认为一方面是由于自己努力不够，另一方面是裁判不公。只是具有自我满足倾向的人更会把失败归于这两种原因中的外部原因，即认为他们自己没有作出极大的努力是由于某些外部的原因（如裁判不公）所造成的。当被试对自己所理解的成功或失败进行归因时，一般是合乎逻辑地归因的，而不是采用自我满足的策略。

2. 社会比较

社会比较指的是个体就自己的信念、态度、意见等与其他人的信念、态度、意见等作比较。在社会比较的过程中，适当的背景因素是不可或缺的，因为，只有当有关的背景因素相当时，比较出来的结果才有意义。然而，人们出于自尊，往往会选择背景不同的人作比较，以得出合乎己意而有偏差的结论。

【思考题】

(1) 什么是知觉？它有哪些特征？

(2) 影响知觉的因素有哪些？

(3) 什么是社会知觉？它有哪些类型？

(4) 社会知觉的偏差有哪些？请用实例对这些偏差进行说明。

(5) 什么是归因？它的模式有哪些？

(6) 解释归因偏差。

【补充阅读材料】

动动脑筋

一位警察在路边跟一位老人谈话，这时跑过来一个小孩对警察说："你爸爸和我爸爸吵起来了！"老人问："这孩子是你什么人？"警察说："是我儿子。"请回答：这两个吵架的人和警察是什么关系？

调查显示，在100名成人中只有两人能在规定时间内迅速答对！而很多孩子却能很快回答出来。为什么？

第六章　需要与动机

【本章目标】

(1) 了解需要和动机的概念；

(2) 了解动机的功能；

(3) 掌握社会性动机的内容；

(4) 了解动机与工作效率的关系。

【案例】

传递快乐

日本有一项国家级奖项，叫“终生成就奖”。这是一项让人梦寐以求却又高不可攀的至高荣誉。2001年，这个终生成就奖出人意料地颁发给了一个名叫清水龟之助的邮差。

清水龟之助是东京的邮差，也许他的工作不能与高科技领域学者的贡献同日而语，但是在25年的工作中，他从来没有出现过请假、迟到、早退等情况。经他之手的邮件数以亿计，却从未有过一次错误。无论是狂风暴雨还是天寒地冻，甚至是在地震大灾难中，他都能及时准确地把邮件交到收件人手中。

有人问，是什么力量使得清水龟之助将平凡化为伟大？他回答：“是快乐。”是这份工作让他感受到了无穷的快乐。他喜欢看到人们收到远方亲友来信时，流露出来的那种发自内心、快乐欣喜的表情。他发现，自己这份微不足道的工作，竟然能够为千万人带来心灵安慰和精神快乐。正是这种快乐的力量，使得他克服恶劣天气和种种危险境况，成就了伟大的事业。

在企业管理中，位于首位的是如何激发员工的积极性，使其朝着组织既定的前进目标而努力。在心理学中，假设人的一切活动都是为了满足其内在的某种需要，因此，要研究人的需要，掌握、了解个体内在的心理活动规律，从而有效地对企业和个人进行管理，提高人们的积极性，实现并完成组织的既定目标与任务。

第一节　需　　要

一、需要的概念

（一）需要的含义

需要是个体行动的动力基础和源泉，它是个体产生行为的内在动力。需要是个体对某种目标的渴望，并且要求从外界获得某种资源以满足这种欲望的心理状态。其中，既包括对食物、水等基本物质的生理需要，也包括对归属、关爱等社会需要。

人类在社会生活中，最早的需要就是维持生存和延续后代。获得生存的首要前提就是满足生理需要，例如满足饥饿、干渴的需要。而为了发展还必然会产生社会需要，例如通过劳动创造财富、改善生存条件；通过人际交往交流情感，获得友谊、爱情和被人尊重的需要等。可见，需要是自我发展和自我保护的一种心理倾向。

需要是一切行为的起点和动因，它促使人的活动向一定的目标方向努力，通过追求一定的对象满足自身需求。人类在最基本的需要得到满足的前提下，还会不断地产生新的高层次需要。这些不断发展的需要推动了人的行为和发展，更推动着社会的文明和进步。

（二）需要的产生

心理学家的研究表明，需要是个体产生动机的原动力。当人们产生某种需要时，心理便会产生紧张的情绪。这种紧张的心理状态，便会成为个体的一种内在的驱动力，成为满足其需要的动机。当动机形成后，个体便会开始寻找并选择目标，进而形成满足需要的活动。当行为完成时，心理紧张的状态便会因需要的满足而消除。然后，又会产生新的需要，周而复始，不断循环。如图 6－1 所示。

如一个人在路上行走，当他觉得口渴时，便产生了饮水的需要。在饮水前，感到了口渴的难受，便产生了寻找水源的动机。这时，他就会开始对目标进行选择，是选择矿泉水还是选择果汁。当他拿起水杯时，就进入了目标行动。随着水的饮用，需要得到了满足，因口渴而产生的紧张感得以消除。随着时间的递进，他便会产生新的需要，从而进入另一个循环。以上就是从需要的产生到满足的一个基本心理活动过程。

需要是由刺激产生的。刺激可以分为两大类：一类是来自有机体本身的

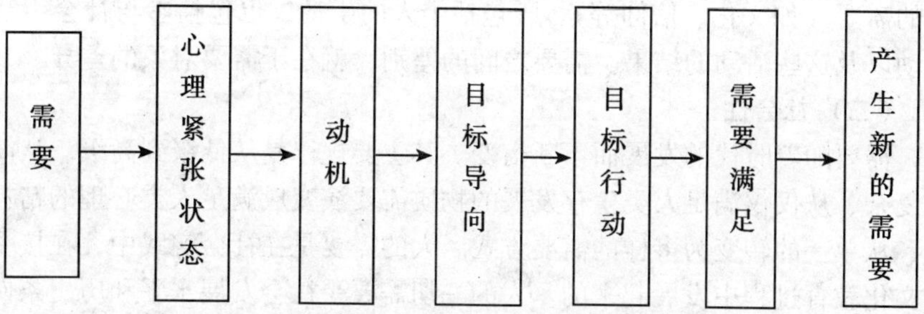

图 6-1　需要的运动过程

刺激，如饥饿、情感等，它是通过内部感受器官感受到的，是人的本能和心理活动的反应。人的思想，特别是想像能使一个人产生欲望，而欲望会使个体产生需要，并促使其付诸行动。二是外部刺激，包括自然和社会的各种事物的刺激。环境是产生需要最强有力的因素。如闻到或看见食物，饥饿的感觉便会产生，从而引起个体对于事物的需要与追求。如图 6-2 所示。

内部刺激是需要产生的基础，它表现为有机体内物质的缺乏，从而使人在意识中产生对相关事物敏锐的感应性；外部刺激是需要产生的条件，它使需要具体化。

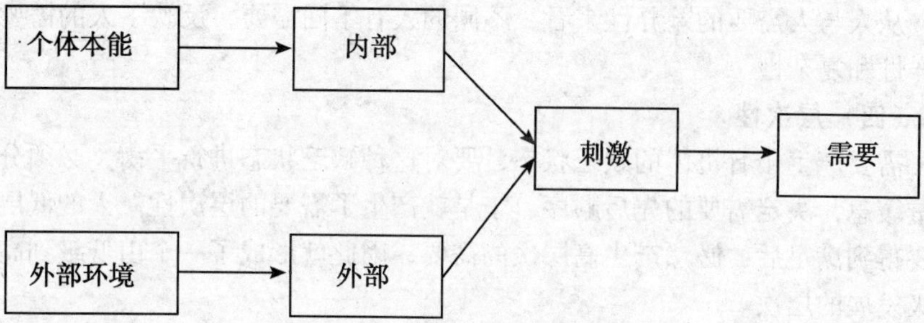

图 6-2　需要的来源

二、需要的特点

需要是产生一切动机的先决条件，具有以下几个特点。

（一）对象性

需要的对象性也称为需要的指向性，是指任何需要都有明确的对象，表现为追求或者回避某一事物的意念。人的需要对象不同于一般生命体（动植物）的需要。除了包括物质的需要外（如食物、服饰等），还包括精神方面的需要（如文化、信仰等），既包括个人的生活，也包括参与社会生活的活动以及这些活动的结果。需要之间的差别，就在于需要对象的差异。

（二）社会性

需要随着时代的发展而不断衍变。其主要规律是从低级到高级、从简单到复杂、从仅仅满足人类生存发展的物质需要演变成满足人类心理的精神需要、从单一的转变为多样的需要方式。人的需要是在社会实践中，在接受人类文化教育过程中发展起来的。人的一切需要受社会发展水平和历史条件的影响。即使是生理需要，也与动物不同，是在社会实践中不断发展的。在经济落后、生活水平低下的时期，人们需要的是温饱；在经济发展、生活水平提高的时期，人们需要的不仅是丰裕的物质生活，同时也开始需要丰富的精神生活。另外，不同阶级属性的人需要也不一样。

（三）多样性

首先，人的需要的种类是多种多样的。从不同角度划分有不同需要。例如，人的需要是多方面的，从大的方面来说，除了拥有满足人类发展所必须的生理需要和物质需要外，还有更为高级的社会需要和精神需要。而在这其中，每一类需要又包括若干种其他的需要。其次，人总是处在一定的社会环境中，个性特征各不相同，因此每个人需要的对象、结构、方式也是不同的。从人与人需要的差异性来看，不同的人有不同需要，反映了人的需要的多样性和复杂性。

（四）层次性

需要产生于有机体的缺乏状态，要对这种缺乏状态进行平衡，必须分清轻重缓急，决定需要的先后顺序，于是就产生了需要的层次性。人的低层次需要得到满足后，必然产生高层次的需要，因此就形成了一个由低级到高级逐级发展的层次。

（五）连续性

根据需要产生的运动过程可知，人的行为就是在不断地满足需要的过程中进行的。随着旧的行为的结束，旧的需要得到满足，又会不断产生新的需要，从而引起新的行为。因此，人的各种需要就是连续不断、周而复始的。

（六）发展性

人的需要不是固定不变的。需要会随着社会的进步和历史的发展而不断地发生变化。旧的需要满足了，就会产生新的需要，并不断循环。需要一般是由低级到高级、由简单到复杂、由物质到精神、由单一到多样、由潜在到显著的变化过程。正是需要的不断变化，才会激发社会文明的进步与发展。

（七）可诱导性

人的需要的产生和发展，与客观现实的刺激有很大关联。社会、政治、经济、文化的变化都会引起需要的转移，使潜在的欲望和需要转变为现实需求，使未来的需要变成现在的需要，使微弱的需要变成强烈的需要。

三、需要的分类

（一）需要的类别

人的需要是多种多样的。按需要的起源，可以分为生理需要和社会需要。按需要的作用，可以分为生存需要、享受需要和发展需要。按需要的性质，可以分为物质需要和精神需要。按需要的社会属性，可以分为权利（力）需要、交际需要和成就需要。按需要的觉醒状态，可以分为现实需要和潜在需要。

1. 按需要的起源划分

按需要的起源，可以分为生理需要和社会需要。生理需要主要是指维持人们日常行为方式而与生俱来的一种需要，是本能的机体需要，如对水、空气、食物、性、睡眠等的需要；社会需要主要是指人们为了参与社会活动、进行社会交往所产生的对客观条件的需要，如友谊，亲情、爱情、威望等，这是人们后天通过社会实践所获得的，是人类的高级需要。

2. 按需要的作用划分

按需要的作用，可以分为生存需要、享受需要和发展需要。生存需要是人类为了维持生存而产生的对基本生活用品的需求，如食物、衣服、住所等；享受需要是指人们不满足于最基本的生存需要，而增添生活情趣的需要，如娱乐、旅游等；发展需要是人类对发展智力、体力、提高个人才能所必须的消费品的追求，如书籍、药品等。

3. 按需要的对象划分

按需要的对象，可以分为物质需要和精神需要。物质需要是指人们对物质对象的欲望和要求，如衣服、食物、住所等；精神需要是指人们对社会精神生活和精神产品的需求，如宗教、信仰、道德、知识等。精神需要是人的高层次的需要。

4. 按需要的社会属性划分

按需要的社会属性，可以分为权利（力）需要、交际需要和成就需要。人对于权利（力）需要的追求是为了满足其各种物质和精神追求，如取得某种职务、可以拥有对人的指挥、对某物的拥有权等。权利（力）需要与人的个体素质和所处的环境密切相关。交际需要是指人们对于友谊、归属、爱情等精神需要的追求。交际需要表现为乐意参加社会活动，希望被某个团体所接受，并成为其中的一员，相互关心、相互照顾等。成就需要是指人为了发挥自己的潜在能力，干一番事业，获得相应成就的欲望和要求。成就需要是一种高层次的需要。教育程度越高的人，往往对于成就需要的要求就越强烈。

5. 按需要的觉醒状态划分

按需要的觉醒状态，可以分为现实需要和潜在需要。现实需要是人眼前必须的、可以意识到的需要；潜在需要则是人们还未完全意识到的、并不急迫的需要。

此外，按照需要对人的行为的作用，可以分为主导性需要和辅助性需要；按照需要的归属性，可以分为个人需要、集体需要和国家需要等。

（二）需要的层次

需要不仅有不同类别，也有一定的层次差别。美国心理学家马斯洛于1943年提出了需要层次论，在一定程度上揭示了人类需要的发展规律。

马斯洛认为，人的行为是由动机驱使的，而动机又是需要引起的。他把人的需要按照发生的先后次序分为5个等级。

1. 生理需要

生理需要是人类为了维持和延续自身生命所必需满足的最基本的需要。例如对衣、食、住、行的需要，以及对空气、阳光、水资源的需要。这些需要如果不能得到满足，人的生命就受到威胁。生理需要是人类最低层次的需要，但也是最原始、最重要的需要。马斯洛认为，只有当最低层次的生理需要得到满足，至少是基本满足时，较高层次的需要才会驱动人的行为。

2. 安全需要

安全需要是人类在社会生活中希望自己的身体和精神不受威胁、避免伤害、能确保其安全的需要。例如，人都希望身体健康，并避免失业，希望有一份稳定的工作等，这都属于安全需要。安全需要是比生理需要更高一级的需要。

3. 社会需要

社会需要是人们希望给予他人爱和感情，并渴望得到他人或者社会团体的爱、尊重与接纳的需要。社会需要也包括参与社会交往，寻求同伴关系，得到友谊、关怀、爱护和归属感的需要。显然，社会需要比生理需要和安全需要更加深入持久。

4. 尊重需要

尊重需要是人希望在社会生活中有稳定的社会地位和表现机会，希望个人能力和成就得到他人与社会认可的需要。尊重需要使人充满信心并体会到自身价值。尊重需要可以分为内部尊重需要与外部尊重因素：内部尊重需要包括自尊、自主和成就感；外部尊重因素包括地位、认可和关注。

5. 自我实现需要

自我实现需要是个人实现理想、发挥个人能力与极限的需要。它是使个体成为他希望成为的人的内驱力。

马斯洛进一步分析了这5种需要之间的关系：

（1）生理需要和安全需要属于低层次的需要；社会需要、尊重需要和自我实现需要属于高层次需要。

（2）人类的5种需要相互联系，像一个阶梯，从低级需要发展到高级需要。只有低层次的需要得到满足后，人才会开始追求新一个高层次的需要。

（3）当某个层次的需要得到满足后，它就不再起主要作用。人会去追求更高层次的需要。

四、需要的满足与管理

在企业组织管理中，了解、把握员工需要的内容与特点，便可以准确地、主动地了解员工的需要。从员工的需要入手，有效地调动员工的积极性、创造性，提高他们的工作绩效，为组织实现目标。

作为一个管理者，可以从了解员工需要产生的起因、特点、类别以及层次这四方面来准确地、主动地开展管理工作，满足员工的需要，提高他们的工作效率。

（一）发现或了解人的需要

满足职工的需要，必须了解职工的个人需要。（1）职工需要的有无。只有对方存在需要，才能满足其需要。人总是有需要的，只不过需要各自差异。因此，要善于发现职工的需要。这就要求管理者注意调查研究，在调查的基础上对需要进行综合分析。（2）了解其需要的强弱程度。人的需要是多样的，而不同需要的强弱程度不同，满足强弱程度不同的需要，产生的效果不同。需要程度越强，产生的激励效果越好，反之，激励效果越差。（3）职工的回报能力。组织不提供免费午餐，满足其需要而不图报答是慈善活动而不是组织管理行为。反过来说，一个人的能力大小特别是他对组织的作用，往往决定他在组织中能够满足需要的程度。（4）职工的回报意愿。刺激不仅来自需要的有无和强弱，而且决定于人的道德观念，有的人是滴水之恩当涌泉相报，而有的人忘恩负义、以怨报德。

（二）措施适当

了解职工的真实需要，就要针对不同层次、不同类型的需要，采取不同的方法来解决。获得金钱是人进入组织的最基本目的。管理者必须针对不同类型、不同层次的人的需要特点，采取不同的解决办法。

赏是满足需要的最基本的手段，是满足其需要以鼓励其行为；罚是不满足其需要或将其不需要的事物强加于他，促使其改变行为。进行赏罚时，必须明确以下几点：

（1）谁去赏罚，即赏罚权的归属；

（2）有赏必有罚，不能只赏不罚；

（3）赏罚的原则，要根据效率与公平选择赏还是罚，而不能以其他标准进行赏罚；

（4）赏罚什么？要根据对方需要选择赏罚内容；

（5）赏罚的关键是明确目的，赏罚不是目的而是实现组织目标的手段。

（三）制造需要

制造需要的理论依据是，外部刺激能够引起人的内心不平衡，而需要是对这种不平衡的反应，因此，管理者可以通过各种手段和措施制造事件，最后刺激职工的需要。

（四）满足需要的途径

一是间接满足。它是不通过工作本身来获得，而是在工作以后由其他方式获得的。二是直接满足，即职务之内需要的满足。它是在进行工作时，由工作及工作环境本身所带来的满足。

（五）满足员工需要的方法

人的需要是复杂的、多方面的。因此，要解决好员工的需要，并不是一件简单的事。在采取行动前，管理者可以先从调查入手。职工的需要是多种多样的。但有些是合理的，有些却不符合组织的要求。因此，管理者在作决定前，需要进行大量的调研。并在大量的数据基础上，进行有效分析。如图6-3所示。

上海某厂结合本厂实际，针对不同层次需要，采取不同措施，取得了显著成效。下面就是一些具体的事例。

事例1，满足职工的“生理需要”，健全厂的福利制度。该厂领导发现，

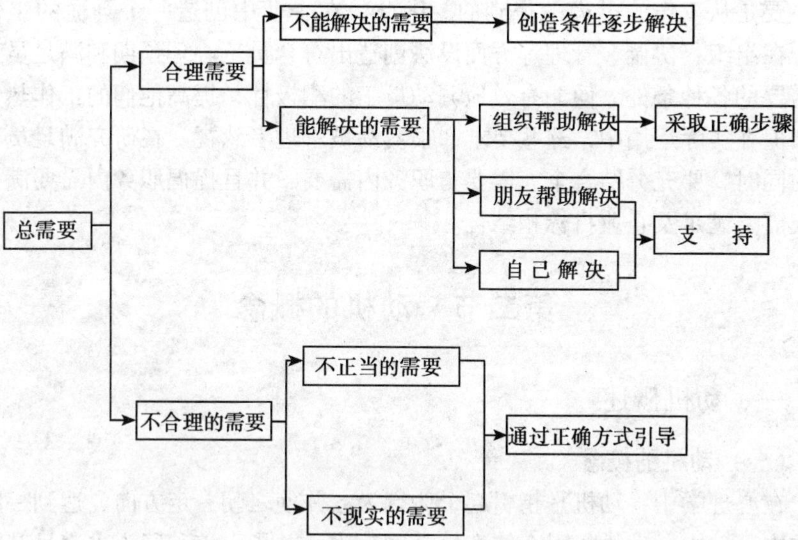

图6－3 满足员工需要的方法

不少工人在下午三四点钟“摇手柄”摇得慢了。仔细观察之后，发现有个规律。经领导研究，原来是在这段时间里，工人们普遍反映，他们的肚子已经在唱空城计了。这是血糖的减少所引起的正常的需要现象。为此，厂里规定，在这段时间里，食堂每天都送点心来给工人们。这个规定让工人们喜出望外，摇手柄摇得越来越快，使工厂超额完成了任务。

事例2，满足安全需要。该厂工人担心受人欺负，遇到抢劫等事件。为此，厂里对值夜班的女工的安全作了保障。一旦本厂有职工受到欺负，厂里一定出面帮忙伸张正义。为此，全厂职工都感到在厂里有了安全的保障。

事例3，满足社会需要。为了使职工具有归属感，培养集体意识，该厂根据员工的喜好，组织了“青年服务小组”，受到员工的热烈欢迎。

事例4，满足尊重需要。工人希望领导关心自己，看到自己的成果，承认自己的贡献，因此，该厂领导采取“大会认可”“个别认可”“间接认可”“家庭认可”等不同的方式加以满足。这样无形中强化了职工的劳动成果。

事例5，满足成就需要。为了满足职工的成就需要，该厂设置各种专业进修班，使人人求上进。这些活动造就了一批过硬的优秀专业队伍。

根据需要理论，满足需要主要有两种方式：直接满足与间接满足。直接满足，也称职务内满足，是一个人在其工作的同时得到的某种满足。这种满足主要是从工作的过程中得到的。因此，在企业中创造一个舒适的工作环境，在组织、协调、管理等方面设法创造出符合员工心理预期和满足员工各种需要的各种条件，便能有效地调动员工的积极性，提高他们的工作热情。

但在实际运用中，这些要求却很容易被管理者忽视。在研究满足员工需要的同时，要充分结合个人需要与职务内需要，并且提倡职务内需要满足与个人需要满足及企业目标相结合。

第二节　动机的概念

一、动机概述

（一）动机的概念

在心理学中，动机是指引起个体行为，并使之朝一定方向、达到一定目标的内部动力。动机指引个体产生某些行为，并指引该种行为去满足其内在需要。

（二）动机的产生

动机是个体产生行为的原因。在相同的追求下，动机的差异会对其行为所产生的结果带来很大的差异。

动机的产生主要源于两个方面：一个是内在条件，即需要；一个是外在的条件，即诱因。内在条件是个体内在缺乏某种事物，以满足其内在的需要为目的而产生的动机。这种内在的需要，既包括个体生存最基本的物质需要，如水、食物等，也包括社会发展过程中产生的精神需要，如爱情、亲情等。当个体缺乏某种需要时，身心便会失去平衡，产生紧张的情绪。此时，便会产生满足缺乏需要的动机。

而外在的条件主要是指个人身外的诱因，如广告、环境等。这些都是由于外在的刺激所产生的动机。

二、动机的特点

个体的需要是动机形成的最主要的原因。只有的个体的需要成为主观愿望时，才会变成真正的动机，并成为推动其实际活动的巨大力量。因此，动机的形成具有以下几个特点。

（一）内隐性

个人的动机是一种主观状态，并受主体意识的制约，因此，动机往往具有内隐性、过渡层、表露层等多层次结构。内隐性是指个体产生需要的内心真正起因。过渡层是指主体为了满足其内心产生的需要，而间接表现出的动机。表露层是指希望达到某种目的的直接动机。

（二）复杂性

复杂性主要表现在：

（1）个体所产生的行为，往往受多种动机所支配；

（2）影响个体行为的真正动机与其明确意识到的动机未必是一致的；

（3）个体的动机与行为并不完全是一一对应的：同一动机可以产生不同的行为，而同一行为也往往可以由不同的动机所引起；

（4）个体口头表示的动机，往往与其真实的动机不一致。

（三）目的性

动机是推动人达到目的的心理活动。当个体产生新的需要动机时，心理上往往也会随之而产生一种紧张性。这种紧张性也就会成为推动个体去满足其需要的一种推动力。通过谋略上的深思熟虑的筹划，个体可能会选择不同的方式去行动。但最终的目的都是实现内心的需要动机。

（四）选择性

动机的选择性表现在两方面：（1）个体可能同时产生很多动机，但真正推动人行为的是优势动机，因此行为具有明显的选择性。无论动机隐藏得多深，我们都可以通过他的言行辩证分析，发现真正的动机。（2）动机在行为过程中可以自我调节。动机的选择性直接影响着个体行为目标的实现程度。

（五）强度和理论特征

个体会有多种动机，但这些动机的强度各不相同，强度较高的优势动机往往决定着行为的目标。而动机的强度使动机具有的能量和持续性。能量就是形成某一动机的内驱力的大小；持续性是动机开始行动后，持续采取某行动方式实现动机的行为目标。

三、动机的功能

动机的功能是激发、引导、维持和调整行为实现目标。

（一）激发功能

动机是行为的引擎，人的各种活动都有特定的动机。个体在需要引起的心理状态下，会产生一种驱力。在实际行为中，引发行为的一般都是主导动机。如人在饥饿状态下会产生觅食动机，假若他正在工作，没到下班时间，主导动机是工作，这时就不一定会立即发生觅食行为，而是工作行为。一旦下班，饥饿感和觅食动机又会成为主导动机。

（二）导向功能

动机是行为的方向盘，它能使人的行为朝着特定的方向前进。

人类行为的心理过程一般分为两个阶段，即采取决定阶段和执行决定阶段。采取决定阶段是整个行为过程的重要的、不可或缺的开端。这一阶段的主要内容是选择行为目标，决定行为方向，规定行为轨道。执行决定阶段是行为的完成阶段，在这个阶段里，人的主观愿望转化为客观结果。人的各种需要得到极大的满足。

人的行为都是由动机驱动并指向一定目标的。在简单的行为活动中，要确定行为的目标并不复杂，也不困难。但是在同时存在多种动机，特别是当几种需要都为人们所渴求，几种目标对人都具有重要意义的情况下，各种动机之间就会发生矛盾、斗争和冲突。为了确定行为方向的目标，就需要进行选择。在作出决策时，人往往会举棋不定、左右为难。

一般来说，动机的矛盾冲突分为两种：非原则性的矛盾和原则性的矛盾。非原则性的矛盾，不会也不必引起激励而持久的斗争。例如，周末晚上是看电影还是去跳舞？在决定行动目标之前，也有动机的斗争，但这种斗争仅是个人兴趣之间的斗争，随意选择一种即可。但是，有时候动机的矛盾和斗争则是原则性的。在作出行为目标选择之前，必须深思熟虑，绝不能贸然选择。

（三）强化功能

强化功能是指动机能够对行为进行调节，既可以加强行为，又可以制止行为。加强是指推动人们去继续从事到达预定目标所需要的行动，制止则是终止不符合预定目标的行动。在行为的执行阶段，动机的强化作用更为明显。这是因为：（1）执行决定过程中，与既定目标不符的各种动机还可能在思想上重新出现，引诱人的行动脱离既定轨道；（2）执行决定过程中，要求克服人的个性中原有的消极；（3）在既定目标未完成之时，还可能产生新的动机；（4）新的目标的出现会在心理上同既定目标发生竞争，从而干扰行动的完成。所有这些因素，都会妨碍既定目标的实现，都要求动机起到强化作用。

行为的结果对动机具有很大的影响。良好的行为结果会使该动机得到加强，表现为对行为的坚持。不良的行为结果会使该动机削弱，也会使这种行为减少至不再出现。这两种情况都是强化作用。前者称为正强化，后者称为负强化。

（四）调整功能

动机是行为的变速器。个体不仅为行为提供动力和方向，还能对行为进行控制和调整。例如，一个学习动机较强的学生，如果现阶段活动与动机目标之间出现了偏差，他的学习动机就会自发地调整现有行为，使个体能够朝着既定目标前进。

四、动机的分类

（一）动机的一般分类

1. 生理性动机和社会性动机

按动机的性质划分，人的动机分为生理性动机和社会性动机。

生理性动机又叫做物质性动机，是个体为满足生理、本能需要而产生的动机。这种动机是有机体与生俱来的，具有原始性、自发性。社会性动机又叫做精神性动机，是由社会物质、精神生活需要而引起的动机。它是人在一定的社会、文化背景下成长生活后获得的需要，它以人的社会需要、尊重需要和成就需要为基础。例如，权力动机、成就动机、审美动机等。相对而言，社会性动机是后天获得的，其产生的力量也大大超过了生理性动机。

2. 外部动机和内部动机

按动机的来源可分为内部动机和外部动机。

内部动机是指行为的动机来自行为本身，是由内在心理因素转化而来的动机。例如，学习兴趣、求知欲、责任感、成就感等都是内部动机。这些心理因素在一定条件下可成为推动员工积极活动的内部力量。外部动机是指由主体以外的刺激所引起的动机，是由外在力量激发而来的。例如，薪酬、职位、人际关系等是外部动机。相对而言，内部动机更能推动人的行为。

3. 主导动机和辅助动机

根据动机在活动中所起作用的大小，可以把动机分为主导动机和辅助动机。

主导动机是指动机体系中对个体行为起调节和支配作用的动机。它是个体最强烈、最稳定的动机，对行为有决定意义，有更大的激励作用。而对个体行为没有决定意义，只有辅助作用的动机叫做辅助动机。例如，员工努力工作的动机可能是为了实现组织目标贡献力量、引起领导器重、争取较高薪酬等。其中，主导动机可能是高薪酬，其余则是辅助动机。在行为发生过程中，主导动机的作用最大，支配着行为的方向和强度，而辅助动机也有一定的作用，也对行为有一些影响。

（二）社会性动机

1. 成就动机

成就动机是驱动个体在社会活动特定领域力求获得成功、取得成就的内部力量。表现在行为上，就是个体努力追求自己认为有价值的、重要的社会或生活目标。

成就动机是后天获得的，不是与生俱来的。这是一种具有社会意义的发展性动机，而且必然与特定的社会目标相联系。可以说，个体追求的目标离低级需要或兴趣越远、社会性越强、社会价值越高，就越具有成就动机的性质。而且，成就动机是在后天的社会生活中获得，不同个体有不同的生活环境和道路，因此成就动机是因人而异的。

美国哈佛大学心理学家大卫·麦克莱兰（D. C. McClelland）按照成就动机的特点，把人分为两种：追求成功的人和避免失败的人。追求成功的人对成功感到骄傲，而对失败并不感到羞愧；避免失败的人则对失败感到无地自容，对成功则不感到骄傲。究其原因，是由于他们选择了不同的目标。追求成功的人往往选择中等难度的任务，勇于接受挑战，对自己的行为结果负责；避免失败的人选择的任务不是太难就是过易，太难的任务失败则可以推卸责任，过易的任务则可以避免失败。

成就动机对个人的发展具有重要意义。在智商大体相同的情况下，成就动机高的人比成就动机低的人得到成功的可能性高。此外，成就动机水平的高低还影响人们的职业选择。成就水平高的个体在选择职业时比较现实，能从自身水平出发，选定一个比较实际的职业目标。而且，成就动机高的个体对自己的职业有更积极的评价。

2. 权力动机

权力动机是人们支配和影响周围环境的内驱力。权力动机使人们表现出积极主动的参与精神，并有成为某一群体领导者的愿望。高权力者经常表现为对社会事业的浓厚兴趣，积极寻求影响他人的方式。例如，高成就动机的人在和别人谈话时试图以自己的观点来说服别人，希望在群体中处于领导地位，而且在日常生活中相对比较健谈和好争论。

权力动机与组织行为的关系很紧密。麦克莱兰认为权力动机有两种不同表现形式：第一种，有的个体会运用个人支配、生理侵犯和非法利用来表现权力动机，他们用胜败的观点看待各种情境。然而，麦克莱兰认为这种权力行为不能带来所想要的领导方式。第二种，有的个体关注说服力和人际影响力。他试图唤起他想要施加影响的人的自信心，例如，澄清组织目标、说服大家实现该目标，并努力使成员产生自信心等。麦克莱兰认为这种权力动机表现是一个有效管理者所应具备的特征。这种管理者能够为组织带来创新、变革，实现组织的目标。

3. 亲和动机

亲和动机是指个体对于建立并保持良好的人际关系、受欢迎和与他人融洽相处的关注。高亲和动机的个体能表现出强烈的与人友好相处的愿望，希望自己能够被周围的人接受和认可，愿意参加人际交往。这些高亲和动机的个体往往在团队中起到重要的调和作用。相反，亲和动机中等或低的人更可能对长时间的独自工作、学习感到自在。

亲和动机是个体保持社会交往以及人际关系融洽的重要条件，与组织行为密切相关。麦克莱兰认为，亲和动机也要适度，因为过强的亲和动机可能会影响管理绩效，管理者主观上过分关心下属，就很难作出令人不快但必要的决策。

4. 工作动机

工作动机是一系列能够激发与工作绩效相关的行为，并决定这些行为的方式、方向、强度和持续时间的内部与外部力量。工作动机是工作激励的心理基础，它是一种内在的、假设的结构。

早期的工作动机认为，人是为了收入、报酬等物质利益而工作。但是，后来的研究认为，物质利益并非工作动机中最重要的因素，寻求归属感、满足自尊、追求自我实现等也是工作动机的来源。

工作动机是一种复杂又重要的社会性动机，它是人们不辞辛苦勤奋工作的强大动力。要做好企业的激励工作，关键就是激发员工的工作动机。

五、个人动机的影响因素

动机会影响个体活动的性质和水平。当个体在进行相同工作、追求相同目标时，动机的差异将会影响其行为和最终结果。因此，研究个人动机影响因素，能帮助企业更好地激发员工的工作热情。

（一）兴趣

兴趣是影响个体行为动机比较主要的一个因素。如果有几种不同的方式可以满足个体的需要，那么，在这其中，兴趣将会成为影响他选择目标时的一个重要因素。同样是满足个体最基本的生存需要的食物，有些人喜欢中餐，有些人喜欢西餐，这就是由不同的兴趣爱好所导致的差异。

（二）理想和价值观

不同的理想与价值观，对于个体的目标选择是不同的。有的人以追求真理为目标，有的人以物质享受为目标，有的人以追求理想为目标，有的人以为社会奉献为目标。研究表明，一个人价值体系的形成，不仅受家庭因素的影响，同时，也受社会环境因素的影响。

（三）成就与信念

成就与信念，是个体将自己的工作达到某种高度的心理需求。个人成就的高低，主要取决于两个方面——内在因素和外在因素。内在因素主要是指个体对自己的要求、期望值以及过去的成败经验。当过去从事的某件事经常成功时，他所获得的成就感自然就会降低。外在因素是指社会、家庭、环境所造成的影响。若整个环境都指向比较高的要求，个人所需付出的努力也会随着相应提升。

六、动机与行为效率

（一）动机与行为的一般关系

一般来说，人的行为总是由一定的动机引起的，或者说，动机总是要表现为某种行为。但是，动机和行为之间的关系却比较复杂。

（1）有动机未必有行为。行为的发生还需要其他因素，如需求程度、行为合理性权衡、外界客观条件等。

（2）相同动机可能表现为不同行为。在成就动机的驱使下，个体会表现出一系列行为，如努力工作、接受挑战性任务、勇于冒风险等。

（3）相同行为可能由不同动机引起。员工努力工作的行为可能是由高收入、高社会地位等外部动机引起的，也可能是由内心责任感等内部动力驱动的。

（二）动机与工作效率

心理学家耶克斯和多德森（Yerkes & Dodson）对动机和效率的关系进行了研究，其研究结果如图 6－4 所示。

各种活动都存在一个最佳的动机水平。动机过强或者动机不足，都会使工作效率下降。而且，动机的最佳水平会随着任务难度和性质的不同而不同。在完成比较容易的任务过程中，工作效率随着动机水平的提高而上升，总体上需要的最佳动机水平比较高；在完成难度适中的任务过程中，中等水平的动机可以使工作效率最高；随着任务难度的增加，所需要的动机水平有逐渐下降的趋势。也就是说，在困难和复杂的任务上，较低的动机水平反而

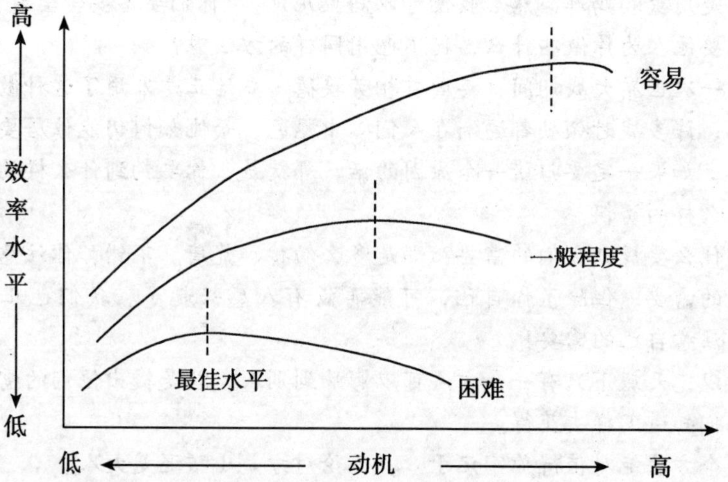

图6－4　耶克斯—多德森定律

有利于任务的完成。这就是著名的耶克斯—多德森定律。

按照这个定律，管理者要在管理实践中根据任务难度水平和复杂程度适当地调整员工动机水平，尤其是在面对难度高、要求高，或者心智技能复杂的任务时，反而要适度降低员工的动机水平。

【思考题】

(1) 什么是需要，它的特点是什么？
(2) 需要的层次有哪些？
(3) 管理者如何管理员工的需要？
(4) 什么是动机，它的特点是什么？
(5) 动机有哪些功能？
(6) 社会性动机的种类有哪些？
(7) 简述耶克斯—多德森定律及其对管理的启示。

【课后案例分析与探讨】

他人的需要

夏天的时候，我常到缅因州一带去钓鱼。我个人很喜欢吃鲜奶油草莓，但是，因为某种奇怪的缘由，我发现鱼只爱吃虫，所以，当我钓鱼的时候，我想的不是自己要吃什么，而是鱼儿要吃什么。我们不用鲜奶油草莓当诱饵，而是用虫和蚂蚱，然后我便可以向鱼儿说：“你们要不要尝尝看?”

想要他人为你做些什么，何不也用同样的方法呢?

第一次世界大战期间，英国首相劳埃德·乔治正是采用了这种做法。有人问他，许多战时领袖都逐渐在人们心中褪色，而他如何仍能位居要位?乔治回答，如果一定要归诸一个原因的话，那就是，你要钓到什么样的鱼，就要用什么样的诱饵。

为什么要提到我们的需要?那是多么幼稚、荒唐。不错，你注意的当然是自身的需要，但除了你自己，可能再没有人感兴趣了。我们也正和你一样，只注意自己的需要!

所以，天底下只有一个方法可以影响到别人，就是提出他们的需要，并且让他们知道怎样去获得。

这个方法绝对值得你牢记于心，无论对方是小孩还是大人。

有一天，艾默生的儿子想要把一头小牛弄进仓库里。他们犯了只想到自己的需要的错误。艾默生用力推，儿子用力拉。但是，那头小牛也正好和他们一样，只想到自己的需要，所以拒绝往前进。有个爱尔兰夫人见了，虽然她不会写什么文章，却比艾默生更懂得“牛性”。她把自己母性的指头放进小牛嘴里，一面让它吸吮，一面轻轻地把它推进仓库里。

明天，你也许会要求某人做某事。记住，在你开口之前，先停下来问你自己：“我怎么样才可以让这个人想去做这件事?”

【问题】

1）这个案例说明什么?

2）结合管理活动和自己的生活实际，谈谈满足人的需求的重要性。

【分析提示】

管理者要想笼络人心，了解人的需要，并设法满足人们的需求，是很必要的。水深才能养住鱼。

第七章 激励行为

【本章目标】

(1) 了解激励的概念；

(2) 掌握各种内容型激励理论及其现实应用；

(3) 掌握各种过程型激励理论及其现实应用；

(4) 了解行为改造型激励理论及其现实应用。

【案例】

我国古代最早的军歌

春秋时期，一个叫做山戎的少数民族国家，地险兵强，屡次侵犯齐国。齐桓公任命管仲为军师，亲自率兵攻打山戎国。

一次行军途中，齐国大军途经一段崎岖山路，这段山路怪石林立，竹菁塞路。不仅车辆难行，连士兵也疲惫不堪。就在这个艰难的时刻，管仲制作了《上山歌》和《下山歌》，教会士兵并让他们反复吟唱。此时，军歌嘹亮，士兵们士气大增。不仅车轮运转如飞，军队也气势如虹。齐桓公和管仲一起登上山顶观看。

齐桓公感叹道："寡人今日方知军歌可鼓舞士气，为何?"

管仲回答："疲劳过度使人伤神，而快乐使人忘却疲劳。"

此后，军队加速前进，而且还打了胜仗。这是我国古代最早的用于鼓舞士气的激励理论典型案例。

激励是企业管理中一个重要的问题，是整个管理心理学中的核心问题。企业的领导者与管理者要充分了解员工的工作行为与需要，并通过激励的手法，调动员工的工作积极性，最大限度地利用人力资源，以实现企业的目标。

第一节 激励概述

一、激励的概念

激励就是激发鼓励的意思。它是通过外在或内在的刺激使个体达到兴奋的状态。在组织行为学中，激励是指组织设立一个既定目标，来激发员工的内在动力，通过高水平的努力，朝着期望目标奋斗的心理活动过程。激励被认为是调动人内在积极性、主动性和创造性的一个重要方法。

研究表明，激励行为对个体是否有效，主要取决于该种行为是否能满足被激励者内心的需要与期望，从而产生为之奋斗的动机。个体被激励的强弱程度，会直接导致最终的结果。动机的强弱，或称积极性的高低，是内在的心理活动，不是固定不变的。这种积极性只能通过观察个体的行为和工作绩效来判断。

二、激励的作用

在传统的管理中，激励的作用没有得到足够的认识和利用。而随着时代的发展，激励越来越受到重视，人力资源逐渐成为各大企业最为宝贵的资源。激励作为组织管理的重要职能之一，对于实现组织目标、提高工作效率、发挥员工潜能具有十分重要的作用。

（一）激励是管理者的基本职能

组织管理者要充分利用人力、物力、财力等一切可用资源，提高组织的工作效率，增加企业经济效益。激励方法的运用，可以最大限度地提高员工的工作积极性和创造性。在日常工作中，管理者要密切关注员工的日常行为，了解员工的内心需求，并通过适当的激励方式，不断激发和调动员工的工作热情，来为组织创造更多的经济效益，帮助企业实现既定目标。

（二）激励能充分挖掘人的内在潜能

美国心理学家威廉·詹姆斯教授研究发现，按时计酬的分配制度只能让员工发挥20% ~30% 的能力，而如果充分激励他们，员工的工作效率便能提升到80% ~90% 。这一研究表明，员工未被激励前与被激励后，其为企业创造的价值和个人表现出来的业绩相差3 倍。因此，管理者通过激励的方法可以激发出员工的潜在能力，如果能结合其他的管理方法，便可以不断提高企业自身的竞争力，为企业创造更多的价值。

（三）激励能调动员工工作积极性，激发员工热情

在竞争日益加剧的今天，企业的比拼，逐渐从技术的较量转变成人才的较量。企业为了生存，为了更好地持续发展，需要不断引进更为优秀的人才，提升管理技巧，通过管理与激励相结合的管理方法，最大限度地激发员工的工作热情，提升企业的自身价值。

在企业中，员工表现可以被分为3个层次：好、中、差。好，即表现最为优秀的，为公司创造最大价值的人才。在一家企业中，这类人才比例约占企业全体员工的20%。差，即为那些未能圆满完成企业既定目标，无法体现其价值的后10%的员工。而剩下的70%的员工，即所谓的中。企业管理者需要对这3类人使用不同的激励手段，来使表现好的人继续保持。表现普通的人，通过激励，逐步成为表现优秀的人，为企业更多的创造价值，为其制定的目标而努力。

通用电气

通用电气前任总裁杰克·韦尔奇先生在其任职时，运用了一套"20、70、10"的评定机制来为公司的员工进行绩效考核。"20、70、10"分别代表企业最优秀的前20%的人才，企业70%的中坚力量以及处在末尾的10%的员工。通用电气每年业绩考评占前20%的员工都会有机会参加公司一年一度的年度大会。这个年度表彰大会，除了会对他们一年以来的优异表现进行表彰外，还会通过向与会者发放公司股票的形式，来对其一年来为公司创造的价值进行肯定。因此，有了对这些前20%优秀员工的激励，就会激发出剩余员工的工作热情，调动其对工作的热情。

（四）激励能提高员工工作效率和绩效

研究表明，单个个体的工作绩效水平，不仅取决于其工作能力大小的表现，还取决于该企业管理者的激励水平，即：

$$工作绩效 = 能力 \times 机会 \times 激励$$

如公式所示，企业进行绩效评定时，能力始终会占据主导地位，是其基本保障。当个体能力相当时，激励和表现机会使其能力得到充分发挥。

如果激励制度能考虑到员工的创造性、革新精神和主动性，会对工作绩效发挥很大作用。

丰田公司的合理化建议

日本丰田公司采取合理化建议奖（包括物质奖和荣誉奖）的办法鼓励职工提建议。不管这些建议是否被采纳，均会受到奖励和尊重。如果建议被采纳，并取得经济效益，那么得到的将更多。结果该公司职工仅一年内就提出165万条建设性建议，平均每人提31条。它所带来的利润为900亿日元，相当于该公司全年的18%。激励全体职工的创造性和革新精神，对于加速中国的现代化建设将能起到非常重要的作用。

（五）良好的激励模式可以吸引更多的优秀人才

成功的企业，除了拥有良好的管理、清晰的企业文化以及成功的营利模式外，吸引更多的企业所需要的优秀人才，也成为其中不可或缺的一部分。而在这其中，企业管理者通过合适的激励方式，对于吸引那些有才华、有能力、符合企业要求的人才来说，起着十分重要的作用。

从世界范围来看，美国无疑是最重视这一点的国家。美国从世界各地吸引人才来为他们服务。这也就是美国之所以在许多高新科技、高附加值领域方面保持领先的重要原因之一。在美国，专家、学者以及科学家享有十分高的社会地位，为世人所尊敬。同时，美国政府也不惜支付高昂的酬金、创造优越的工作环境等来吸引、留住人才。

IBM公司

IBM作为一家跨国的大型企业，在其企业制度中，设立了许多十分有效的激励方法来吸引、留住人才。如员工每人只交3美元的入会费，就能带家属到当地乡村俱乐部享受舒适假期；提供养老金，人寿保险等优厚的医疗保健待遇；让员工到公司筹办的各类学校和培训中心学习各种知识，以提升其自身价值；同时，公司还帮助那些欲重返课堂的员工减免部分学费。

（六）正确的激励方式，可以在组织中创造一个良好的竞争氛围

麦格雷戈曾经说过：“个人与个人之间的竞争，才是激励的主要来源。”正确的激励方式，可以在组织内部创造一个良性的竞争氛围。在具有竞争氛围的环境中，组织内部便会感受到相互间的竞争压力。这样，便会在无形间敦促员工去更努力地工作。

三、激励的方式

激励的方式主要有外在激励和内在激励两种。外在激励方式能够在短时间内显著提高员工的工作积极性，但是效果不能持久，有时甚至会影响员工的积极性；内在激励方式则需要较长的时间，但是一旦发挥作用，就可以在很长一段时间内提高员工工作积极性。

（一）目标激励

目标激励就是设置适当目标来激发人的动机，从而达到调动积极性的目的。每个人都有取得成就和相应报酬的需求，管理者应当建立适当的目标，发挥目标的激励挑战作用，从而调动员工积极性。

（二）奖惩激励

奖惩激励就是奖励和惩罚相结合。奖励是对个体的某种行为予以肯定，使个体继续保持该行为的方法。如果奖励得当，就能进一步调动个体的积极性。惩罚则是对个体的某种行为予以否定，使个体消除该种行为。惩罚不仅能消除个体的不良行为，还能将消极因素化为积极因素。

（三）考评激励

考评就是各级组织对成员的工作及各方面表现进行评定。通过考核和评比，能及时反馈职工成绩，指出他们的不足和努力方向，从而激发员工的积极性、主动性和创造性。

（四）竞赛与评比激励

竞赛在组织中是客观存在的。如果能够给予正确引导，竞赛以及竞赛的评比激励能够显著调动员工积极性。

竞赛与评比对动机更具激发作用，使员工处于活跃状态；竞赛与评比能够增强员工凝聚力，明确组织目标，提高工作效率；竞赛与评比还能增强人的智力，使个体的感知敏锐准确、注意力集中，还能使人的记忆力增强、想像力丰富、思维更敏捷；竞赛还能调动员工的非智力因素，促使员工积极性提高；团体竞赛评比还能够缓和团体矛盾。

（五）领导行为激励

所谓领导行为激励，就是指领导者的行为通过榜样作用、暗示作用、模仿作用等心理机制，激发员工的动机，从而调动员工积极性。领导者的良好行为本身就是无声的命令，能够有力激发下属的积极性。当然，权威是暗示的重要心理条件。领导者良好的行为具有权威性，因此会使下属受到影响。

（六）榜样的激励

在组织中，个别员工的榜样作用能够激励其他员工。榜样激励对先进者是一个挑战，对一般人有激励作用，对后进者则能产生心理上的压力。

此外，还有其他激励方式，如环境激励、集体荣誉激励等。管理者在具体工作中要灵活运用。

四、激励理论的分类

关于激励的理论分为 3 种：内容型激励理论、过程型激励理论和行为改造型激励理论。

（一）内容型激励理论

内容型激励理论也可称为需要激励理论，它涉及人的需要、欲望和要求等，解释为何人有这样、那样的行为。马斯洛的需求层次论、赫茨伯格的双因素理论、麦克莱兰的成就需要理论都属于内容型激励理论。

（二）过程型激励理论

过程型激励理论从需要未得到满足出发，探讨人的心理机制。人是怎样看待激励过程的，如何作出不同的选择，都是该种理论的内容。弗洛姆的期望理论、洛克的目标设置理论、亚当斯的公平理论都属于过程型激励理论。

（三）行为改造型激励理论

行为改造型激励理论从行为的后果状态出发，研究怎样转化和修正人的行为。例如，强化理论、挫折理论都属于行为改造型激励理论。

第二节　内容型激励理论

内容型激励理论也可以称为需要激励理论。它是从个体的需求出发，着重研究激励理论的基础，对激励的原因与其激励作用因素的具体内容进行研究。了解内容型激励理论，可以解释个体产生该种行为的内在动机。

一、马斯洛的需求层次论

（一）需求层次理论的基本内容

1. 人的需要分为 5 个层次

需要层次理论是美国心理学家马斯洛于 1943 年提出的一种关于人的需要层次的理论。这一理论在上一章节已有详述。他认为，人的需要可分为 5 类——生理需要、安全需要、社会需要（归属和爱的需要）、尊重需要和自我实现需要。如图 7 - 1 所示，这 5 类需要从低级向高级依次发展，呈金字塔形式。

（1）生理需要是人类维持自身生存最原始、最基本的需要，如衣、食、住、行的需要。

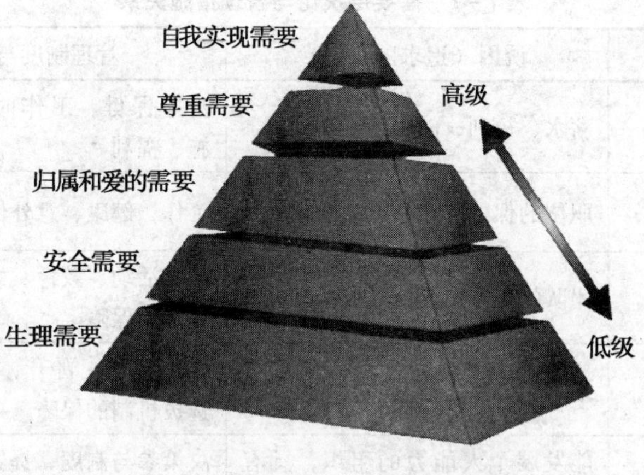

图7-1 马斯洛需求层次理论示意

（2）安全需要是人类避免危险、威胁和剥夺的需要。安全需要是人类安居乐业的基本保证。

（3）社会需要又称归属和爱的需要，是个人对爱、情感和归属的需要。

（4）尊重需要是个体希望获得成就，以及渴望他人承认与尊重自身价值的需要。

（5）自我实现需要是人最高层次的需要。

2. 人的需要分层分等，阶梯式上升

马斯洛认为，这5个层次的需要是由低到高排列的。一般来说，只有低层次的需要得到满足，人才会追求较高层次的需要。总体来说，生理需要、安全需要属于低级需要；社会需要、尊重需要和自我实现需要属于高级需要。在同一时期，人可能同时存在几种需要，但总有一种需要占支配地位，它决定人的行为方向。

3. 未被满足的需要才具有激励作用

需要是促使人产生动机的内在基础。5个层次的需要人生来就有，但不同个体的需求强度和显露强度不同。当某种需要得到满足后，这种需求就无法再唤起行为，只有未被满足的需要才能点燃人的行为。

（二）需要层次理论在管理上的应用

马斯洛的需要层次理论系统地阐述了人的需要和行为之间的关系，在现代企业管理中具有广泛的应用价值。表7-1是不同层次需要对应的目标及相应管理措施。

表7－1　需要层次论与管理措施关系

需要层次	诱因（追求的目标）	管理制度与措施
生理需要	薪水、福利、健康的工作环境	身体保健、工作时间、住宅设施、福利
安全需要	职位的保障、意外事故的防治	工作、健康、意外保险的保障
社交需要	团队的和谐、友谊	团队活动、教育、娱乐、协商制度的保障
尊重需要	地位、名声、社会阶层	人事考核、晋升、表彰、奖励、选拔机制的保障
自我实现需要	能发展个人能力的组织，具有挑战性的工作	决策参与制度、提案制度、劳资会议

一般来说，随着员工职位的提升，他们的需要层次水平很可能就随之上升。并逐渐由外在激励变为内在激励。而对于高层管理者来说，他们更多地考虑工作是否符合自己的兴趣，是否具有挑战性和创造性。在工作中是否能充分发挥自己的潜能，实现自己的价值和理想。

在满足员工不同个性需要的时候，管理者应该注意到，不同个性的人选择工作时也会表现出很大的差异和不同。如具有较高自我实现需要的个体，常常会选择那些具有挑战性的工作。而那些具有冒险精神的工作会对他们产生激励作用。相反，一些有较高交往动机和低成就动机的人，则往往会选择避开那些具有挑战性的工作。

同时，员工的需要也不一定是一成不变的。随着生产力水平的变化，生活水平的提高，员工的主导需求不断发生着变化。

总之，管理者要灵活运用多种激励手段，更好地激励员工。

不适合需要层次理论的人

马斯洛在他的著作中提出，下面7种类型的人不能用统一模型来解释：

病态人格者——他们没有爱的需求；

抱负水平过低者——他们的高级欲望永远被压抑；

狂妄自大者——他们将自尊看成是最终要的东西；

过低估计低级需要的人——他们的地位可能太高而没有了正常人的许多顾虑；

环境的受害者——由于外界因素的影响而不得不放弃某些东西；

创造第一的人——为了创造不顾一切；

为了理想和信念可以抛弃一切的人。

二、奥德弗的ERG理论

1969年，美国耶鲁大学的克雷顿·奥德弗（Clayton P. Alderfer）在马斯洛提出的《需要层次理论》的基础上，进行了更接近实际经验的研究，提出了一种新的人本主义需要理论。奥德弗认为，人们共存在3种核心的需要，即生存的需要（Existence）、相互关系的需要（Relation）和成长发展的需要（Growth），因而这一理论被称为“ERG”理论。

（一）ERG理论的基本内容

奥德弗的ERG理论把马斯洛的需求层次论概括为生存需要、关系需要和成长需要。

1. 生存需要

生存需要与人们基本的物质生存需要有关，是人类最基本的生理需求。它包括马斯洛提出的生理和安全需要。例如，人们各种形式的生理和物质的欲望，以及工资报酬、工作条件、退休保险等社会保障条件。

2. 关系需要

关系需要就是人们对于保持重要的人际关系的要求。这种社会和地位的需要的满足是在与其他需要相互作用中达成的，它们与马斯洛的社会需要和自尊需要分类中的外在部分是相对应的。它包括个体在工作单位中与其他人的人际关系的需要，这种需要在与被人分享和交流的情感过程中得到满足。

3. 成长需要

成长需要是指个人要求得到提高和发展，取得自尊自信，并充分发挥自己能力的需要。它包括马斯洛的自尊需要分类中的内在部分和自我实现层次所包含的特征。这类需要的满足产生于个人所从事的事业，个体不仅要发挥现有才能，还要培养新的才能。

（二）ERG理论的主要观点

有学者对ERG理论的规律进行了如下总结：

1. “愿望加强”律

各层次需要得到的满足越少，那么个体渴望满足这种需要的程度就越大。例如，满足生存需要的工资越低，人们就越渴望得到高工资。地位卑微、受歧视的人，得到他人尊重的愿望也就越强烈。

2. “满足前进”律

较低层次的需要越满足，那么该需要的重要性就越差，个体就越希望满足更高层次的需要。例如，个体的生存需要满足程度越高，那么渴望满足关系需要和成长需要的程度就越大。

3. “挫折回归”律

当高层次的需要遭受挫折时，人们就会退而求其次，从而渴望满足低层次需要。例如，某个员工希望承担高难度工作来满足成长需要，但是由于种种原因未能如愿，那么他就需要更好地满足关系需要或者生存需要，来达到心理平衡。

（三）ERG 理论与需要层次论的差别

（1）ERG 理论认为，人在同一时间可能有不止一种需要起作用，而且它也不强调需要层次的顺序。马斯洛的需要层次是一种阶梯式的上升结构，即认为较低层次的需要必须在较高层次的需要满足之前得到充分的满足，二者具有不可逆性。但 ERG 理论并不认为各类需要层次是阶梯式的结构，比如说，即使一个人的生存和相互关系需要尚未得到完全满足，他仍然可以为成长发展的需要工作，而且这 3 种需要可以同时起作用。

（2）ERG 理论的“挫折——回归”模式表明，如果较高层次需要的满足受到抑制的话，那么人们对较低层次的需要的渴望会变得更加强烈。马斯洛认为，当一个人的某一层次需要尚未得到满足时，他可能会停留在这一需要层次上，直到获得满足为止。相反的，ERG 理论则认为，当一个人在某一更高等级的需要层次受挫时，那么作为替代，他的某一较低层次的需要可能会有所增加。例如，如果一个人的自我实现需要得不到满足，那么，他可能会增强对得到更多尊重需要的愿望。

3. ERG 理论认为，人的 3 种需要有的是天生的，有的是后天习得的。而马斯洛认为人的 5 种需要都是天生的。

（四）ERG 理论在管理中的应用

ERG 理论为我们了解人的动力结构提供了理论指导。在管理活动中，管理者需要根据个体不同的需求层次水平来设置相应的激励措施，还要注意到，人同时存在多种不同需求，因此要最大限度地满足员工需要，这会对员工行为产生很好的激励作用。

此外，管理者要掌握个体需要的“满足前进”律和“挫折回归律”，正确地看待员工的需要，尽量为员工提供能够满足高层需要的环境。对于在挑战性活动中受挫的员工，要适当满足他们的低层次需要，使他们心理平衡，激发他们的工作积极性。

三、赫茨伯格的双因素理论

双因素理论又叫做“激励因素——保健因素”理论，是美国心理学家弗里德里克·赫茨伯格（Frederick Herzberg）提出来的。

（一）双因素理论的实验基础

赫茨伯格和他的同事在20世纪50年代对匹斯堡地区11个商业机构中的203名工程师和会计师进行了调查。他们设计了一系列问题，例如，“什么时候你对工作特别满意？”“什么时候你对工作特别不满意？”“满意与否的原因是什么？”等，并要求他们列出引起工作不满的事件的先后顺序。通过这次调查，赫茨伯格发现，引起人们满意和不满意的因素是不同的。让员工不满意的因素往往由外界工作环境引起，而使人们感到满意的因素则往往由工作本身激发。据此，赫茨伯格把影响人们工作动机行为的因素分为两类：一类是保健因素，一类是激励因素。

（二）双因素理论的主要观点

1. 双因素理论

双因素就是指保健因素和激励因素，具体内容见表7－2。

保健因素就是那些导致人们不满意的因素，往往与外部工作环境因素有关。例如，公司政策与行政管理、工作条件、人际关系、地位、安全、薪资等。保健因素虽然没有激励作用，却有一定的预防性，使人保持积极性，维持工作现状。

激励因素就是那些能够导致人们满意态度的因素，往往与工作内容或者工作成果有关。例如，成就、工作本身的吸引力、责任、个人发展等。这些因素能够产生直接的激励作用，使员工产生满足感。这些都是影响人们工作的内在因素，能够促使人积极进取，不断提高效率。

表7－2　双因素理论的内容

保健因素	激励因素
组织的政策和行政管理	工作上的成就感
技术监督系统	工作中得到的认可和赞赏
与上级主管之间的人际关系	工作本身的挑战
与同事之间的人际关系	工作的发展前途

续表

保健因素	激励因素
工作环境	个人的成长
薪金	—
工作安全感	—
个人的生活	—

2. 满意——不满意观

关于激励因素、保健因素与人们的工作态度、工作满意度间的关系，赫茨伯格指出，传统的观点把满意的对立面看做是不满意，这是不正确的。他指出，有两个独立的满意程度量表，一个从不满意到没有不满意，主要受保健因素影响；另一个从没有满意到满意，主要受激励因素影响。具体见图7－2。

－ 不满意　　保健因素　　0 没有不满意

0 没有满意　　激励因素　　＋ 满意

图7－2　赫茨伯格的双因素理论

（三）双因素理论在管理中的应用

（1）在管理中，要调动、维持员工积极性，首要的是注意保健因素的作用。管理者要为员工创造良好的工作环境和工作条件。例如，创造安全舒适、良好和谐的工作环境，给予适当的薪酬，并给予员工一定的尊重。这些因素的满足能够消除员工的消极情绪感受。

（2）要有效利用激励因素。为了增加员工的工作满意度，管理者要有效运用激励因素。例如，不断地肯定员工、给予荣誉和赞扬、细致指导、授予权力、为个人发展创造机会等。

（3）由于人的需要存在复杂性、多样性，保健因素和激励因素也不能简单划分。赫茨伯格理论中属于保健因素的内容，对某些个体来说可能就是激励因素。因此，人力资源管理者要针对不同的个体来区分保健因素和激励因素。此外，物质刺激的作用是有限的，管理者还要处理好物质鼓励和精神鼓励的辩证关系。

四、麦克莱兰的成就需要理论

美国哈佛大学心理学家麦克莱兰提出了成就需要理论。他认为人有3种需要：成就需要、权力需要和亲和需要。

（一）成就需要理论的主要内容

1. 成就需要

成就需要，就是追求卓越、获得成功的需要。麦克莱兰认为，具有强烈的成就需要的人渴望将事情做得更为完美，工作效率更高，获得更大的成功。他们会在争取成功的过程中享受克服困难、解决难题、努力奋斗的乐趣，并追求成功后的个人成就感，而不看重成功所带来的物质奖励。个体的成就需要与他们所处的经济、文化、社会的发展程度有关，同时社会风气也制约着人们的成就需要。

2. 权力需要

权力需要就是影响或控制他人，且不受他人控制的需要。它是影响和控制别人的一种愿望或驱动力。不同个体对权力的渴望程度也有所不同。权力需要较高的人喜欢支配、影响他人，喜欢对别人“发号施令”，注重争取地位和影响力。高权力需要的人喜欢具有竞争性和能体现较高地位的情境，也会追求出色的成绩，但他们这样做的目的与高成就需要者不同。高权力需要者不是为了个人成就感，而是为了获得地位和权力，或力图与自己已有的权力和地位相称。权力需要是管理成功的基本要素之一。

3. 亲和需要

亲和需要就是建立友好亲密的人际关系的需要。高亲和需要的人寻求被他人喜爱，希望被他人接纳。高亲和需要的人更倾向于与他人进行交往，或者为他人着想，这种交往会给他带来愉快。高亲和需要者渴望友谊，喜欢合作而不是竞争的工作环境，希望彼此之间的沟通与理解，他们对环境中的人际关系更为敏感。有时，亲和需要也表现为对失去某些亲密关系的恐惧和对人际冲突的回避。亲和需要是保持社会交往和人际关系和谐的重要条件。

（二）成就需要理论的主要观点

（1）不同的个体对权力需要、亲和需要、成就需要的排列顺序和所占比重是不同的。个体行为取决于其中被环境激活的那些需要。例如，高成就需要的人更希望工作能够满足个人成就感，希望承担适当的职责并适时得到反馈。高权力需要的人更关心个人威望和影响他人。

（2）高成就需要的管理者独立性强，关心工作环境的改善，力求做到最好；高亲和需要的管理者关心团体对自己的接纳和认可，并担心被团体疏远；高权力需要的管理者更善于行使制度所赋予的权力影响力。

（3）高成就需要者的特点。麦克莱兰发现，高成就需要者的特点是：

①独立承担责任。高成就需要者寻求那种能发挥其独立处理问题能力的工作环境。他们精心选择自己的目标，不受他人的左右和动摇，目标实现后会要求应得的荣誉，目标未实现也勇于承担责任。

②获得信息反馈。高成就需要者希望得到有关工作绩效的及时明确的反馈信息，从而了解自己是否有所进步。

③承担适度风险。高成就需要者喜欢设立具有适度挑战性的目标，不喜欢接受那些在他们看来特别容易或特别困难的工作任务。他们更喜欢成败机会各半的工作，这是他们从个人努力中获得成功感和满意感的最佳情境。

4. 成就需要与工作绩效的关系

在大量的研究基础上，麦克莱兰对成就需要与工作绩效的关系进行了十分有说服力的推断。

（1）高成就需要者喜欢能独立负责、可以获得信息反馈和中度冒险的工作环境。他们会从这种环境中获得高度的激励。在小企业的经理人员和在企业中独立负责一个部门的管理者中，高成就需要者往往会取得成功。

（2）在大型企业或其他组织中，高成就需要者并不一定就是一个优秀的管理者，原因是高成就需要者往往只对自己的工作绩效感兴趣，并不关心如何影响别人去做好工作。

（3）亲和需要和权力需要与管理的成功密切相关。麦克莱兰发现，最优秀的管理者往往是权力需要很高而亲和需要很低的人。如果一个大企业的经理的权力需要与责任感和自我控制相结合，那么他就很有可能成功。

（4）可以对员工进行训练来激发他们的成就需要。如果某项工作要求高成就需要者，那么，管理者可以通过直接选拔的方式找到一名高成就需要者，或者通过培训的方式培养自己原有的下属。

5. 高成就需要者的作用

高成就动机者对组织具有重要作用。一个组织或团体拥有这种人越多，它的绩效就越高，发展就越快。可以说，成就需要是一个组织发展的动力。

（三）成就需要理论在管理中的应用

1. 成就动机的形成

成就动机是个体在学习、工作等活动中追求成功的内部动力。它是个体对自己认为重要或有价值的工作不但愿意做，而且力求达到高标准的内在心理过程。成就动机是一种社会动机，其形成和发展受到家庭教育方式、文化背景、组织环境等因素的影响。管理者要想充分调动员工的积极性，就要培养高成就动机的员工，为他们设置难度适中、独立承担责任以及能及时给予反馈的工作，激发他们的成就动机。

2. 高成就动机者的培养

高成就动机可以通过外界刺激与训练而增强，并影响实现行为。麦克莱兰曾经举办了一个成就动机训练班，并设计了一系列培养成就动机的程序：（1）介绍高成就动机者的事迹，激发受训者的成就动机；（2）制订个人成就动机的发展规划，将激发出来的成就动机转化为实际行动；（3）进行与成就动机有关的学科知识的学习，提高其理论水平和认识能力；（4）组织受训者交流成功与失败、希望与恐惧的经验感受，增强他们取得高成就的信心。通过这套程序，受训者的成就动机普遍提高。

3. 激励措施要与员工的各种需求相匹配

管理者一定要考虑不同员工的不同需求，再分配工作任务。高权力需要者喜欢承担责任，影响和控制他人，喜欢有竞争性的环境，很看重自己在组织中的地位；高亲和需要的人努力寻求友爱，喜欢合作性而非竞争性的工作环境，渴望与同伴的相互理解；高成就需要者希望在工作中承担独立的责任，获得及时的信息反馈，承担适度风险。管理者只有满足员工的不同需要，才能充分调动他们的积极性。

4. 高成就需要者不一定是优秀的管理者

麦克莱兰的研究表明，权力需要和归属需要与管理的成功与否关系密切，最优秀的管理者往往是高权力需要、低亲和需要的人。那些成就需要高的人未必就是优秀的管理者，尤其是在大规模的组织中。同样，大型组织中的优秀管理者未必都是高成就需要者。

五、内容型激励理论的关系

马斯洛的需求层次论、奥德弗的 ERG 理论、赫茨伯格的双因素理论以及麦克莱兰的成就需要理论之间既有相同之处，也存在一定的差异。具体见图 7－3、表 7－3。

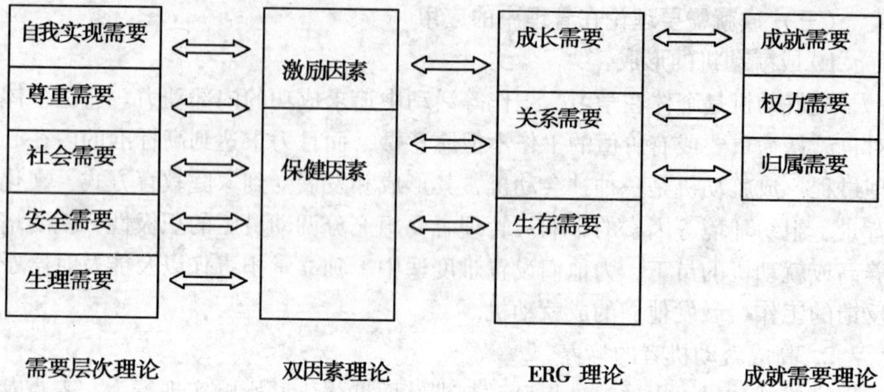

图 7-3　内容型理论对比

表 7-3　内容型理论间的不同

不同点	马斯洛 需要层次理论	赫茨伯格 双因素理论	奥德弗 ERG 理论	麦克莱兰 成就需要理论
需要的类型	生理需要、安全需要、归属和爱的需要、尊重需要、自我实现需要	保健因素、激励因素	生存需要、关系需要、成长需要	权力需要、归属需要、成就需要
研究的出发点	人类自身的自然需要	工作满意度	人的需要	人的个性
需要的特点	需要是与生俱来的，是内在的	把不同的需要归为两大因素	需要并不完全是与生俱来的，有一部分是通过后天的因素培养产生出来的	需要是因人的个性而产生的
需要层次的发展变化	人的需要是严格地按照需要层次由低到高逐层发展的	保健因素和激励因素并没有严格的顺序之分	人的需要并不一定要严格地按照由低到高的顺序逐级发展	需要并无严格的顺序之分
	人的需要只存在由低到高的上升情况，不存在由高级需要向低级需要的倒退问题	保健因素并没有任何激励的作用。但如果需要得不到满足，将会产生消极的作用。所以不仅需要重视激励因素，更需要激励保健因素	人的需要既将存在由低到高的发展，也存在受挫的因素，从而产生由高级向低级的发展	—

1. 相同之处

这几个理论都是以需要为核心；都强调高层次的需要关系；都把需要进行分类；并强调了人在工作中的积极性。

2. 不同之处

各个理论间的不同主要以需要和动机的关系为主。

第三节 过程型激励理论

过程型激励理论主要是研究从行为动机的产生到行为的产生、发展、变化这一过程中人的心理获得规律，并阐述心理激励如何使员工的行为积极性维持在较高水平上。过程型理论中最著名的有弗卢姆的期望理论、亚当斯的公平理论和洛克的目标设置理论。

一、弗卢姆的期望理论

期望理论是由美国心理学家弗卢姆于1964年提出的，他着重从目标吸引的角度来探讨个体对于不同事物所产生的积极性问题。

（一）期望理论的主要内容

1. 期望理论公式

该理论的主要内容是：人们只有在预期行为有助于达到某种目标的情况下，才会采取某种行为来达到某种目标。弗卢姆认为，目标对于个体的激励作用，主要取决于他所能得到的结果预期价值乘以他所认为可以达成该结果的期望概率。该模式可以表示为：

$$M（激励力）=V（目标效价）\times E（期望值）$$

M为激励力，表示个体所受激励的力量程度。

V表示目标效价，即被激励者预计结果可以带来的满足程度。这是一种主观的判断和评价，有正负大小之分。若个人对于某种目标的成果漠不关心，则其效价为0；个人宁愿不要有这种结果，则称其效价为负值；若个人希望达到某种结果，则其效价为正值。只有效价为正时，我们才认为其会产生激励作用。期望值越高，其效价数越高。

目标效价受个性、情感、动机和个人经验的影响。如果一个人希望通过努力工作得到升迁的机会，那么升职的效价就高；如果一个人对升职漠不关心，那么升职的效价就等于零；如果有人不但没有升职的要求，反而害怕升职，那么升职的效价就是负数。

E 表示期望值，是个体判断达到目标可能性的大小，或者说是人通过努力是否可以实现目标的概率。期望值反应了努力与绩效间的关系。其数值范围在 0～1 间。如果个体认为经过努力达到目标的可能性大，他就会积极行动；如果认为经过努力达到目标的可能性不大，但有一点希望，那可以去试一试；如果认为经过努力根本不可能达到目标，那么个体就不会去行动。

在这个公式中，目标效价与期望值的不同结合，会产生不同的激励力，如下所示：

M 高 = V 高 × E 高　　强激励
M 中 = V 中 × E 中　　中激励
M 低 = V 高 × E 低　　弱激励
M 低 = V 低 × E 高　　弱激励
M 低 = V 低 × E 低　　弱激励

因此，为了使员工具有较强激励力，管理者既要提高员工对目标效价的认识，又要帮助员工实现其期望值。忽视目标效价和期望值中的任意一项，工作对于员工来说都缺乏激励力。

2. 期望理论的 4 个因素和 3 种关系

弗卢姆认为，个体是否选择某种行为，取决于该行为可能给个体带来的结果，以及这个结果对个体需要满足的程度。也就是说，当员工认为个人努力会带来良好的工作绩效时，他会受到激励付出更大努力；良好的工作绩效又会带来奖励，如加薪、升职等；组织奖励又会满足个体的某种需要或者目标。

因此，期望理论公式中实际上包含了激励过程中的 4 个要素和 3 种关系（见图 7－4）。要调动个体的工作积极性，必须处理好以下 3 种关系。

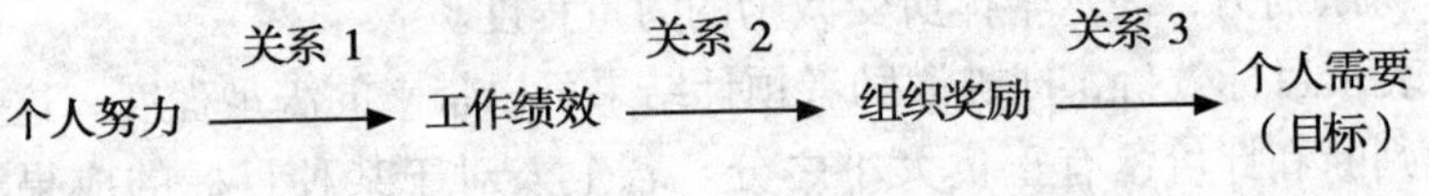

图 7－4　期望理论的 4 个因素和 3 种关系

（1）努力与绩效的关系。人们总是希望他的努力可以达到预期的目标。如果个体认为通过自己的努力达到预期目标的概率比较高，就会有信心，能激发出很强的工作动力。相反，如果认为目标高不可攀，或者目标太低，就会丧失内部动力。因此，合适的目标对于个体的激励作用十分显著。

（2）绩效与奖励的关系。人们总是希望自己的成绩能够得到奖励，例如加薪等物质奖励，或者被表扬、得到信任等精神奖励，或者升职等物质与精神兼得的奖励。如果个体认为其为组织产生的绩效能够都到某种奖励的需求被适时满足时，便会对其产生积极的作用。否则，便会丧失工作热情。

（3）奖励与满足个人需要的关系。人们总是希望得到的奖励能够满足自己某个方面的需要。由于个体存在差异，如年龄、性别、经济条件等不同，所以人们对各种需要得到满足的程度就不同。如果对于不同的人采取相同的奖励措施，那激发出来的工作动力就是不同的。因此，管理者应当设计多种奖励方案，有利于形成复合式效价结构，满足多重需求。

九寨沟之旅

为了激励业务员更好地完成销售目标，营销主管发布了这样一项奖励措施：年终销售业绩前两名，奖励九寨沟双飞旅游一次。这项激励政策在小张、小李和老王3个人身上就产生了不同的反应（假定小张、小李、老王都相信主管会兑现诺言）。

小张刚刚大学毕业一年多，别说九寨沟就是出远门的机会都很少，而且更没有坐过飞机，听到这项决定后，小张非常兴奋，暗地里发誓一定要努力工作，争取圆满完成任务出去风光一趟。根据期望理论，小张的效价如果用满分为1来计算，凭小张的能力和干劲，在3个人当中他成功的可能性是50%，那么这项激励政策对小张激励效用就是：$1\times0.5=0.5$。

小李是一位工作了将近5年的业务员，全国各地跑了不少地方，飞机也坐过了，可是九寨沟却一直没有去过，九寨沟风景美丽他早就知道，也想着什么时候有机会去游览一番。这样看来，九寨沟旅游对小李的效价虽然不是1，但也很高，为0.8，凭小李的能力和经验，在3个人中他成功的可能性是80%，那么这项激励政策对小李的激励效用就是：$0.8\times0.8=0.64$。

老王是一位老业务员，是3位中资历最老也是业绩最出色的一个业务员，全国各地几乎没有他没有去过的地方，九寨沟他已经去过两次，而且他老婆刚刚动了一次大手术，并因此欠了不少债，人们都知道老王现在最缺的是钞票。可以看出，九寨沟对他已经失去了价值，效价应该是0，凭老王的能力和业务关系基础，在3个人当中他成功的可能性是100%，那么这项激励政策对老王的激励效用就是：$0\times1=0$。

由此可以得出结论，同一项激励政策在不同的员工身上会产生不同的激励作用，为了达到最佳的激励效果，营销主管应在权力允许的范围内因人而异的制订一些奖励措施，以调动所有员工的积极性。

（二）期望理论在管理中的应用

在实际工作中，期望理论的出现给予了管理者很大的启发。

1. 树立目标，激发期望心理，运用期望值调动员工积极性

人都存在希望作出成绩、满足自身需要的心理。如果管理者能够有针对性地给员工以期望，就能较好地调动被管理者的积极性。

2. 了解不同期望与不同现实对员工心理的不同影响

期望是激励中的一个重要的因素。个人努力只代表动机，但期望并不代表现实结果。期望与现实之间的关系存在以下 3 种情况。

（1）期望大于现实。期望大于现实，就是预期的结果大于现实结果。在正强化的激励下，期望大于现实会使人产生消极情绪。例如，有的管理者在调整工资或者职称评定时许愿，一旦结果不能如意，就会造成不良后果。但在负强化的情况下，期望大于现实会提高人们的工作积极性。员工已经做好了最坏的准备，但现实却比期望好，就会增加员工积极性。

（2）期望小于现实。在正强化的情况下，期望小于现实有助于积极性的提高。因此，在正强化时，应注意降低员工的期望值，创造条件，提高现实值。例如，员工原本对升职的期望很小，但现实却超出了他的期望，这会使员工备受鼓舞。因此，正强化时应当注意降低员工期望值，同时创造条件提高现实值。

（3）期望等于现实。期望等于现实，有利于调动员工的积极性。但是，如果没有进一步的激励，员工的积极性往往只会维持在原有的期望水平上。所以，管理者应当了解不同期望与不同现实对员工心理的不同影响，正确处理期望与现实之间的关系。

3. 创造有利于员工实现目标的条件

目标是一种期望。实现目标的过程中，要有一定的环境条件。管理者应努力为员工创造一个有利于实现目标的环境条件。同时，也要引导员工进行正确的期望，使现实与期望相符。

4. 调高目标效价

目标效价是一种主观的判断和评价。管理者应向员工强调工作任务的意义，使员工认识到他的工作对于完成组织总体任务有很大作用，而且对组织的生存和发展具有很大的社会效益和经济效益。这有利于提高目标效价，从而增加激励力。

5. 对员工努力的结果给予奖励

奖励应包括物质奖励和精神奖励，或者两者相结合。管理者要对员工的努力结果进行强化，使员工的工作积极性能保持下去。

6. 注意奖励的公平性

奖励有一定的激励作用，但必须要保持公平。否则非但不能调动员工的积极性，还会挫伤员工的积极性。

7. 注意奖励是否满足个人需要

个体之间存在很大差异，因此每个员工都有自己不同的需要。如有的人希望得到晋升，而有的希望得到物质激励。所以，管理者应尽力满足员工不同的需要来进行奖励。

二、亚当斯的公平理论

简从某州立大学获得会计学位。在接受了不少组织面试后，她选择去一家大型的会计公司工作，并被派往波士顿办事处。她对自己的一切都非常满意：在声名显赫的大公司中工作；工作具有挑战性；公司还给予她许多培训机会，而且她还拿到了会计专业毕业生所能赚到的最高工资——月薪 4 550 美元。不过，作为班级里最优秀的学生，简善于表达，成熟稳重，因此获得这样的薪水也是理所当然的。

简到公司 1 年了，经理对于她在颇具挑战性的工作中的表现非常满意。最近她还得到了每月 200 美元的加薪。但是，简最近几周的动机却大幅下降。为什么？

她们公司最近刚刚聘用了另一名州立大学的毕业生，他比简缺少 1 年的工作经验，但工资却是 4 800 美元，比她现在的工资还高出 50 美元。除了愤怒之外，其他任何词语都无法描述简的心情，她甚至想重新找一份工作。

以上案例说明了公平感在动机中的作用。员工会把自己的工作投入（例如自己的教育、努力、学历、能力等）与产出（如薪资水平、升职空间、认可度）与他人的投入—产出进行比较，由此产生的公平感会影响个体的努力程度。

20 世纪 60 年代，美国心理学教授亚当斯（J. S. Adams）提出了一种新的激励理论——公平理论。该理论是一种在社会比较中探讨个人的贡献与报酬之间的合理性、公平性及其对员工行为积极性影响的理论。

（一）公平理论的主要内容

1. 公平理论的基本观点

公平感是人类的一种最基本的心理需求。人们不仅关注其生理平衡上的公平需求，同时，也有保持心理平衡的需要。当一个人作出了成绩并取得报酬以后，他不仅关心自己所得的报酬的绝对值，更关心自己所得报酬的相对值。他要进行种种比较来确定自己所获报酬的公平性。一般情况下，员工倾向于将自己的报酬与投入之比和他人的报酬与投入之比进行比较，来判断其公平性。人们内心公平理论的比较，可以用以下这个公式来进行表示：

个人所得报酬/个人的贡献 = 另一个所得的报酬/另一个人的贡献

比较后，会出现3种不同反应：公平、报酬过度、报酬不足。

如果员工认为其所受到的待遇是公平的，那么他会继续以同样的水平来作出贡献。相反，若其认为其遭受不公平的待遇，那么他便会产生一系列的行为，如工作效率的下降、工作热情的降低，甚者出现逆反的行为方式。

2. 公平的心理模式

人们判断公平性的过程，其实就是一个比较的过程。

（1）比较的参照物：自我和他人。自我指的是员工自己，将自己在工作中的投入和所得进行比较；他人包括同一组织中从事相似工作的其他个体，还包括朋友、邻居和同行。员工通过口头、报纸、杂志等各种渠道获得有关工资标准等方面的信息，在此基础上将自己的所得和他人的所得进行比较。

（2）比较的变量：投入和产出。投入指的是员工认为自己贡献给工作的所有因素，包括受教育水平、资历、过去的工作经验、时间、努力以及工作绩效等。

产出是指员工所得的回报，是他们认为应该获得的报酬，包括工资、福利、工作安全和心理报酬等。

（3）比较的方法。一种比较被称为横向比较，即将自己获得的报酬与自己投入的比值同他人的进行社会比较，会出现以下3种情况：

$O_a/I_a = O_b/I_b$　感到公平

$O_a/I_a > O_b/I_b$　感到不公平

$O_a/I_a < O_b/I_b$　感到不公平

公式中，O表示产出（Outcomes），I表示投入（Input），a、b表示两个条件相当的个体。只有相等时，个体才认为公平。

除横向比较外，人们也经常作纵向比较，即将自己目前获得的报酬与自己的投入的比值同自己过去获得的报酬与自己投入的比值进行比较。同样可以用上述公式进行表述，但公式中 a、b 分别表示个体的现在与过去。

3. 不公平感激发的行为方式

当人们感到不公平时，就可能激发一系列的行为反应。

（1）当自己的报酬高于比较对象时，或者叫做报酬过度时，有些人心安理得地接受；有些人感到不平衡。开始，他会要求减少报酬或主动多做些工作，但时间久了以后，他会重新评估自己的技术和努力，会认为自己确实应当得到这样的待遇，于是工作绩效又会回到过去的水平。此时，这种心理不平衡也就逐渐消失了。

（2）当自己的报酬低于比较对象时，会产生心理紧张，并影响工作积极性。他们可能会采取以下措施。

行为上：①减少自己的投入，如降低对工作的努力程度、减少工作时间等。②改变自己的产出，如通过要求增加工资、奖金、福利等报酬达到与比较对象相当的水平，或通过降低工作质量、提高数量等来增加工资，以消除不公平感。③如果上述情况做不到，员工可能会采取极端的做法，例如离开现在的工作部门或工作地点。

认知上：①改变自我认知，即改变自己对报酬与投入的评价。例如改变原来的看法，认为自己比其他任何人工作都努力。②改变对他人的认知。实际上，认知对象的工作积极性、工作绩效同原来是一样的，只是自己主观上改变了看法，以此来消除心理上的不平衡。③改变比较对象。例如可以选择一个条件比自己差的人进行比较，这是一种相对有效的自我心理安慰的方法。

4. 公平的评判标准

公平理论提出的基本观点是客观存在的。但公平本身却是相当复杂的。这主要是以下几个原因所致。

（1）基于个人的主观判断。公平模式中的横向、纵向比较都是基于个体的主观感觉，一般来说，人都对自己的投入估计过高，而对他人的投入估计过低。

（2）个体所持的公平标准不同。公平标准并不是惟一的。常见的标准有以下 3 种：

①贡献率，以员工的贡献作为判断报酬公正性的标准；②平均率，以平均分配作为判断报酬公正性的标准；③需要率，以员工的需要作为判断报酬公正性的标准。

例如，同样是发放助学金，有人认为应当改为奖学金才合理，这就是贡献率标准；有人认为应当按经济困难程度发放，这属于需要率；还有人认为应当平均分配，这是平均率标准。

（3）与绩效的评定相关。大多数人都主张应当按绩效进行评估。但如何评定绩效？以工作成果的数量、质量为依据，还是按工作中的努力程度和付出的劳动作为评价标准？不同的评定方法会得到不同的结果。最好是按工作成果的数量和质量，用明确、客观、易于核实的标准来度量，但这在实际工作中常常难以做到。

（4）与评定人相关。虽然公平模式中投入与产出等可以量化。但实际上，很多因素却难以进行量化的处理，如工作经验、努力程度、能力等。即便是对同一因素，不同人都会有不同的评价。

（二）公平理论在管理中的应用

要求公平是任何社会普遍存在的一种社会心理现象。因此，管理者要注意在待人处事、工作绩效考核、工作任务分配，特别是工资奖金的评定中尽量做到公平公正。为了保持组织的稳定性、营造良好的组织氛围、充分发挥员工积极性，管理者在公平问题上应该注意如下几个方面。

1. 制定公平合理的报酬分配制度

（1）如果按时间计酬，那么报酬过高员工的生产率水平就会高于报酬公平的员工。为了增加投入以保持公平，按时间计酬的方式可以提高员工的工作效率。

（2）如果按产量计酬，报酬过高的员工的产量就会比报酬公平的员工产量低，但质量高。

（3）如果按时间计酬，报酬过低的员工会降低产品数量和质量，他们的努力程度也会降低。而对报酬公平者来说，他们也将降低努力程度，减少产品数量和降低产品质量。

（4）如果按产量计酬，与报酬公平者相比，报酬过低的员工虽然产量高，但质量差。

2. 建立奖罚分明的激励制度

员工的不公平感有时是因为组织没有合情合理地奖励员工。组织要消除“有功者不奖，无功者领赏”的不良现象，建立赏罚分明的制度，贯彻“多劳多得，少劳少得，不劳不得”的原则，增加分配制度的透明度，让员工感到真正的公平。

3. 发展员工参与制度

员工参与能保证制度本身的公正性，让员工感到制度被严格执行，从而增强他们的公正感。而且，员工参与有助于上下级之间的了解，改善上下级关系。

4. 加强组织沟通

沟通能够增强员工对组织意图的了解。建立顺畅的沟通体系，做到信息上传下达，可以降低员工的不公平感。

5. 注意做好员工的心理疏导工作

管理者应引导员工树立正确的公平观：绝对的公平是不存在的；不要盲目攀比，应从不同的角度来看待公平与不公平；不要按酬付劳，否则会在公平上造成恶性循环。

三、洛克的目标设置理论

20 世纪 60 年代末，美国心理学、管理学家洛克（E. A. Locke）提出了目标设置理论。他认为，指向一个目标的工作意向是工作激励的主要源泉。明确的目标能告诉员工需要做什么以及需要付出多大的努力。

（一）目标设置理论的主要内容

人的行为大多是有目的的行为。心理学的许多研究表明，漫不经心的练习是没有什么作用的。个体在掌握技能的过程中确立一定的目标，对于提高练习效果有重要意义。基于这样的观点，洛克提出了目标设置理论。

1. 目标设置理论的内容

目标设置理论的主要观点是：管理者不需要直接控制员工行为，而是要设定一些为员工所接受和认同的目标来指引其行为。因为目标本身具有内在激励的价值。同时，管理者还可以通过对员工提供目标达成程度的反馈信息，来使目标更有效。

个体目标设置与绩效模型见图 7－5。

从上述模型中可以看出引发个体高绩效水平的因素及这些因素间的关系。模型的基本观点是把目标看做一种激励因素，它可以让人们将目前绩效与期望达到的目标进行比较。一般来说，如果当前水平达不到目标的要求，人们就不会感到满足。只要个体相信经过努力可以达到目标，他就会努力工作并实现目标。

目标有两个关键特征：目标难度和目标清晰度。

目标难度是指一项目标的挑战性和需要努力的程度。目标难度会直接影

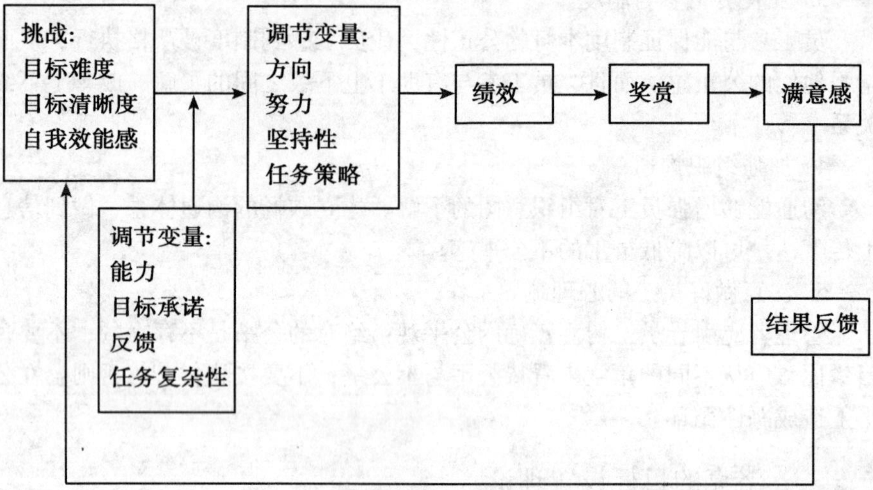

图 7－5　目标设置模型

响员工对目标的接受和认可。当员工认为一项目标可行而又有意义时，他们就愿意付出努力追求该目标。如果目标太简单或困难，目标就不会被接受和认可，也就无法起到激励的作用。

目标清晰度是指目标的明确与清楚程度。研究表明，把目标订得具体明确要比笼统要求好得多。

员工的心理因素对目标的实现也有很大的影响。

自我效能感是一个人对他能胜任意向工作的信心，是实现目标的一个重要的影响因素。员工的自我效能感越高，他对自己在完成任务中获得成功的能力就越有信心。遇到困难时，自我效能感低的人容易降低努力或放弃努力，而自我效能感高的人则会更加努力。

2. 目标设置的过程

洛克在科学研究和工作实践中发现，外部刺激都是通过目标来影响动机的。另一位管理学家认为，成长、成就、责任感都要通过目标的实现来满足个人的需要。目标设置的具体性、挑战性能影响一个人的行为和工作绩效。因而目标的设置显得非常重要。具体的目标设置过程如下：

环境条件——评估目标设置——接受目标——努力实现目标——取得绩效——获得报酬——获得满足感。

（1）评价环境条件。目标的设置是由环境引起的。个人目标的确立是以组织目标为依据的。只有组织确定了目标、明确了任务以及完成任务的报酬，员工才会根据组织的目标来设置个人目标。所以，明确的组织目标是个人目标设置的前提。

(2) 评估目标设置。根据组织目标来确定自己的个人目标。在这个过程中，员工对目标的难度、实现的可能性、目标的挑战性以及达到目标后的效价等进行评估。

(3) 接受目标。根据自己的评估，个体认为设置的目标经过一定的努力可以达到，且完成这一目标对组织、部门和个人都有益，员工就接受这个目标。

(4) 努力实现目标。接受目标后，员工就要设法去实现它。这时，员工要制订一系列行动计划，包括步骤、方法、措施，以保证目标的实现。

(5) 取得绩效。在实现目标的过程中，员工要不断地了解每一步的工作结果，及时反馈，随时调整自己的计划和行动，最终实现目标，取得工作绩效。同时，个人的能力、组织所能提供的支持等因素也会影响工作绩效的取得。

(6) 获得报酬。完成任务、实现目标后，员工将获得一定外部和内部的报酬，即从外部获得的奖励和从工作本身获得的成就感、胜任感等。

(7) 获得满足感。员工获得相应的报酬后获得一种满足感。其中包括低层次需要的满足感，也包括自我成长等高层次需要的满足感。报酬有外部的，也有内部的。其中内部报酬能给员工带来更大效用的满足感。

3. 目标设置的结论

(1) 明确的目标比笼统的目标更能激发员工的积极性；

(2) 一旦接受了困难的目标，就会带来比较容易的目标更高的绩效；

(3) 反馈比无反馈带来更高的绩效。

(二) 目标设置理论在管理中的应用

1. 目标要具体、明确

目标设置理论认为，具体而明确的目标可以提高员工的工作绩效。员工都存在希望了解目标和自己行为结果的认知倾向，这种倾向可以减少行为的盲目性，提高行为的自我控制程度。因此，具体而明确的目标可以使员工知道他要完成什么工作，需要付出多大的努力。

2. 目标要有适当的难度

目标设置理论认为，困难的目标能比容易的目标带来更高的个人绩效。有适当难度，但通过一定的努力又可以实现的目标，对员工有一定的吸引力，能为员工提供挑战性，使员工在原有的基础上获得更高的工作绩效。

3. 进行反馈

目标设置理论认为，反馈比无反馈带来更高的绩效。因此，管理者要给予及时、积极的工作情况反馈，使员工对自己的工作完成情况有清晰的认知，以调整下一步的行为。

4. 员工参与设置目标

目标设置理论认为，员工参与设置目标有利于目标的实现。但实际上，关于员工参与设置目标是否能带来更高的绩效，答案并不肯定。在一些工作中，员工参与设置目标有利于目标的实现，带来更高的绩效；在有些情况下，领导制定的目标会带来更高的绩效。

例如销售工作，销售员的行为以及影响销售工作的因素难以控制，因此销售员参与设置目标能够比较客观地评价各种环境因素，而且对目标有更高的承诺感，从而产生最佳的效果。但秘书工作在很大程度上不需要商量，秘书工作是围绕上司的要求进行的。

5. 要有时间限制

目标设置理论认为，目标要有明确的时间规定，否则效益就会受到影响。

第四节 行为改造型激励理论

行为是人内心的外部表现，一切有意识行为的产生和发展都离不开心理活动的支配。同时，人内心的积极能动作用的发挥，也必须通过行为才能实现。因此，激励应当把人的内心与行为结合起来。

在管理活动中，不论采取什么措施，目的都在于增加员工的积极性、建设性行为，消除那些消极的、破坏性行为。行为改造型激励理论就是研究如何巩固和发展人的积极行为，如何改造和转变人的消极行为，变消极行为为主动行为的理论。

一、强化理论

强化理论是一种行为主义观点，认为强化可以塑造行为。这个理论是美国心理学家、哈佛大学教授斯金纳在巴甫洛夫的经典条件发射学说的基础上发展而成的。

操作条件反射实验

斯金纳通过实验提出了操作条件反射理论。他以白鼠为实验对象，在著名的斯金纳箱内进行。箱内的主要构造包括可以按压的杠杆及食物盘。箱内白鼠处于饥饿状态，偶然碰到杠杆，与杠杆相连的食物盘就呈现一粒食物，白鼠便得到食物。经过这样多次“自发地”按压杠与得到食物相结合，白鼠就学会了通过按压杠杆来得到食物的存在条件反应。

随后增加了两个灯：红灯和绿灯。红灯亮时，压杠杆得食物；绿灯亮时，压杠杆不得食物。随着得不到食物次数的增加，白鼠按压杠杆的次数减少，最后就不再去按压杠杆。后来莫勒按照同样的原理进行实验：只要白鼠踏上通电的踏板，就会受到电击，从而产生回避反应，逐渐地白鼠就再也不去踏踏板了。

其结论为：强化是确立条件反射的关键因素，受强化次数增加，条件反射得到巩固；不强化时，条件反射则消退，消退后也会出现自然恢复。

（一）强化理论的主要内容

1. 强化理论的基本观点

强化理论认为，人的行为是由外部因素控制的，控制行为的因素称为强化物。总结而言，强化理论认为行为是结果的函数。当行为伴随有利结果时，该行为就得到了增强；当行为伴随着不利的结果时，该行为便会减少或消失。

2. 强化的类型

（1）正强化。正强化又称积极强化。是指某种行为后，引入一种结果（这种结果通常是积极的，如增加薪酬或奖金等物质奖励，以及表扬、升职等精神奖励），使该行为得到增加或保持。通过正强化的方式，企业不仅能够激励员工的行为，还能使企业员工的积极行为得到增强。

（2）负强化。负强化又称为消极强化。是指某种行为后，去除或避免一种结果（这种结果通常是消极的，例如批评或者扣发奖金等），使该行为得到保持。例如，企业管理者告知员工要遵守企业日常的规章制度，若不遵守就要受到批评甚至扣除奖金，那么，企业员工为了避免这种情况的发生，便会认真执行企业的规章制度。由此可见，采取负强化的方式，所达到的效果是和采取正强化的效果一致的，只是两者采取的手段不同。

（3）惩罚。惩罚是指在某种消极行为发生后，采取某种强制性的手段予以惩罚，给人带来不愉快的结果。惩罚既可以是采取一种不愉快的结果

(例如要求加班、给予批评)，也可以取消现有的令人愉快的条件（例如扣发奖金、不予以表扬)，来表示对于其行为方式的否定和不满。

(4) 消退。消退是指对某种行为不采取任何强化措施，既不奖励也不惩罚。这种方式可以消除不合理行为。有研究表明，一种行为若长时间得不到强化，那么该行为发生者的热情便会减退，甚至消失。

3. 强化的基本方式

时间因素也会影响强化效果。强化的方式是指根据员工行为的不同情况采用的各种奖惩方式，它主要分为连续和间距两种。间距强化就是非连续强化，具体又分为定时距强化、变时距强化、定比率强化、变比率强化。

(1) 连续强化。每次出现所期望的行为后都予以强化。这种连续强化方式可以塑造新的良好行为，但一旦取消强化，行为也容易消退。

(2) 定时距强化。不管行为如何，每隔一段固定的时间就予以一次强化。例如员工每月领取薪水和奖金，这就是定时距强化。

(3) 定比率强化。不论时间长短，每出现固定次数的行为就予以强化。例如，销售人员每推销一定数量的商品就给予一次奖励。

(4) 变时距强化。强化物按照不固定的时间间隔出现。例如，不定期检查员工的工作情况，对表现良好者给予奖励。

(5) 变比率强化。强化物按照不固定的行为次数而出现。例如，赌博行为就是变比率强化，强化物按照不固定的次数给予。

相比较而言，变化的、间隔的强化比率更能够维持某种行为。一方面，它能更经济有效地增加先前行为出现的概率；另一方面，它有助于提高强化中断或消失后的抵抗力和坚持性。如果总是连续给予强化，那么强化一旦中断，行为就可能消失。

(二) 强化理论在管理中的应用

1. 针对不同对象要需采取不同的强化方式

员工的年龄、性别、文化背景等不同，需求也就不同。管理者要采取不同的强化方式。比如，有的人更注重财富，有些人更注重精神。因此，管理者应区分对待不同的需求，根据不同的工作表现，采取不同的强化措施。

2. 及时反馈

对于员工取得的行为结果，要及时告知员工，并在其行为发生后尽快采取适当的强化方式，否则这种行为重复发生的可能性便会降低甚至消失。

3. 分阶段设立目标

在企业中，应采取小步走的激励方式来敦促员工更好地实现企业既定目标。因此，在强化物的刺激方面，也要采用逐步增加的方式。当员工完成每个细小目标时，管理者都应给予其正强化，这样才会产生更好的激励效果。

4. 正强化比负强化更有效

管理者采取正强化的方式，可以令员工的情绪更加愉快。这样更有利于调动员工的工作热情。而负强化的方式可能使员工内心出现悲观、恐惧的心理反应。所以，管理者在采取强化手段的运用上，应着重考虑正强化的激励方式。同时，在采取负强化的方式上，应尊重事实，并充分考虑对方内心的感受，采取正确的方法，尽可能减小负强化带来的消极影响。

二、挫折理论

个体的行为积极性促使人的心理和外部行为都为实现某个目标付出一定的努力。但是，实现目标的行为努力还会产生另一种结果，就是遇到了难以克服的困难，目标无法实现。这种需要不能满足所引起的一系列心理反应和行为反应就是挫折。

挫折在实际工作和生活中是一种客观存在，尤其是在目标水平较高的意志行为中，挫折出现得更多。了解挫折产生的原因、挫折的表现及应对挫折的办法，能够更好地调动人的积极性。

（一）挫折心理及行为表现

1. 挫折的含义

挫折就是指人们在某种动机的推动下为某个目标而努力，但受到一些困难的阻碍或干扰，致使目标无法达到，因此而产生的紧张状态和情绪反应。挫折是一种心理现象，是人们的内在心理状态。

2. 挫折产生的原因

挫折产生的原因大体上分为客观和主观两个方面。

（1）客观原因。由于客观因素引起的挫折又叫做环境起因挫折。它是由于外界事物或情况阻碍人们达到目标而产生的挫折。客观原因的挫折分为两种：由于自然因素引起的挫折，如生老病死、自然灾害等；由于社会因素引起的挫折，例如由于家庭、文化等引起的挫折。

（2）主观原因。由于人们主观因素引起的挫折又叫做个人起因挫折。它是由于个体的生理、心理因素缺陷而产生的挫折。它也分为两种：由于生理因素引起的挫折，例如，由于个人智力、体能、容貌等缺陷或疾病引起的挫折；由于心理因素引起的，例如，需要冲突、压力等造成的挫折。

3. 挫折容忍力

挫折在人的心理和行为上引起的反应的强度，受多种因素影响。首先，受挫折程度影响。轻度的挫折引起的心理和行为反应较弱，而重度挫折引起的心理和行为反应则比较强烈。其次，受挫折容忍力的影响。同样强度的挫折，对于挫折容忍力较强的人来说，消极影响就比较小；但是挫折容忍力较弱的人可能就会意志消沉。

挫折容忍力的高低受以下4种因素的影响：

（1）生理条件。在其他主客观条件相同的情况下，身体健康的人比疾病缠身或者有生理缺陷的人更具有较强的挫折容忍力。

（2）过去的经验。挫折容忍力可以通过以往的经验获得。以往生活历经磨难的人，比生活一帆风顺的人具有更强的挫折容忍力。

（3）对挫折的知觉和判断。每个人对世界的感知和认识都是不同的。挫折作为一种情感或行为反应，直接受到认知因素的影响。个体会依据自己的知识、经验以及收集到的信息去判断挫折对自己产生的不良影响或后果。同样一个挫折，对于不同个体的影响就不同。个体主观判断为严重挫折的话，就会引起强烈的心理和行为反应；相反，如果个体判断为轻度或中度挫折，那么心理和行为反应就比较轻。

（4）个性特征。一个人的理想、信念、世界观、价值观以及性格特征都会影响个体的挫折容忍力。远大的理想、坚定的信念、正确积极的人生观和价值观都能大大增强个体的挫折容忍力。一个积极乐观的个体会比消极悲观的人拥有更强的挫折容忍力。

4. 挫折引起的行为反应

挫折所引起的心理和行为反应是多种多样的，不同的人遇到挫折后会作出不同的反应。总体而言，这些心理和行为反应可以归为两类：一类是积极的、建设性的心理和行为；一类是消极的、破坏性的心理和行为。

（1）积极的、建设性的行为有以下4种：

①升华。升华是人遭受挫折后最有建设性的反应。它是指个体在较低层次的需要和目标受到挫折时，能够转移到较高层次、较高境界的目标上去。例如，个体可以把敌对、悲愤等消极因素转化为积极动力，作出对社会更有意义的成就。

②增加努力。这是指个体坚持原有目标，加倍付出努力，选择更适合的途径从而达到目标。

③重新解释目标。这是指当个体达不到目标时，会延长自己实现目标的

期限，或者重新调整目标水平。

④补偿。这是指个体确定的目标受到条件限制而无法达到时，用实现另一个目标进行补偿，或者以谋求新的需要来取代原来的需要。

(2) 消极的、破坏性的行为有以下9种：

①攻击。攻击可分为直接攻击和转向攻击。直接攻击就是个体受挫后，产生了愤怒的情绪，从而对构成威胁的人或物直接进行攻击，来发泄怨恨的行为。转向攻击又分为3种：悲观的人容易把攻击对象转为自己；个体发现不能直接攻击引起挫折的对象时，转而攻击其他人或物；个体无法知觉挫折来源时，会把挫折发泄到与挫折无关的人或物上。

②文饰作用。文饰作用又叫做合理化，是指当行为目标无法达到而使人受到挫折时，个体为了避免精神上的痛苦与不安，会想出各种理由原谅自己，或者为自己的失败辩解。

③表同作用。表同作用是当个体的愿望在现实生活中无法实现时，就把别人具有的、自己羡慕的品质加到自己身上，借此分享成功者的喜悦，从而冲淡由于挫折而产生的焦虑和维护个人自尊。他们会模仿别人的行为举止，以别人的姿态、风度自居。

④自我逃避。自我逃避有两种情况：一种是个体不敢面对自己已经预感到的挫折情境的到来，从而逃向自己认为安全的或者幻想的世界中；另一种是面对挫折时，从挫折情境中退却，压抑自己的挫折情绪。

⑤投射作用。在个体内部的许多动机中，有些是个体不愿承认的，可能是由于承认后会引起内心的不安或者厌恶感，因此个体会在意识中把与这些动机有关的态度、习惯等排除于自身之外，而加到别人身上。

⑥反向作用。反向作用是指个体为了防止某些不好的动机呈现出来，就采取与动机相反方向的行为，借此抑制内心的某些动机。

⑦退化作用。退化也叫做回归，是指个体受到挫折后，会出现与自身年龄、身份不相符的幼稚行为。

⑧固执。固执是指重复某种无效行为，盲目排斥或不接受别人的建议，明知方法无效也要重复。

⑨冷漠。冷漠是指个体受挫后以沉默、无动于衷的方式对挫折作出反应。表面上看，冷漠是对引起挫折的情境漠不关心，实际上个体的冷漠中包含着消极的对抗情绪或者愤怒情绪，但是个体压抑了这种愤怒情绪，以间接的方法表示反抗。

（二）挫折理论在管理中的应用

1. 教育员工正确认识和对待挫折

员工遭受挫折后，管理者要教育员工认识到挫折的必然性，帮助受挫者分析挫折产生的原因，并给予他们必要的关心和鼓励。要让员工认识到，一定要提高自己的心理承受能力和容忍力，锻炼自己顽强的意志。另外，还要从失败中总结经验教训，继续努力达到目标。

2. 管理者对受挫员工的行为要有容忍态度

管理者要对受挫员工的消极行为采取容忍态度。要以理服人，弄清事实的真相，不应采取针锋相对的反击措施对待受挫者。但是，管理者的宽容并非是非不分：对员工的不合理需要，管理者应进行思想教育，提高其认识水平；对于那些一时无法满足的合理需要，则应进行必要的说明并尽快拿出解决方案；对于员工的合理、现实的需要，管理者应尽快予以满足。

3. 改变受挫员工的环境

改变挫折环境的方法有两种：第一种是调离原来的工作、生活环境，更换到新的环境中；第二种是改变原环境氛围，给受挫者同情和温暖。大多数情况下，管理者应当尽量改变环境气氛，尽量不要采取惩罚性措施，要多使用鼓励的方法。管理者为员工创造适宜的环境条件，能够使受挫者发挥其主动性和创造性，把他们的消极行为转化为积极行为。

4. 释放不良情绪，降低挫折的消极影响

人们在遭受挫折后心理失去了平衡，行为往往受到情绪的推动。管理者要寻找或者创造一些有效方式，让员工把由于受挫而压抑的情绪自由地表达出来，让受挫者尽情宣泄压抑，恢复心理平衡和理智状态。释放消极情绪的方法多种多样，例如，管理者要倾听受挫者的抱怨或申诉，在企业中建立良好的信访制度等。

【思考题】

（1）什么是激励？激励有什么作用？

（2）激励的方式有哪些？

（3）阐述马斯洛的需求层次论和 ERG 理论的异同之处。

（4）高成就需要者具有什么特点？

（5）期望理论对管理实践有何启示？

（6）什么是公平理论？它有什么实际意义？

（7）什么是目标设置理论？如何在实践中应用该理论？

(8) 强化的类型和基本方式有哪些?

(9) 管理者应当如何帮助受挫员工?

【课后案例分析与探讨】

表扬引起的争论

某公司最近召开了本年度的夏交会。会前，办公室为会议召开作了充分的准备，同时，各职能科室和行政管理人员主动自觉地到各科帮忙。会议最终圆满成功，成交额大大超出了预计水平。

在总结会上，公司领导充分肯定了这次会议的成功，并对全体员工的贡献进行了表扬，还特别表扬了团委书记和组织部长在会议期间的表现。

对于领导的表扬，职工们的反应是：交易会的成功，应当先归于一线的业务人员，为什么领导没有突出表扬主要的功臣?

也有赞赏领导的这种表扬方式的：业务员贡献是最大的，但那是他们分内的工作，并且团委书记和组织部长的表现也是值得大家肯定的，理应受到表扬。

还有人提出反对意见，认为分内工作做得好，不表扬，而只表扬做分外工作的，那么还有谁会重视分内的工作呢?

【问题】

(1) 请对领导的表扬作出评价。

(2) 要更好地发挥表扬的作用，应该注意哪些要求。

【分析提示】

表扬是激励的一种手段，可以提高士气，发挥人的积极性，但是要想更好地发挥表扬的作用，应该注意：表扬要以事实为依据；表扬的作用在于能起到激励的作用；注意可能产生的副作用；协调各种因素，以达到最佳效果。

第八章　群 体 行 为

【本章目标】

(1) 了解群体的概念和特征；

(2) 掌握群体的发展阶段；

(3) 掌握群体行为的特点；

(4) 了解群体的结构；

(5) 掌握群体决策的特殊现象和群体决策方法。

【案例】

天堂与地狱

一个教士问上帝："天堂和地狱有什么差别呢?"上帝没有回答，而是带他进了一个房间。这个房间里面有一口大锅，一群瘦骨嶙峋的人团团围坐。这些人每人都有一把汤勺，但是汤勺的柄很长，自己盛起来的汤送不到嘴里。满地都是流出来的汤水，而这些人抱怨着、愤怒着。尽管锅里面都是山珍海味，他们却只能挨饿。上帝说："这就是地狱。"

上帝又带着教士到了另一个房间。这个房间和前面的几乎一样，也是一群人围着一口大锅，每人的汤勺也是那么长。但是，这些人却吃得井然有序，个个白白胖胖、心满意足。原来，他们用汤勺互相喂着吃。上帝说："这就是天堂。"

同样的客观条件：一个房间、一口大锅、一柄长勺、同样的食物。可是，他们的结果却是天壤之别：一群人在"地狱"，一群人则在"天堂。"

可见，一个群体中，合作是最重要的，合作让我们双赢。

前面的章节介绍了个体心理与行为，我们了解了影响员工行为、组织行为的个体因素。然而在实际工作中，个体都要加入一定的工作群体。在一个组织中，群体是实现组织目标、完成组织任务的基本单位。对于管理者来说，仅仅了解单个的个体是不够的，还必须对处于群体中的人以及群体本身进行研究。通过学习群体理论，我们才能更好地理解、管理并改进组织中的群体。

第一节　群体与群体心理

一、群体的概念

（一）群体的定义

群体是指为了实现特定的目标，由两个或两个以上相互作用、相互依赖的个体组合成的集合体。群体并不是个体的简单集合，十几个等候公共汽车的人、一起乘坐电梯的人都不是群体。

（二）群体的特征

1. 群体有共同的目标

目标是群体存在的前提，群体必须有一定的目标，它是所有成员进行活动的方向、目的和标准。

2. 群体成员有共同的价值观和归属感

只有共同的价值观和归属感才能把不同的个体凝聚为一个群体，这是个体对群体认同的基础，同时也是成员之间发生心理共鸣，相互支持、信赖的基础。

3. 群体有共同的规范和准则

任何群体要维持其生存、发展，要维护成员间的相互关系，就需要有一定的规范来协调人们的行为，保证群体共同利益得以实现。规范和准则的作用就是约束和控制群体成员的行为，保证群体的存在、发展并达到群体目标。一旦群体的成员违反了这些规范和准则，就会受到孤立和惩罚，甚至被取消成员资格。

4. 群体有一定的结构

群体中的每个成员都扮演一定的群体角色。角色规定了每个成员在群体中的地位、相应权利、责任和义务，以及一定的行为方式。

5. 群体成员的交往具有经常性和持续性

群体成员之间的关系不是临时性的，而是保持经常性的密切交往。群体成员相处的持续时间越长，交往越频繁，彼此的关系就越牢固、密切。

二、群体的类型

（一）正式群体和非正式群体

群体根据其构成原则和方式，可以划分为正式群体和非正式群体。

正式群体就是由组织结构界定的、工作分配很明确的群体。正式群体有明确的目的和规章制度，成员的地位、角色、权利和义务都很清晰。

非正式群体是那些没有正式结构、不是由组织指定的群体，他们是员工为了满足社会交往需要，以相似的兴趣爱好为基础、以彼此感情为纽带形成的群体。

非正式群体有以下几个特征：

（1）自发性。非正式群体是自发形成的，员工在非正式群体中得到归属、认同、理解，并寻求表现自我、完善自我的机会。

（2）成员的交叉性。成员的爱好、兴趣广泛，他们会加入几个不同的非正式群体，从而使非正式群体的成员具有交叉性。

（3）有自然形成的核心人物。非正式群体有核心人物，但他们并不是由上级任命或者员工选举产生的，而是在工作、学习或生活中自然形成的，他们善于协调成员关系，有较强的组织能力和影响力。

（4）排他性和不稳定性。非正式群体成员内部关系亲密、互相帮助，但是他们对群体以往的成员则比较冷漠，甚至排斥，具有明显的排他性。非正式群体相对有不稳定性，如果成员之间发生矛盾分歧，一旦调解无效，就会导致群体分化瓦解，或者重新组合。

正式群体和非正式群体的区别见表8－1。

表8－1　正式群体与非正式群体的区别

类型	组成因素	特　性
正式群体	遵照正式程序而组成	结构单一 具有一定结构形式
	以正式结构为本，产生心理认同	领导者常具有主观身份 主要目标为达成工作任务
非正式群体	由人员自然交往而成	结构具有重叠性 不具有一定的结构形式
	以心灵组合为本，产生无形结构	领导者不一定是主管 主要目标为满足成员需求

（二）正式群体

正式群体进一步分为命令型群体和任务型群体。

1. 命令型群体

命令型群体是由组织章程规定，由直接向某个管理者汇报工作的下属组成。例如，一个超市主管与8个员工就组成了一个命令型群体。

2. 任务型群体

任务型群体也是由组织确定的，是为了完成一项任务而共同工作的群体。任务型群体不仅限于直接的上下级关系，它可能会跨越这种关系。例如，一个大学生如果在校园违反了纪律，那么教务主任、学生处处长、保卫处和学生辅导员之间就要沟通协作，从而组成了任务型群体。

可以说，所有的命令型群体都是任务型群体，但是任务型群体则不一定是命令型群体。

（三）非正式群体

1. 非正式群体的类型

非正式群体可分为利益型群体和友谊型群体。

（1）利益型群体。利益型群体是大家为了某个共同关心的具体目标而形成的群体。例如，大家为了改善工作条件，或者为了变更一个休假安排，一些员工组合成一个共同体，来进一步实现共同利益。

（2）友谊型群体。友谊型群体是成员之间拥有某种或某些共同特点，从而形成的共同体。这种联盟往往跨越了工作情境，它的形成可以基于各种特点，如年龄相近、有共同兴趣爱好等。

2. 非正式群体的作用

非正式群体既有积极的作用，要加以利用；又有消极作用，要注意防范。

非正式群体的积极作用如下：

（1）弥补正式群体的不足，满足员工需要。非正式群体是员工自愿参加的，这类群体可以给员工带来很多需要的满足，例如自我表现、归属感、爱与被爱等需要的满足。正式群体不能给予员工的满足可以在非正式群体中实现，这对稳定员工情绪和提高工作效率有重要作用。

（2）融洽员工感情。通过非正式群体的交往，员工之间加深了解，彼此关系更和谐融洽，从而产生加强合作的意愿。员工如果能够把这种协作关系带入正式群体中，则会促进组织活动协调进行，增强组织凝聚力。

（3）激励和培训员工。非正式群体的集体观念很强，他们会自觉帮助和指导那些工作困难和技术不熟练的成员，这些善意的帮助和激励能够促进他们提高工作技能，从而帮助组织起到激励和培训的作用。

（4）保障员工的权益。经济的快速发展带来了一些复杂的劳资关系和劳资纠纷。非正式群体往往能够以职工利益代表的身份出现，帮助员工维护合法权益，从而弥补了一些经济发展中的失衡和不足。

3. 非正式群体的消极作用

（1）干扰组织目标的实现。非正式群体的目标如果与企业目标冲突，那么会对组织工作产生不利影响。这时它会阻碍管理者的努力，削弱成员的创造性和积极性，降低工作效率。

（2）削弱管理者权力。管理者既要维护组织规章制度，又要维护所属非正式群体的利益，这种两难境地无形地削弱了管理者的权力。此外，非正式群体很容易传播小道消息或者流言蜚语，这会削弱正式组织管理的能力。

（3）控制和束缚员工发展和上进。非正式群体有很大约束力，它要求成员在思想、行动上一致，否则可能会被孤立或惩罚。一旦非正式群体出现消极行为，就很难消除。

三、群体发展的五阶段模型

总体来说，群体遵循着一种标准化的顺序进行发展，这就是群体发展的五阶段模型。虽然并非所有群体都遵循这一模式，但这是理解群体发展的有用框架。

群体发展的五阶段模型是指，群体发展过程遵循着 5 个明显的阶段：形成阶段、震荡阶段、规范阶段、执行阶段和解体阶段。（如图 8－1）

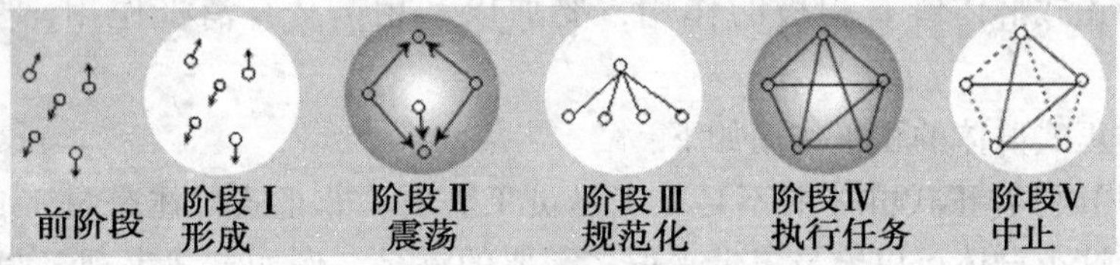

图 8－1　群体发展的阶段

1. 形成阶段

在形成阶段，群体在目的、结构、领导方面存在不确定性。群体成员各自进行摸索，以确定自己的哪些行为能够被群体接受。当群体的成员开始以群体一分子的身份考虑问题时，该阶段就结束了。

2. 震荡阶段

这个阶段是群体内部冲突明显的阶段。群体成员接受了群体的存在，但对群体加给他们的约束仍然予以抵制。而且，对于谁可以控制这个群体，还存在争执。这个阶段结束时，群体的领导层次就相对明确了。

3. 规范阶段

在这个阶段中，群体内部成员之间开始形成亲密的关系，群体表现出一定的凝聚力。这时会产生强烈的群体身份感和友谊关系，当群体结构稳定下来，群体对于什么是正确的成员行为达成共识时，这个阶段就结束了。

4. 执行阶段

在这个阶段中，群体结构已经开始充分地发挥作用，并已被群体成员完全接受。群体成员的注意力已经从试图相互认识和理解转移到完成手头的任务。

5. 解体阶段

对于长期性的工作群体而言，执行任务阶段是最后一个发展阶段，而对暂时性的委员会、团队、任务小组等工作群体而言，由于这类群体要完成的任务是有限的，因此，还有一个中止阶段。在这个阶段中，群体开始准备解散，高绩效不再是压倒一切的首要任务，注意力放到了群体的收尾工作。这个阶段，群体成员的反应差异很大，有的很乐观，沉浸于群体的成就中，有的则很悲观，惋惜在共同的工作群体中建立起的友谊关系不能再像以前那样继续下去。

五阶段模型的许多解释者都带有这样的假设：随着群体从第 1 阶段发展到第 4 阶段，群体会变得越来越有效。虽然这种假设在一般意义上可能是成立的，但使群体有效的因素远比这个模型所涉及的因素来得复杂。在某些条件下，高水平的冲突可能会导致较高的群体绩效。所以，我们也可能会发现这样的情况：群体在第 2 阶段的绩效超过了第 3 阶段和第 4 阶段。同样，群体并不总是明确地从上一个阶段发展到下一个阶段。事实上，有时几个阶段同时进行，比如震荡和执行任务就可能同时发生。群体甚至可能回归到前一个阶段。

第二节　群 体 行 为

个体在家庭、学校和工作场所以及其他各种团体中，一定会受到他人和所在群体的影响。在群体中，个体的行为会发生一定的改变，因为个体不可能采取与周围成员相差悬殊的行动，各种群体规范和压力使人们尽量迎合群体的行为倾向。

一、社会促进与社会干扰

（一）社会促进

社会促进是指个体的活动由于他人同时参加，或者他人在场观看，使个体活动效率得到提高的现象。

1. 社会促进的实验

1898 年法国学者特里普莱特完成了一个实验，结果发现：一个人和其他人比赛骑自行车，要比自己单独骑车的计速成绩提高 30%；两个人一组绕线时的效率比单独绕线时提高 5%。

美国的奥尔波特进行了这样的实验：被试在个人单独工作和多人工作两种条件下，完成难易不同的 5 种活动。结果，在 4 项工作中都是多人工作比个人单独工作效率高。

2. 观众效应

在现实工作和生活中，观众效应的例子很多。例如在演讲时，如果台下人头攒动、气氛热烈，主讲人就会精神抖擞、妙语连珠。这就是观众效应。

（二）社会干扰

社会干扰就是指由于他人在场，或者有他人参加而致使个体活动效率降低的现象。他人在场或者共同活动，并不总是发生促进作用，很多情况下会起干扰作用。例如，新教师、第一次上台演讲的人，可能已经练习得很熟练了，但是一上台就开始紧张，特别是专家在场时更加受到干扰。

奥尔波特在作一系列社会促进实验时，也发现了社会干扰的现象。一些大学生被试在撰写批判某个逻辑命题的文章时，集中在一起就不如分开写的效率更高、效果更好。

（三）社会促进和社会干扰的影响因素

1. 优势反应

优势反应是指那些已经学习和掌握得非常熟练，不假思索就可以表现出来的习惯动作。如果个体从事的活动非常熟练，或者非常简单，那么他人在场会使动机增强，活动完成得更出色；相反，如果个体从事的活动是不熟练的、正在学习的，或者难度比较大，需要花费脑力的，那么他人在场不仅不会增加动机，反而会起到干扰作用。

2. 工作性质

工作性质也会对社会促进和社会干扰有一定影响。简单熟练的工作，有他人在场，群体成员能相互激励竞争，起到促进作用；对于复杂不熟练的工作，单独工作则提高工作绩效。

3. 动机水平

动机水平的高低对于社会促进和社会干扰也有影响。当个体技术不熟练、动机水平又很高时，那么他人在场会起到干扰作用；但是有些工作，即使个体技术很熟练，但动机水平过高的话，他人在场也会起到干扰作用。

4. 他人评价程度

心理学家的实验证实，社会促进和社会干扰不仅取决于他人是否在场，还依赖于活动者知觉到自己的活动被他人评价的程度。

实验者让被试用小棍把一个小球从某装置的下方拨到上方，这是难度很大的、需要一定技巧的工作。实验在以下 3 种环境下进行：

（1）直接评价。被试可以看到自己和他人的操作，并且可以了解自己和别人的分数。

（2）间接评价。被试者看不到他人的操作，只能看到他人的分数。

（3）无评价。被试者既看不到他人的操作，也看不到他人的分数。

结果，第一种环境下的被试成绩最差；第二种和第三种环境下被试的成绩差别不大。这说明，直接评价提高了个体的动机水平，干扰了复杂工作的完成。

5. 注意力转移

一些心理学家从注意分配和转移的角度解释了社会促进和社会干扰。对于不熟练、复杂的工作，个体必须高度集中注意力，否则就会影响绩效；他人在场就会使个体的注意力分散和转移，起到干扰作用。但是在简单、熟练的工作中，有些个体的熟练水平达到了自动化的程度，因此短时间的注意力转移或者分散不会影响工作绩效。例如，一些女性可以在织毛衣的同时和别人聊天，这样不仅不会使织毛衣的动作发生中断或错误，反而会起到促进作用。

6. 个性

性格、气质不同的人，受他人在场的影响也有所不同。性格内向、独立性差、容易受暗示的人对于他人在场的反应更强烈。这些人比较缺乏自信心，重视外界对自己的评价，因此容易受到他人的社会干扰。

7. 在场人员的特点

（1）权威性。如果在场的是内行或者权威，活动者会受到很大影响。例如，一个音乐学院的学生在普通人面前演唱，可能会很自如；但是如果在知名音乐家或者演唱家面前演唱，就会受到很大影响。

（2）严肃性。在场的人员如果不严肃，心不在焉，活动者会认为没有人注意他，受到影响也比较小；相反，如果在场的人都很严肃认真，活动者认为他人在评价自己的工作，就会产生紧张感，受到影响。

（3）对在场人员的熟悉程度。如果活动者对在场人员比较陌生，受到的影响就大。

二、责任分摊

责任分摊是一种消极行为，指的是个体在群体中会比自己单独时有更小的责任感。在某种程度上，决定是由群体作出的，而且责任和后果也由群体承担。这会使个体觉得，平均分配到自己身上的责任已经微乎其微了。例如员工都有“法不责众”的心理。

责任分摊现象提示管理者，在群体工作中要更好地设计和明确责任，做到“责任到人”，避免责任分摊现象。

三、社会惰化

社会惰化是指一个人在群体中工作不如单独一个人工作时更努力。

德国心理学家瑞格尔曼（Ringelmam）进行了拔河实验，他比较了个人绩效和群体绩效。实际测量结果证明，群体绩效小于个体绩效的总和。3个人产生的拉力只是1个人力量的2.5倍；8个人产生的拉力还不到1个人拉力的4倍。这说明：群体的规模越大，个体付出的努力就越少。

出现社会惰化的原因可能是：（1）群体活动掩盖了个人活动的价值，个体的努力不记名地简单合并到了群体的成就中，这就降低了个体的积极性；（2）群体成员主观地认为，其他成员没有尽到自己应尽的责任，所以自己也就没有必要那么努力；（3）责任扩散，群体活动的结果不能归于某个个体的作用，于是个人投入和群体产出间的关系就模糊了，此时，个体就会降低群体的努力。也就是说，个体认为自己的贡献无法衡量时，群体效率就会降低。

管理者应该注意到社会惰化可能给群体工作带来生产效率下降的程度，要提高群体工作的士气和绩效，使员工保持一定的努力程度；此外，管理者还应当提供一个足以衡量群体成员工作积极性和工作绩效的标准。如果群体中的个体确信自己的努力或贡献得到了他人的注意和肯定的评价，社会惰化的现象就可能消除。

四、从众行为

从众是一种普遍存在的社会心理现象。当个体与群体中多数人的意见有分歧时，就会感觉到来自群体的压力。这时，个体在知觉、判断、信仰和行为上会违背自己的意愿，表现出与群体多数成员一致的现象。这种行为就是从众行为。

（一）从众实验

美国社会心理学家阿希（S. E. Asch）进行了社会从众行为的实验。他以大学生为被试，每组 7 人，坐成一排，其中 6 个为事先安排好的实验合作者，只有 1 人为真被试。实验者每次向大家出示两张卡片（见图 8－2）。其中一张画有标准线 X，另一张画有 3 条直线，A、B、C 3 条直线中有 1 条与 X 等长。实验者要求被试判断 X 线与 A、B、C 3 条线中哪条线等长。实验指明的顺序把真被试安排在最后。第 1 次、第 2 次测试大致没有区别，第 3 ~12 次前 6 名被试按事先要求故意说错。这就形成一种与事实不符的群体压力，可借此观察被试的反应是否发生从众行为。阿希多次实验，所得结果非常相似。实验表明：（1）大约 1/4 ~1/3 的被试保持了独立性，没有发生过从众行为；（2）所有被试平均从众行为百分比为 35%；（3）大约有 15% 被试，从众行为的次数占实际判断次数的 75%。

实验后，阿希对从众的被试作了访谈，归纳从众的情况有 3 种：（1）被试确实把分阶段的反应作为参考框架，观察上就错了，发生了知觉歪曲；（2）被试意识到自己看到的与他人不同，但认为多数人总比自己正确些，发生了判断歪曲；（3）被试明知其他人都错了，却跟着作出了错误反应，发生了行为歪曲。

一般来说，发生从众的行为是因为个体在群体中受到信息上和规范上的压力。（1）信息压力。经验使人们认为，多数人的正确几率比较高，在模棱两可的情况下，由于缺少参照构架，个人就越发相信多数人，越从众。（2）规范压力。群体中的个人往往愿意违背群体标准而被其他成员视为越轨者，害怕与众不同而成为“一匹离群之马”，遭受孤立，因此采取多数人的意见。

（二）影响从众行为的因素

影响个体从众行为的心理因素有以下几个方面。

1. 群体因素

（1）对群体的信任程度。个体对群体越信任，就越觉得群体是一个可

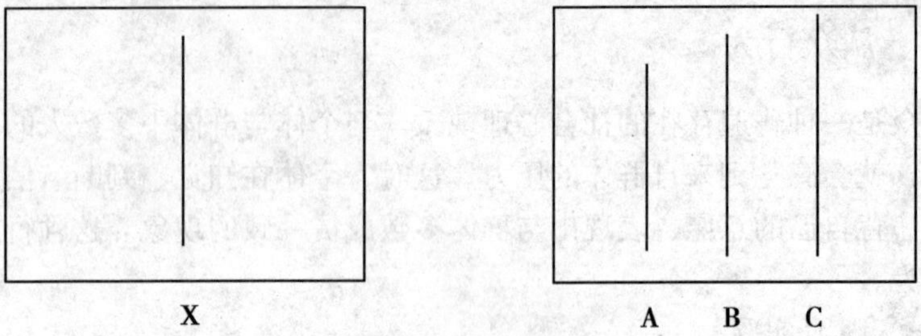

图 8-2 阿希从众实验卡片

靠的信息来源，从而就越遵从群体的意见。

(2) 对群体压力和偏离的恐惧。人们通常与群体保持一致，个体为了避免由于偏离群体而产生的焦虑，会放弃自己的独立。

(3) 群体的规模。群体中的一致性规模越大，个体就越会遵从。个体会根据他人意见的诚实和可信度进行判断，多个个体比单个个体更值得信赖。

(4) 群体的权威性。群体越有权威，越有专长，个体就会越信赖群体，也就越把群体的意见当做有价值的信息，从而越容易遵从。

2. 个体因素

(1) 个体的个性特点。个体的自信心越缺乏，他遵从别人判断的可能性就越大。情绪稳定、自我控制力强的人面对群体压力时能够坚持自己的观点；对人际关系过于重视，依赖他人的个体容易从众。

(2) 责任感。个体的责任感会降低遵从。如果个体对某个事情产生了责任感，那么责任感越强，他就越不愿意屈从于群体的压力。

(3) 性别因素。男女的性别差异导致其对问题的从众行为不同。在女性项目中（如家务、服装等），男性遵从较多；在男性项目中（如政治活动、体育运动等），女性遵从则较多；在其他中性项目中，两者的遵从量基本相当。

（三）从众行为的表现

在群体压力下，很多人会产生从众行为，但每个人的反应情况不同。

1. 表面从众，内心也从众

这就是口服心也服的例子。这是个体与群体之间最和谐的关系状态，此时个体没有任何心理冲突。

2. 表面从众，内心不从众

这就是口服心不服，也叫做假从众，或者是权宜从众。这种现象在生活、工作中很多，尤其是在施行高压政策时，很容易产生假从众。此时，个体可能会为了维持内心的平衡，从内心改变态度，逐渐转为容纳或者至少不反对的状态。

3. 表面不从众，内心从众

这是心服口不服的状态。这可能由于外部的特定状况造成的，也可能是个体的情绪、个性等原因造成的。

4. 表面不从众，内心也不从众

心不服口也不服，这是一种心口一致的行为。

（四）从众倾向的影响

一方面，个体依从群体规范，体现着成员的纪律性和对群体的认同，有助于管理者对组织进行管理。例如，群体所形成的良好行为和观念可以感染个别人的不良态度或行为。

另一方面，从众现象也会阻碍管理活动甚至带来危害。当群体成员顺从群体作出不合理或者不适当的事情时，就会对组织形成危害。因此，管理者要明辨从众心理的盲目性。而从众倾向最常见的消极影响就是压抑个体和群体的创造力，如果组织从众性太强，没有人敢发表不同见解，那么群体就没有创造性。因此，管理者要经常听取群体中的不同意见，了解群体的氛围和从众倾向。此外，决策时的从众会带来极化效应，使决策要么更为冒险，要么更为保守。

五、逆反心理

逆反是与从众、服从相反的心理现象。当人们明确地意识到选择的自由被某一权威，或者某个群体压力限制和泯灭的时候，便会反抗这些外界压力，产生逆反心理。

1. 产生逆反心理的原因

（1）造成逆反心理的原因是人的愿望和选择被现实所限制。虽然人有的时候会盲从，但又不愿意别人干涉和妨碍自己选择的自由。

逆反心理通常在认知上比较偏激，有很强的情绪色彩，个体对那些被限制和压制的行动的评价提高，而对被要求的行动的评价降低。个体在行动上公开或者私下地与权威命令或者宣传信息对抗，甚至对权威产生攻击性。

（2）产生逆反心理的另一个原因是外界压力。当社会压力过强，外界力量让人们有强迫感的时候，人们会选择相反的行为。当然，在不同领域，人们保留选择权利的程度有所不同，产生逆反心理的条件也不同。如果从积极的方面看待逆反心理，它是对个人自由选择的捍卫。它表明，并非任何权威、命令或群体压力都能使人顺从。

2. 管理者如何对待逆反心理

（1）不可随意剥夺他人自由选择的机会。管理者不可随意消除员工选择的可能性，不能将自己的意愿强加给员工，或者不征求他人意见，不给别人选择机会。

（2）运用群体规范限制选择自由。如果必须限制员工的行为，可以运用群体规范，这比个人权威更有说服力。

（3）增强逆反者的责任感。如果能够使有逆反心理的员工明确自己的责任，或者让他重新选择自己的决定，那么员工的行为会有所改变。

（4）提供某些选择以补偿人们被限制的自由。

六、暗示、模仿和感染

（一）暗示

暗示是在无对抗条件下，人们对某种信息无批判地、迅速地接受，并且依此作出行为反应的过程。

暗示是一种刺激，只有那些能够引起被暗示者行为反应的刺激才是暗示。例如，经过路边的广告牌却熟视无睹，那么广告牌就不是暗示。可是，如果个体不自觉地接受了广告的暗示，购买了它所宣传的产品，那么广告就起到了暗示作用。

暗示不是说服，而是一种直接或间接的提示。直接暗示就是暗示者把某一事物的意义直接提供给被暗示者；间接暗示是暗示者凭借其他事物或行为中介进行暗示，而被暗示者并没有意识到自己的观念受到暗示影响。

权威者与群体都是影响个体的重要暗示来源。在同一种情境下，权威者和群体都具有显著暗示作用，而权威的暗示作用比群体的暗示作用更大。

（二）模仿

模仿是人们在社会和群体中自觉或不自觉地模拟、仿效他人的一种行为。模仿是人与人之间相互作用的体现，通过模仿，一个群体的成员会表现出相似的行为举止。

模仿有自发模仿和自觉模仿两种类型。自发模仿就是无意识地模仿他人，而自觉模仿则是有意识地模仿他人。模仿对象可以起到榜样的作用。

作为一种社会影响手段，模仿的作用有时候比行政命令和奖罚更大，因为它不是强制性的，更容易被成员接受。管理者可以充分利用榜样的作用，尤其是那些与效仿者的态度、信念、价值观和年龄等方面接近的榜样，从而起到学习先进的作用。

（三）感染

感染就是通过某种方式引起他人相同的情绪和行动，它是个体对某种心理状态无意识、不自主的屈服。感染就是情绪的传递交流，而相似性是条件。

感染在社会互动中有重要作用。感染可以改变人的情绪，还可以使个体自然地生发出与环境一致的情绪，从而采取与环境一致的反应。

第三节　群体的结构和功能

工作群体是有结构的，群体结构塑造着群体成员的行为。群体结构包括角色、规范、地位、规模以及群体内聚力。

一、角色

人生是一个大舞台，所有人都是舞台上的演员。在群体中，每个成员也都是演员，扮演着自己的角色。群体角色，就是群体给予成员的地位身份，是对其权利义务和行为的规定。

1. 角色认同

角色认同是指在一种角色中，态度与实际行为保持一致。个体发现环境条件明显要求自己作出改变时，他们会迅速调整自己的角色行为。例如，一个普通员工晋升为主管时，人们会发现他的态度、行为发生变化，从以前的亲民变成亲管理层。

2. 角色知觉

角色知觉就是个体对于自己在特定情境中应该如何表现的认识和了解。每个人都会在如何表现自己的认知基础上作出行为表现的。

3. 角色期待

角色期待是指在某个特定情境中别人认为个体应该表现出什么样的行为。个体的行为方式很大程度上取决于自己行为的背景。

在角色期待中，心理契约是个重要的概念。心理契约是雇主和员工之间的不成文协定，这种心理契约以双方的相互期待为出发点，就是管理层对员工的期待，以及员工对管理层的期待。如果管理层没有满足员工的角色期待，那么员工的绩效和工作满意度就会下降；如果员工没有满足管理层的角色期待，那么可能会受到某种形式的处分甚至解雇。

4. 角色冲突

个体面对相互之间存在分歧的多种角色期待时就会产生角色冲突。个体服从了一种角色要求，但是难以符合另一种角色要求，那么个体就面对着角色冲突。

二、规范

群体规范就是群体成员所确定的、共同接受的、必须遵守的行为标准，它既包括正式的规定，如法律、法规、规则、规章制度等，又包括群体中自然而然形成的文化、风俗、时尚等。

（一）规范的主要类型

1. 绩效规范

绩效规范是最常见的规范。工作群体会明确告诉成员：应多大程度地努力工作，应当如何完成自己的工作任务，应该达到什么样的产出水平，如何与人沟通等。绩效规范对于员工个体的绩效影响很大，它们还在很大程度上校正仅仅根据员工能力和动机水平作出的绩效预测。

2. 形象规范

形象规范包括：适当的着装，对群体的忠诚感，什么时候要表现得忙碌，什么时候可以表现懒散。有些组织制定了正规的着装制度，有些组织虽然没有，但是组织成员对于工作如何着装，都有心照不宣的标准。

3. 社交约定规范

社交约定规范来自非正式群体，主要用于规定非正式群体中成员的相互作用。例如，群体成员应该与谁共同进餐、工作内外的交友情况等，都受到这些规范的制约。

4. 资源分配规范

这类规范来自组织或群体内部，主要包括员工报酬分配、困难任务的安排、新设备的分发等。

（二）规范的作用

1. 标准化作用

群体规范在向每个成员提供行为标准的同时，也提供了成员判断和评价事物的统一标准。在群体交往的过程中，人们相互制约着对事物的知觉、判断、态度和行为。群体规范约束着每个成员，并形成共同的看法和意见。一般来说，群体的规范越标准化，成员的活动就越协调，关系就越密切，群体就越整合和集中。

2. 去个性化作用

群体规范给每个成员都提供了认知和行为的统一标准，使群体成员的认知、感情和行为一致性较高，同时，也使个体的个性受到影响，磨灭了成员个体本身具有的特点。但是在群体中，成员没有个性不行，但个性太强也不好。因此，群体规范不能过细、过严，一旦不合适，就要及时改革，从而使群体规范发挥积极作用。

三、地位

地位指的是他人对于群体或群体成员的位置或层次进行的一种社会界定。它渗透在社会的各个角落。地位是人类行为的重要影响因素，能够激励个体。

什么决定着地位？根据地位特征理论，地位特征差异决定了群体中的地位等级。地位的获得主要有 3 个来源：个体驾驭他人的权力、个体对组织目标的贡献能力、个体的个人特征。

1. 个体驾驭他人的权力

那些通过权力控制群体结果的人具有高地位，因为他们有控制群体资源的能力。群体的正式领导或管理人员如果可以分配组织的资源，例如首选的任务、合适的时间表，或者有加薪的权力，他就会被认为具有很高的地位。

2. 个体对组织目标的贡献能力

那些对群体成功具有重要贡献的人也具有很高的地位。例如，在运动队中成绩出色的人，往往比其他队员的地位更高；在组织中业绩出色的人，也会比其他业绩平平的人具有更高的地位。

3. 个体的个人特征

具有群体所看重的个人特征的人，例如相貌出众、聪明或友好的人，他们的地位会高于拥有较少重要特征的人。这就是为什么有个人吸引力的人，通常更有名。

当然，一个群体所看重的特征可能在另一个群体中一文不值。高智商让个体在学习或工作中受人瞩目，但是却无助于个体在体育运动或者娱乐活动中的表现。

四、规模

群体规模的大小是影响群体行为和工作绩效的主要因素之一。要使群体工作效率提高，就要有效地控制和引导行为，使群体规模有利于成员间的相互交往和作用，充分发挥他们的积极性。

如果群体规模太大，群体成员太多，那么成员间相互交往和相互作用的机会就少，容易造成意见分歧；如果群体规模过小，成员太少，那么就难以完成任务。因此，群体规模的大小主要取决于要完成的任务。

(1) 当群体既要作出高质量的决议，又要取得协议时，最好的成员数量是5~7人。

(2) 当群体的主要任务是作出高质量的复杂决策时，最恰当的规模是7~12人，而且要有1个正式的领导。

(3) 当群体的主要任务是解决矛盾和冲突、取得协议时，最好有3~5人组成，不要正式领导。这能保证每个成员都充分发表意见和进行讨论。

(4) 在大规模的生产中，要根据生产规模的大小来决定所需要的人员数量，从而确定群体规模的大小。此时，成员对专权的领导方式比较能容忍，但会感受到威胁，只有较强的成员才试图表示自己的观点。

五、凝聚力

群体凝聚力也叫做群体内聚力，是指群体成员之间相互吸引并愿意留在群体中的程度。群体成员间的相互吸引力越强，群体成员对群体就越忠诚，他们遵守群体规范的可能性就越大，为群体目标作出的努力也就越大。

(一) 影响群体凝聚力的因素

(1) 成员的一致性。成员的一致性是指群体成员的共同性和相似性，尤其是成员间利益和目标的共同性。一方面，个体愿意与那些有相似态度的群体成员相处，另一方面，个体常常被与自己有相似目标的群体所吸引。

(2) 外部影响。外部的威胁和压力可以增强群体成员间相互依赖的程度，更加紧密团结，共同抵御来自外部的压力，从而提高群体凝聚力。

(3) 群体规模。群体规模过大或过小都会影响群体的凝聚力。群体人数太多，成员间相互接触的机会就会减少，而且成员异质性越大，就容易产生意见分歧，从而降低凝聚力。群体人数太少，会影响任务的完成。研究结果表明，群体规模在7人左右最佳，能同时保证任务的完成并增强群体凝聚力。

(4) 领导方式。群体不同的领导方式对群体凝聚力有不同的影响。

(5) 奖惩制度。以群体为单位的奖惩比个人奖惩能带来更高的凝聚力。如果以群体为单位进行奖惩，可以使成员意识到他们的利益是相连的，因此会增强合作精神。但是，如果对群体内部成员间进行个体奖励，就会产生竞争，从而削弱群体凝聚力。

(6) 成员性别结构。研究发现，女性凝聚力高于男性。与男性相比，女性与同伴、朋友的竞争较少，而合作较多，这有助于增强女性群体的凝聚力。而且，成员都是女性的群体与男女混合的群体，比成员均为男性的群体凝聚力高。

(7) 群体的社会地位。各个群体在社会中的地位是不同的，主要的影响因素是群体对社会所作出的贡献。群体对社会贡献大，声望就越高，那么群体成员的归属感和自豪感就越强烈，群体凝聚力也就大。

(8) 个体需要满足的程度。如果群体有助于满足个体的需要，群体对个体就会有较强的吸引力。

(二) 凝聚力的作用

1. 凝聚力对群体生产率的影响

群体凝聚力与群体生产率是相互影响的。有的研究发现，凝聚力高的群体生产效率高；也有研究发现，凝聚力高不一定能带来高生产率，相反会使生产率下降。关键在于群体的目标。如果群体目标与组织目标一致，凝聚力高的群体会有高绩效；如果群体目标与组织目标不一致，那么凝聚力高的群体反而会出现低绩效。因为，凝聚力高的群体比凝聚力低的群体更倾向于维护自己的群体目标。

2. 群体凝聚力对工作满意度的影响

高凝聚力群体的成员比低凝聚力群体的成员可以得到更大的满足。高凝聚力群体的成员对于归属于这一群体感到满意，愿意参加群体活动，并忠实于群体。

第四节　群体决策

一、群体决策的概念

群体决策就是由群体中的多数人共同决策，一般是群体中的个人先提出方案，然后从若干方案中进行优选。参与群体决策的成员可能包括组织的领导者、有关专家和职工代表。

(一) 群体决策的优点

决策是由个体进行还是由群体进行分析、讨论而为，在决策的很多方面，例如速度、效率、风险性、准确性上都各有利弊。

与个体决策，群体决策的优点有：

（1）可以提供比个体更丰富和全面的信息。集体讨论可以相互启发和综合大家不同的专门知识和经验，能从多个方面对各种方案进行完备细致的分析，提高决策质量。

（2）能够提供个体更多的不同决策方案。集体审议和判断可以产生数量较多的方案，从而使被选方案的正确程度和满意程度提高。

（3）能增加决策的可接受性。群体成员如果由不同利益集团或群体成员组成，可以激发其参与、实施决策的积极性，可以协调各方意见和分歧。

（4）能够增加决策过程的民主性。群体决策使权力有所分散。这就消除或削弱了独裁现象，使决策更加民主化。

（二）群体决策的缺点

群体决策也会带来一些不利影响。主要有：

（1）群体决策要比个体决策花费更多的时间。集体讨论时，为了取得大体一致的意见，往往需要多次碰面，耗时较多，可能带来决策的延误。

（2）群体的从众心理可能会妨碍不同意见的表达。处于群体压力下的个人可能会保留自己的不同意见或者不同看法，他们为了寻求一致，往往采取折中的办法，这就削弱了决策的质量。

（3）当群体由少数人控制时，群体讨论容易产生个人倾向。少数成员会因为自己的特殊身份、地位、个性、能力等特点对群体决策产生不良影响，这样就会使群体决策变成个人决策，从而影响决策质量。

（4）对决策结果的责任不清。群体决策会出现权力和责任的分离。群体被授权进行问题研究和决策，实际上权力在整个群体中分散了。最后的决策可能是大家相互妥协的结果，只反映了部分成员的意见。没有任何成员对决策完全负责，因此可能导致群体决策具有更大的冒险性。

二、群体决策的特殊现象

（一）小集团意识

小集团意识是由美国心理学家詹尼斯（Janis）提出的，这是根据美国政府由于群体决策不当而造成了几次严重错误事件得出的。

所谓小集团意识，就是在决策中，那些持有不同意见的人为了避免压力而采取了保持沉默，或者随声附和，结果在“一致通过”的表面现象下形成了错误决议的现象。他认为美国珍珠港事件、朝鲜战争等，都是由于小集团意识造成的。

小集团意识往往发生在团结很紧密、凝聚力很高的群体中，伴有8个症状：(1) 群体中的大部分成员有严重错觉，这种错觉使人过分乐观而冒了很大的风险；(2) 轻视他人的告诫，文过饰非，诿过于人；(3) 盲目坚持群体自定的标准，不考虑决策后果；(4) 低估了对方的力量，对于对方领导人物抱有成见，认为对方软弱愚蠢，不堪一击；(5) 持异议的人受到群体压力；(6) 持异议者为保持与群体意见的一致，往往保持沉默，或者自我压抑，降低自己怀疑和争论的意义；(7) 容易形成“一致通过”的错觉，视沉默为默认、弃权为赞同；(8) 对群体外的批评和劝告，往往视为观点保护，从而不使其危机群体决策。

(二) 群体偏移

这种现象又叫做“极化现象”，或者“冒险性转移”，是指群体进行决策时，往往会比个体决策更倾向于冒险或者保守。在某些情况下，群体决策过于保守；更多的情况下，群体决策更倾向于冒险。

产生群体偏移的原因是：(1) 群体在相互讨论中发生了相互作用。成员在群体决策中变得更加熟悉，更容易接受群体核心人物的冒险或保守倾向。(2) 群体决策分散了责任。群体决策使任何一个人都用不着单独对决策失败的后果负责。(3) 可能某些群体更崇尚冒险，另一些更加谨慎。

三、群体决策法

群体决策的主要方法包括会议讨论决策法、名义群体决策法、头脑风暴法、德尔菲决策法。

(一) 会议讨论决策法

在会议讨论决策法中，群体领导人先对问题进行陈述，然后，由各个成员对问题进行全面讨论或者相互启发，以产生新的思想并集中意见，最后，就如何解决问题进行表决，按照大多数人的表决意见作出决策。

这个方法是面对面的会议。群体成员间比较倾向于保持社会和感情上的关系。某些成员喜欢在某些阶段控制讨论的过程，对群体行为的影响比较大。

(二) 名义群体决策法

名义群体决策法就是通过有组织的面对面的会议，遵照一定的程序集合成员意见来作出群体决策的方法。

名义群体决策法的步骤如下：(1) 每个成员都在无干扰的环境下写出

自己的全部意见；（2）组织者不分先后地听取并记录这些意见，不许评论和反驳；（3）集体逐条讨论大家提出的意见；（4）对归纳意见后形成的条目进行重要性的排序，进行初步投票；（5）讨论初步投票的结果；（6）最终投票。

这个方法在社会关系和完成任务的态度之间进行了均衡考虑，意见的相对数量比较多。这个方法的特点是高度的任务中心性，成员可以平等参与，独立思考并发表意见，而且允许存在意见不一致。

（三）头脑风暴法

这是一种克服从众压力产生观念的方法。“头脑风暴”最突出的特点是激发人的自由联想，规则是所有成员都畅所欲言，即兴表达，不允许评论并记录所有方案，最后再由群体对这些方案进行分析和评价。

使用头脑风暴法组织专家会议时，要遵守以下8条原则：

（1）围绕所讨论的问题提出具体的要求，严格规定使用术语，严格限制会议范围，保证专家的注意力都集中于主要问题；

（2）参加会议的人都不能对他人的意见提出批评和怀疑，不能反驳；

（3）鼓励与会者对已经提出的设想进行改进或者综合、补充和发展；

（4）支持和鼓励与会者解除思想顾虑，创造自由氛围，激发参加者的积极性，独立思考，开阔思路；

（5）鼓励与会者参与修改自己的意见；

（6）发言要精练，不能详细论述，不得重复他人意见，保持富有成效的氛围；

（7）即席发言，不得宣读实现准备好的建议；

（8）建议或意见越多越好，不回避矛盾。

【思考题】

（1）什么是群体？群体的特征有哪些？

（2）群体有哪些类型？

（3）阐述群体发展的五阶段模型。

（4）什么是社会促进、社会干扰？社会惰化现象对管理者有什么启示？

（5）什么是从众行为？它对管理者的启示是什么？

（6）群体的结构有哪些？

（7）群体决策的优缺点有哪些？

（8）群体决策有哪些特殊现象？

(9) 群体决策的方法有哪些?

【补充阅读材料】

人为什么要加入群体

人之所以要加入群体，是为了满足某种需要或者实现某种目标。马斯洛的需求层次论提出了人不同层次的需要，人加入群体也是为了满足这样的一些需要。

安全需要。加入群体能够降低个体独处时的不安全感。当个体成为群体的一部分后，就会感到自己更强大，因而减少了自我怀疑感，面对威胁更有能力抵制。

地位需要。加入一个被大家认为十分重要的群体，能够使个体获得该群体成员所拥有的社会认可和社会地位。

自尊需要。群体能使成员感受到自我价值。除了能向外人传递自己的地位之外，还能够增强群体成员的自我价值感。

归属需要。群体能够满足个体的社交需要。人们会在群体成员的相互作用中得到满足。对于很多人来说，工作中的人际互动是满足人们归属需要的最基本途径。

权力需要。有些东西个人无法实现，但通过群体活动却可以实现。权力就是通过群体活动才能实现的需要。

目标实现的需要。有的时候，完成具体目标仅靠一个人是不够的，需要汇集众人的智慧、知识和力量。此时，管理者要依赖正式群体。

第九章　人际关系

【本章目标】

(1) 了解人际关系的概念；

(2) 了解人际关系的几种理论；

(3) 了解影响人际吸引的因素；

(4) 掌握人际交往的模式；

(5) 了解人际冲突的概念和阶段。

【案例】

20世纪80年代末期，大学刚毕业的史蒂芬·盖瑟在一家大规模的投资公司获得了业务主管的职务。盖瑟初出茅庐，就在洛杉矶西区拥有住宅，又开着一辆奔驰，而他当时还不过25岁。当时他自认为是商业神童，呼风唤雨，要什么有什么，而且在人前毫不掩饰这种自大的态度。

但是90年代以后美国经济开始萎缩，裁员的风暴毫不留情地刮了过来。起初，他还不以为然，以为这与他无关。可没想到，一天，老板叫他进去对他说“史蒂芬，你的能力没话讲，问题出在你的态度上。公司里没有人愿意和你配合，我恐怕必须请你离开公司。”

真是晴天霹雳！像他这样的成功人士，居然被开除了！

盖瑟回忆说：“可我当时真是满不在乎，以为此处不留爷，自有留爷处，凭我的履历，要找个高薪的主管职位应该不难。但是我大错特错了！”

经过几个月求职的挫折，盖瑟平生第一次感到如此缺乏自信，前途如此渺茫。“更要命的是，你想想，既然以前我都以那种态度对人，这个时候当然也无处投靠，无处倾诉。我当时是完全孤独的，简直就要崩溃了！”

一直到那个时候，盖瑟才领会到应该对他人感兴趣。他开始聆听，开始对除了自己以外的人关心。他渐渐明白了自己的问题所在，并开始帮助处境比他还糟的人。他打开了心胸，变得比较有人情味，更可爱，更能共事。

他回忆道：“我换了一种态度去待人。我觉得自己变了。我的恐惧减轻了，心胸开阔了，我开始注意、关切到周围的人，周围的人也同样地关心和帮助我。我的生活质量提升了，成功的步子加快了，这是一种从未有过的美妙感觉，即使我暂时不再拥有住宅和轿车。”

“三年后，我又回到高级主管的位置，只不过这一次，我周围的同事都是我的朋友了。”最终成为美国银行总裁的盖瑟欣慰地说：“有了他们的帮助，我相信自己能有更好的发展。”事实也印证了他的话。

这是一个非常典型的事例，它告诉我们：和谐开放的人际关系，对于个体的成功是非常重要的。一个人人际关系的好坏，不仅是个体综合素质的体现，而且也是他能否获取事业成功、创造快乐人生的前提条件。了解和掌握人际关系的相关知识，有助于管理者提高对员工的需要、动机、行为和情感的了解和关心程度，从而更好地激发员工的积极性和创造性。

第一节　人际关系概述

一、人际关系的含义

人际关系是人们在共同活动中彼此为寻求满足各种需要而建立起来的相互间的心理关系。作为专用名词，它是在20世纪初由美国人事管理协会最先提出来的。我国学者朱智贤的《心理学大辞典》对它的定义是：“人与人之间通过交往与相互作用而形成的直接的心理关系。”人际关系就好比人们心理上的桥梁和纽带，显示着人与人之间的心理距离。人际关系也反映了个人和团体满足其社会需要的心理状态，人际关系的发展变化决定了双方社会需要满足的程度。

二、人际关系的心理结构

人际关系的形成经常受到各方心理特征的制约，并伴随着一定的心理体验与心理反应。人的心理过程是由“知”“情”“意”3个部分组成的，即认知、情绪、意志行为，因此人际关系的心理结构包括人际认知、人际情感和人际行为这样3个内在联系的具体层面。

1. 人际认知

人际认知是指人与人在交往过程中的相互认知，即通过相互感知、识别、理解而建立的一种心理联系。人际认知包括对自我的认知、对他人的认知和对人际关系的认知三个方面，但主要还是指个人对他人的心理状态、行为动机与意向以及人与人之间关系进行推测和判断的过程。

2. 人际情感

人际情感是指人际交往中各自的需要是否得到满足而产生的情绪情感体验。由于人际关系在心理上总是以彼此满意不满意、喜爱不喜爱等情感状态为特征的，因此情感成分是人际关系中最本质、具有决定性的因素，是衡量人际关系的晴雨表。

3. 人际行为

人际行为是指双方在相互交往过程中的外在行为的综合表现，包括人们的仪表仪容、服饰打扮、言谈举止、礼仪礼节等。

三、人际关系的类型

依据不同的分类，人际关系可有多种类型。

（一）按照建立人际关系的媒介来分类

（1）血缘关系：是由血缘和姻缘结成的人际关系，这种人际关系以家庭为中心，成员之间的交往构成一个血缘关系网络和一个由若干家庭交叉形成的亲缘关系网络，比如父（母）子（女）、兄弟姐妹、祖孙、夫妻、叔侄等。这是人际关系中最直接、最普遍的关系。

（2）地缘关系：是由生活、活动于共同空间地理环境的人们形成的关系，如同乡关系、邻里关系等。地缘关系是以社会历史和文化为背景，由于一定的共同地域赋予人们共同的经验范围背景，如语言、风俗、习惯、观念等，因而很容易产生彼此的相互认同。

（3）趣缘关系：是人们在社会生活中因情趣相投而建立起来的人际关系，如棋友、舞伴等。

（4）业缘关系：是以工作和行业为纽带而结成的人与人之间的关系，如师徒、师生、同事等。

（二）按照人际关系所包含的需求性质的不同来分类

（1）情感性关系：为了满足相互之间的情感交流，满足个体关心、温情、安全感、归属等情感方面的需要而建立起来的人际关系，如家庭、密友等团体中的人际关系。

（2）工具性关系：它是个人为获得所需要的某些物质利益而与他人建立的社会关系。这种关系短暂而不稳定，如客户关系、医患关系。

（3）混合型关系：介于上述两种关系之间，它既非建立在深厚的真情上，也非建立在纯粹利益之上，而是两者兼而有之，如亲戚、邻居、同学、师生等关系，它在相当稳定的人际关系中占大多数。

（三）按照人际关系的心理倾向性来分类

（1）主从型人际关系：其特点是一方处于主导的支配地位，而另一方则处于被支配或服从的地位，这是人际关系中最主要的一种，几乎所有的人际关系都有主从型的因素或痕迹，只不过多少不同而已。

（2）合作型人际关系：是指双方为了达到共同的目标而达成的互相配合、互相忍让的人际关系，一般来说，这是一种比较理想的人际关系。但是大量的研究表明，合作型人际关系适用于同事、朋友关系中，而并不十分适宜于夫妻关系中，因为尽管这样的夫妻能够和睦相处，他们也会感到单调乏味，容易产生厌烦的情绪。

（3）竞争型人际关系：是指双方为了各自目标而互相竞争、互相排斥的人际关系，这是一种既令人兴奋，又使人精疲力竭的不安宁的关系。

四、人际关系建立和发展的阶段

人际关系的建立和发展一般来说经过定向、探索、情感交流和稳定交往4个阶段。

（1）定向阶段。主要是对交往对象的注意、选择及初步沟通等方面的心理活动。人们对交往的对象有很高的选择性。他们会选择性地注意某些人，但是对另外一些则视而不见。对于注意到的对象，人们进行初步的沟通，进行表层自我表露。

（2）探索阶段。如果在定向阶段双方有好感，产生继续交往的兴趣，那么就会进一步自我表露。双方探索彼此在哪些方面可以建立感情联系。一般情感领域的拓展常常是缓慢的，情感沟通中双方的自我表露逐渐增加。

（3）情感交流阶段。如果在情感探索阶段谈得来，建立了基本的信任感，那么就会发展到情感交流阶段。双方的信任感、安全感开始建立，彼此沟通的深度有所发展，并有较深的情感卷入。此时，会谈论相对私人性的问题，例如诉说工作、生活中的烦恼，谈论家庭中的情况等。此时，双方关系超越了正式规范的限制，比较轻松自在，有不同意见也能坦然相告。

（4）稳定交往阶段。情感交流能够顺利进行的话，人们就可以进入更加密切的阶段。成为亲密朋友，自我表露更深更广。彼此在心理相容性方面进一步拓展，允许对方进入自己的私密性领域，自我暴露广泛而深刻。

五、人际关系与管理

人际关系与每个人的情绪、生活、工作密切相关，对组织的气氛、沟通、运作、效率也有极大的影响。

（一）影响群体的凝聚力

凝聚力是将组织内部各个成员吸引在群体里的合力，是评价组织形象的重要指标。人人都更愿意在一个彼此之间关系和谐、气氛宽松、感情融洽的群体工作。良好的人际关系是群体团结一致的心理基础，有助于群体内各成员相互了解、沟通意见，而不是各自为政，老死不相往来；有助于增强员工的归属感，乐于在该群体工作，减少跳槽和离职率；愿意积极参加群体各项活动，主动寻求并承担责任，从而大大增加群体的凝聚力。

（二）影响职工的工作积极性和工作效率

人的积极性产生于和谐良好的社会关系之中，组织间融洽的合作关系有利于员工作出恰当的自我评价，对提高员工的内在激励有重要影响。对于每一个个体而言，工作不仅是谋生的手段，也是个体展示自我、获得尊重和实现自我价值的平台。工作的意义并不局限于工作本身，工作中的人际情感会直接影响到员工工作的态度及行为。在人际关系良好的组织内工作的员工大多会感到心情愉快，工作积极性高，自然会提高效率，同时这也有助于管理者实现管理目标。

（三）影响员工的身心健康

置身于良好的人际关系中，能使人感到自己为他人所接受、所承认，从而满足了自尊心、提高了自信心，有助于自我价值的实现。同时，在群体中获得友谊和帮助，能够使员工心情舒畅，增进愉悦感、安全感和力量感，有利于员工的身心健康。如果人际关系不良，则会影响身心健康，产生不良的情绪反应，诸如焦虑、不安、恐惧、孤独、愤怒、敌对等，严重者，还会导致神经衰弱、抑郁症、溃疡病等身心疾病。

第二节　人际关系的理论

一、人际关系的三维理论

美国心理学家舒茨（W. C. Schuts，1958）提出了人际关系的三维理论。他认为每个人都具有与别人建立人际关系的愿望和需要。只是有些人表现得明显些，有些人表现得不明显。这些需要大致可分为3类：包容的需要、控制的需要、情感的需要。每一类需要都可以转化为动机，产生一定的行为倾向，建立相应的人际关系。

(1) 包容的需要。它是指个体想要与别人接触、交往、相容的需要。基于这种动机所产生的人际行为是交往、沟通、容纳、归属、参与等，这种人倾向于在所有时刻与人在一起，要求归属于某个组织；与此相反的人际行为是孤立、退缩、疏远、排斥、忽视等。

(2) 支配的需要。它是指个体控制他人或被他人控制的需要，亦即个体在权力问题上与他人建立并维持满意关系的需要。基于这种动机的人际行为是运用权力、权威去影响、控制、支配、领导他人；与此动机相反的人际行为是受人支配、追随他人，或者抗拒权威、忽视秩序。

(3) 情感的需要。它是指个体爱他人或被他人所爱的需要，也就是个体在与他人的关系中建立并维持亲密的情绪联系的需要。由此动机形成的人际行为是喜爱、亲密、同情、友好、热心、照顾等，相反的则是憎恨、厌恶、冷淡、疏远等。

对于这 3 种需要，人们有主动表现和被动表现两种形式，从而形成 6 种人际关系的取向。如表 9－1 所示。

表 9－1 人际关系的 6 种取向

	主 动	被 动
包容	主动与他人交往，积极参与社会生活	退缩、孤独，期待他人接纳自己
支配	喜欢控制他人，能运用权力	期待他人引导，愿意追随他人
情感	对他人喜爱、友善、同情、亲密	对他人显得冷淡，负性情绪较重，但期待他人对自己亲密

了解这些需要与人际反应的特点，有助于管理者预测人与人之间可能发生的相互反应，采取适当的配合措施，以建立良好的人际关系。

二、社会交换理论

社会心理学家霍曼斯提出的社会交换理论，将人与人之间的交往本质视做一种社会交换过程。这种交换不仅涉及物质的交换，还包括非物质，如情感、信息、服务等方面的交换。

社会交换理论强调，人与人之间的相互作用，本质上是个人试图尽可能获得最大利润，同时又尽可能少地付出成本的社会交换过程。所以，人们的一切交往行为及一切人际关系的建立与维持，都是人们根据一定的价值观进行选择的结果。通常在交往中人际关系的回报有：陪伴、自信、情感支持、交换信息、物质或任务上的帮助、自尊及获得对方的价值观等。而成本有：花费时间、增加责任、影响情绪、失去独立性以及对其他人际关系的否定等。对于那些就个体主观而言得大于失的人际关系，人们倾向于建立和保持；而对于那些对自己来说失大于得的人际关系，人们倾向于逃避或终止。

三、公平理论

公平理论认为，人们并不是简单地以最小代价换取最大利益，他们还要考虑关系中的公平性，即关系双方贡献的成本和得到的回报基本是相同的，公平的关系才是最稳定的、最快乐的关系。根据公平理论，过度收益和过度受损的关系中，交往双方都会对这种关系感到不安，且双方都有在关系中重建平衡的动机。过度收益的个体对关系感到烦恼，研究者认为可能的原因是，公平是一个强有力的社会标准，利益不均衡会让人感到不舒服，甚至内疚。

第三节　人 际 吸 引

一、影响人际吸引的因素

人际吸引是在人际交往过程中形成的、以情感因素为主的，对他人的一种特殊形式的社会态度，是个体对他人给予积极和正面评价的倾向。它是一种导致人与人之间心理相融的结合性情感，表现为人际心理距离的缩短、对他人的好感、一个人对他人所抱的积极态度。我们每天都会接触到很多人，然而在我们只会和极少的人成为熟人，和更少的人成为朋友或者敌人，大部分仍是陌生人，那么到底是什么决定认识、接触以及吸引的水平呢？影响人际吸引的因素主要有以下几个方面。

（一）空间上的接近性

生活的时空性决定了我们只能与空间距离近的人有密切来往，距离越接近，交往的频率可能就越高，越容易建立起良好的人际关系。怀特（T. White）于1956年的调查研究发现，在几乎是完全偶然地住到一个居民区的人中，成为朋友的多是居住比较近的人。费斯汀格1950年对麻省理工学院17幢公寓楼已婚学生的友谊研究发现，交往的频率与距离之间呈反比例关系，居住距离越近的人，交往的次数越多，关系越密切。邻近关系不仅对建立人际关系是重要的，而且对维持和发展关系也是重要的，朋友关系的建立、维系和发展，受到这种空间距离影响较大，人们总是随着自己生活空间的变化不断地在他们邻近的人当中选择、结交新的朋友。

空间上的接近会增加人际吸引，一是时空的接近可以使人更容易相互了解因而易于建立融洽关系；二是根据社会交换理论的解释，人们在互动中总是想用最小的代价换取最大的报酬，和邻近者交往，可以节约时间、精力等，往往只要付出较少的代价就能达到较好的目的，比如获得社会性赞许、帮助、认同、信息等。

但是，随着时间的推移，空间上接近性的影响会越来越小，研究表明，人在相处的初期，时空上的接近，往往对建立人际关系具有决定性的作用，但随着时间的推移，其作用将越来越小，尤其是双方关系紧张时，时空上越接近，人际反应越消极。

（二）个体因素

1. 外表

在人际交往中，我们首先注意的总是对方的外表，因此，外表经常是诱发人际吸引的首要因素。一般而言，在其他条件大致相同的情况下，漂亮的人更易被人喜欢，更容易促进其人际关系的发展。虽然我们都知道“人不可貌相”，但实际上，还是会不知不觉受到外表的影响。美国心理学家沃尔特（E. Walster，1966）曾对此进行了实验研究，通过提供各种类型的舞会给人们创造见面的机会，或者让人们看照片，然后问他们愿意和什么样的人约会，实验者事先对所有参加者的外貌进行评定，结果表明，被实验者打分吸引力高的人，被人喜欢的程度也较高。

外貌有如此强的吸引力，一是因为“光环效应”的作用，人们总是会认为外貌好的人同时具有其他优良品质，如聪明、能干、更善于社交等；二是“美丽的辐射效应”，和漂亮的人在一起，也能大大提高自己的社会形象，就像对方的光环笼罩着自己一样。

但是美貌带来的也并不都是积极的心理效应，赛格尔和奥斯特夫所作的一项外表对于法官量刑的影响的研究发现：对同等罪行的盗窃犯，外貌漂亮的平均判刑 2.6 年，不漂亮的被判 5.2 年；而对于诈骗犯判刑的情况却恰恰相反，漂亮的所获刑期远远长于不漂亮的，这可能是因为人们觉得凭借自己的外貌去犯罪更为可恶。

不过，随着人际交往的不断深入，外表的影响会不断减弱，人们往往会更注重交往对象的才能、道德品质、性格特征等方面的吸引力。

2. 才能

一般来说，我们总是会受到聪明能干的人吸引，粗浅看来，似乎在其他条件相等的情况下，一个人能力越高，越是完善，就越是受欢迎。但实际上，在一个群体中，最受喜爱的人往往不是最有能力的人。之所以如此，是因为我们对于他人有着两种不同的需要：一方面，我们总希望自己周围的人有很好的才能，有较好的背景；另一方面，如果他人出众的才能使我们感到可望而不可即时，我们就会体验到一种压力。通常才能与被人喜欢的程度在一定范围内成正比关系。但若超过这个范围，其才能所造成的压力就成了主要的因素，使人倾向于逃避或者拒绝。

3. 个性品质

外表在初次见面或浅层次的交往中对人际的吸引有重要影响，而在深层次的交往中，个人的个性品质则更有吸引力，与外表、才能相比，个性品质的吸引力更持久、深刻、稳定。

心理学家安德森作了一项调查，列出了555个描写人的个性品质的词，让被试的大学生给予评价，并指出他们喜欢具有哪些特征的人，得出的结果见表9－2。

表9－2　人际吸引个性品质表

非常有吸引力的个性品质	介于吸引和讨厌之间的个性品质	非常令人讨厌的个性品质
真诚	固执	欺诈
诚实	循规蹈矩	不友善
善解人意	大胆	恶意
忠诚	谨慎	自私
真实	追求完美	粗鲁
可信赖	易激动	虚伪
聪明	文静	不真诚
可靠	冲动	贪婪
体贴	害羞	做作
温暖	天真	残忍

可以看到，排在最前面的是真诚以及与真诚相关的特质——诚实、忠诚、真实、可信等。不管在何种文化背景下，真诚总是影响人际吸引的重要

个性品质。另外，热情也是影响人际吸引的一个重要特质，热情的人总是表现出他们对人或事极其感兴趣，喜欢周围的人并愿意去赞赏，这样的人总是受人欢迎和喜爱的。

在社会生活中，人们评价他人的个性品质是否有吸引力，常常还以他们不同的性别以及角色身份而异，比如男性吸引人的品质是勇敢、创造、坚韧、宽容、不拘小节、有事业心、有责任感等；女性则要温柔、体贴、善良、有同情心、善解人意等；领导者应该聪明、有创造性、有雄心但又必须灵活和考虑他人；朋友应该能分享感受、自信和忠诚；而在亲密关系中的双方都应该有爱心、敏感和善良。

二、人际吸引的特点

（一）相似性

人们总是喜欢那些与自己类似的人，比如在信念与态度、兴趣爱好、背景经历等方面与自己相似的人。彼此之间相似性越大，彼此的吸引力也越大。常有“物以类聚、人以群分”之说。一般来说，教育水平、经济条件、社会价值等方面相似的人更容易成为好朋友。

为什么相似性会增加吸引力呢？强化理论的解释是，他人表现出与自己相似态度以及其他的一些特征，对自己是一种社会性支持，具有相当高的强化力量。所以彼此之间的吸引力便产生了。从认知理论来考虑，类似的东西常常被作为同一体而感知，由于人们通常是喜欢自己的，所以就会对被归纳为与自己同一的人怀有好感。

当然，并不是所有的相似性都能产生人际吸引，当相似性给对方的成就、活动、独特表现造成威胁时，就不再具有吸引力，反而易引起对方的排斥、反感。

（二）互补性

尽管我们都知道交往双方在生活经历、态度、价值观等方面的相似能促进人际吸引，但生活中，我们常常可以看到性格、能力、思想观念等方面大相径庭的交往双方互相吸引、结为知己。比如个性沉静的人常为性格活泼者的魅力所打动，依赖性较强的人常常钦佩独立性强的人的坚毅，脾气急躁的人喜欢同脾气温和的人在一起等。

心理学研究发现，互补性对人际吸引的增进作用多发生在友谊深厚的朋友之间，尤其是异性友谊或夫妻之间。一般说来，对短期恋爱关系而言，熟悉、外貌以及价值观的相似，是形成人际吸引的主要因素，而对长期恋爱关系来说，互补是发展密切关系的一个非常重要的因素。

在人际吸引中，相似性和互补性并不矛盾，可以并存，当双方的角色作用相同时，决定人际吸引的主要因素是彼此之间的相似性，而当双方的角色作用不相同时，决定人际吸引的重要因素则变成了彼此之间的互补性。比如在婚姻关系中，如果夫妻双方都是支配欲强的人，则夫妻关系很难融洽。只有双方按照各自的角色身份去行动，既相似又互补，才易产生美满的婚姻。而在企业管理中，也是这样，松下幸之曾经说过："即使非常优秀的两个经营人才，分别成为总经理和副总经理，如果搭配不好，工作还是不能顺利进行。就经营者的搭配来说，我认为最理想的状况是总经理有完美的人格，副总要有行动力。"

当然，人际关系的融洽、朋友情谊的发展不仅是一时的吸引，它需要一定的持续性，要求有一定的交往质量，需要满足相互不断发展的心理欲求。在人际交往中，彼此的尊重，相互的坦诚、信任和信用，宽容和互利都是发展友谊十分重要的条件。

第四节　人际交往的模式

人际交往是社会上人与人相互作用和相互影响的一切行为过程。如果说人际关系是一种状态，那么人际交往则是一种行为。人际交往奠定了一切人际关系的基础。在人际交往的过程中，人们获取知识、传递信息、获得赞许和尊重，进一步认识自我，确定自我价值，促进个人成长。

人际交往的模式是指在人与人的交往过程中，交往双方以某种心理或态度对待对方所形成的交往形式。交往时不同的心理状态表现出不同的人际行为模式，也就是说，一方的行为会引起另一方相应的行为。一般的人际关系行为模式的规律是：一方表示的积极行为会引起另一方相应的积极行为；反之，一方表示的消极行为会引起另一方相应的消极行为。

一、爱利克·伯奈的 4 种人际交往模式

美国著名心理学家爱利克·伯奈（E. Beme）依据个体对自己和他人所采取的基本生活态度，提出了针对交往一方的 4 种人际交往模式。

A 模式：我不好—你好，我不行—你行（自卑、恐慌）；

B 模式：我不好—你也不好，我不行—你也不行（不喜欢自己也不喜欢别人）；

C 模式：我好—你不好，我行—你不行（骄傲自大、自以为是）；

D 模式：我好—你也好，我行—你也行（理性、理解、宽容、接纳）；

在 A 模式中，个体在与人交往中往往表现出拘谨和不自信，最极端的表现是社交恐惧症。

在 B 模式中，个体在交往中充满了悲观的态度，对自己和他人都表现出强烈的不信任感。这类人不喜欢自己，也不喜欢别人，容易冲动和偏激，对人和对事都不满。

在 C 模式中，个体经常以占上风的一方自居，放大自己的优点而缩小别人的长处，容易以自己的标准去衡量别人。这类人在人际交往中往往以自我为中心，喜欢表现自己，不顾别人，因而人际关系不好。

在 D 模式中，个体对他人和自己都充满了信任，能够自信地展现自我。这种人并非十全十美，但他善于发现和认识自己，他的理性、理解、宽容、和对他人的欣赏取悦了对方，使得交往顺利进行。这是比较理想和积极的交往状态。

二、伯恩 PAC 理论下的交往模式

加拿大心理学家伯恩（Eric Berne）在《人们玩的游戏》中提出了 PAC 理论，他认为人的个性是由 3 种心理状态构成的，即父母（Parent）态、成人（Adult）态、儿童（Child）态。

（1）父母态（用 P 表示），是以权威和优越感为标志，通常表现为统治、训斥、责骂等家长制作风。其行为上凭主观印象办事，独断独行，滥用权威，讲起话来总是“你应该……”“你不能……”“你必须……”。

（2）成人态（用 A 表示），表现为客观和理智，注重事实根据和善于进行客观理智的分析，是以商量的方式使对方接受自己的心理状态，其行为表现为：待人接物冷静，慎思明断，尊重别人。讲起话来总是：“我个人的想法是……”“我的看法是……”“我建议……”等 。

（3）儿童态（用 C 表示），是一种儿童式的非理性心态，表现为服从和任人摆布。其行为上遇事畏缩，感情用事，喜怒无常，不加考虑，情绪化、任性、撒娇、服从。讲起话来总是“我不知道……”“我猜想……”等。

这 3 种心理状态的不同组合，汇成了一个人的心理特征，在日常的人际交往中表现出不同的特点。企业管理者的行为特征可以根据这 3 种心理状态的比重不同而划分为以下 6 种（见表 9 - 3）。

表9-3 伯恩的PAC交往模式

P A C	行为特征
高 低 高	喜怒无常，难以共事，个人支配欲强，有决断，喜欢被人捧场、照顾、歌颂
高 低 低	墨守成规、照章办事、家长作风、容易养成下属依赖性
低 低 高	有稚气，对人有吸引力，喜欢寻求友谊，用幼稚的幻想进行决策，是讨人喜欢但不称职的经理
低 高 低	客观、重事实，工作刻板、待人冷淡，难以共事，只谈工事，不讲私交，别人不愿和他谈心
高 高 低	容易把“父母”的心态过渡到“成人”心态，经过一定的学习和经验积累，可成为成功的企业家
低 高 高	成人和儿童的心态结合在一起，对人、对事都能搞好，是理想的管理人员

PAC理论认为，这3种心态是可以相互独立存在、互不干扰的，因家庭影响、生活经历、教育及环境等的不同，每个人的P、A、C状态各有不同，当与他人交往时，会表现出不同的交往类型。

根据PAC理论，人们相互作用的行为有两种类型。

（一）互应交流沟通

互应交流沟通是一种在符合正常人际关系的自然状态下的反应，也是大家所预期的反应。这时，大家的相互作用是平行的，例如父母—父母、儿童—儿童、成人—成人，这种情况下，对话可以无限制继续下去（如图9-1所示）。

（二）交叉交流沟通

在交叉交流沟通模式中，交往的一方作出使另一方感到意外的反应，使另一方的要求或愿望落空；或者针锋相对。这时人际交流就会受到影响，信息沟通就会出现中断。

人际交往最理想的相互作用是成人刺激——成人反应，即A—A模式。对于管理者而言，了解PAC理论下的各种交往模式，有助于进一步洞察自己的个性，在人际交往中觉察自己和对方的心理状态，理解他人的反应，增进自己的人际沟通能力。

三、李雷的8种交往模式

美国心理学家李雷（M. Leland）从人际心理调查报告中归纳出以下8

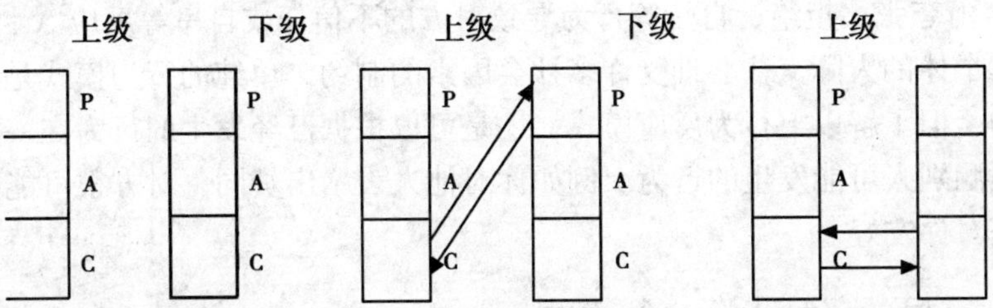

A–A，双方都以“成人态”对话
上级：你能把这项任务准时完成吗?
下级：如果没有什么干扰，我想是能够的。

C–P，员工以”儿童态“对主管说：我今天不大舒服，想早点回去。
主管以“父母态”回应：那就早点回去休息吧，留下的工作我安排其他人做。

C–C，双方都以“儿童态”对话。
甲说：假期出去旅游真开心！要是可以不用上班就好了。
乙说：是呀，我也这么想。

图 9 – 1　互应性的交流沟通

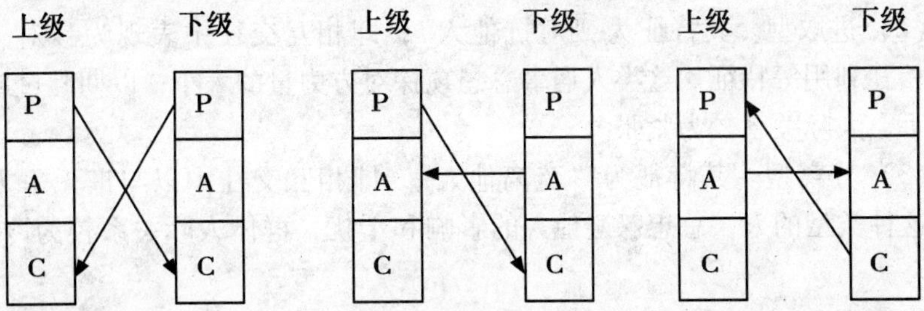

P–P，主管用“父母态”对员工说：你把这任务完成一下。
员工也用“父母态”回应：你不见我正忙着吗?找别人干去吧!

A–P，下级用“成人态”对上级说：这次的加薪有我吗?
上级用“父母态”说：你目前的工作都没做好，还提什么加薪!

A–C，甲用“成人态”对乙说：你有什么困难需要我帮忙吗?
乙用“儿童态”说：得了吧!别假惺惺了，我才不要你帮忙呢!

图 9 – 2　交叉式的交流沟通

类行为模式：

（1）由管理、指导、教育等行为导致对方的尊敬和顺从等反应；
（2）由帮助、支持、同情等行为导致对方的信任和接受等反应；
（3）由赞同、合作、友谊等行为导致对方的协作和友好等反应；
（4）由尊敬、赞同、求助等行为导致对方的劝导或帮助等反应；
（5）由怯懦、礼貌、服从等行为导致对方的骄傲或控制等反应；
（6）有反抗、怀疑、厌倦等行为导致对方的惩罚或拒绝等反应；
（7）由攻击、惩罚、责骂等行为导致对方的仇恨和反抗等反应；

(8) 由夸张、拒绝、自炫等行为导致对方的不信任或自卑等反应。

虽然个体的人际交往心理受许多社会因素的制约，单纯的行为模式是很少发生的，但了解以上行为反应模式，还是可以根据已经发生的行为在一定程度上预测别人可能发生的行为。例如你对他人表示出赞同，对方很可能的反应就是对你友好。

四、霍尼的3种人际交往模式

美国社会学家霍尼（L. P. Horney）根据个体对他人的态度将人际关系行为模式分为谦让型、进取型和分离型3类。

(1) 谦让型。其特征为“朝向他人”，即相互交往以忍让、帮助、给予为特征。这种类型的人无论与什么人交往，都首先想到“他喜欢我吗?”，遇事为他人着想，考虑问题全面细致，具有团结、协作、友谊的特征。

(2) 进取型。其特征为“对抗他人”，即相互交往中表现为敌对、封锁、相互利用等特征。这类人遇事总想窥探对方力量的大小，以期胜过或压倒对手，人际关系较为紧张。

(3) 分离型。其特征为“疏离他人”，即相互交往中以与世无争为特征。这种类型的人，总想躲避他人的影响和干扰，群体人际关系较为冷漠、疏离。

第五节　人 际 冲 突

人际冲突是广泛存在的社会现象，它和人际交往如影相随，几乎存在于人与人的所有关系之中。它的结果可能是负面的、消极的、破坏性的，也可能是正面的、积极的、建设性的，关键在于对它的处理。因此，如何培养和提高人际冲突管理的能力和水平是管理者必须面对的课题。

一、人际冲突的含义

冲突是矛盾的一种表现形式，是被人们知觉到的一种目标、观念或行为上的矛盾状态，并伴有一些故意阻碍对方取得成绩的行为或者情绪上的敌意。人际冲突指人与人之间互不接纳、互不相容的现象，包括背离、排斥、侵犯等。在组织中，冲突表现为：组织中的成员在工作、生活中由于某种原因，彼此之间产生意见分歧，导致相互指责、争论，严重时发展为对抗、争斗。

冲突发生的原因是多种多样的，或者是各方的需要、利益不同，或者对问题的认识、看法不同，或者是价值观、宗教信仰不同，或者是行为方式、做事的风格不同等。总之，当相互关联的两个个体或者多个个体之间的态度、动机、价值观、期望或实际行动不兼容时，并且这些个体同时也意识到他们之间的矛盾时，个体间的冲突就发生了。由于人与人之间的目标、认知、情感和行为等方面总是存在差异，因而人际冲突是人际交往中不可避免的必然现象。

人际冲突主要有两种表现形式：一是隐性的冲突，表现为心理上和情感上的对立或不相容；二是显性的冲突，表现为行为上的对抗、侵犯、伤害等。

二、冲突的类型和根源

（一）冲突的类型

1. 个体的内部冲突

（1）受挫冲突。有目的的行为受到阻碍后，个体就会产生挫折感。这种阻碍可能是外在的、生理的，也可能是内在的、心理的。

（2）目标冲突。个体在面临两个或者两个以上不相容、相排斥的目标时，就会体验到内心的冲突。目标冲突一般分为4类：

①双趋冲突。个体面对两个或两个以上都具有吸引力但是不相容的目标时所经历的心理冲突就是双趋冲突。“鱼和熊掌不可兼得”就是此类冲突。

②双避冲突。个体面对两个或两个以上都不利或者有危害的目标时，必须作出选择，这时体验到的就是双避冲突。“前有狼后有虎”就是此类冲突。

③趋避冲突。个体既想实现某一目标，又想回避它的另一些特点，这就是趋避冲突。例如，个体希望拔牙解除自己的痛苦，但又惧怕拔牙带来的疼痛。

④双重趋避冲突。两个目标都有利有弊，个体很难作出抉择。例如大学生毕业后的选择，是工作还是继续深造？工作可以带来一定的实践经验，也有一定的经济收益；继续深造可能带来更好的工作机会。但是，两个选择又都有一定的弊端。这就是双重趋避冲突或多重趋避冲突。

（3）角色冲突。每个个体都扮演着一系列不同的社会角色，并表现出预期的与角色相一致的行为。工作角色与个体的其他角色间可能会发生冲突。具体而言有3种类型：个性与角色间的冲突、角色内部的冲突、角色之间的冲突。

2. 人际冲突

人际冲突指的是个人与个人间的冲突，如上下级个人之间的冲突、同级个人之间的冲突等。

3. 群体间的冲突

群体间冲突指的是一群人与一群人的冲突，例如部门和部门间的冲突。

（二）冲突的根源

1. 人际冲突的根源

（1）人的个别差异。由于家庭背景、受教育程度和社会化过程的不同，每个人都有其特定的经历和价值观，这些因素会引起人际冲突。

（2）信息不足。由于组织中信息沟通不畅，可能发生冲突的双方只接受了片面甚至是错误的信息。一旦获得全面、正确的信息，人际冲突就会得到缓解或者消除。

（3）角色矛盾。组织中的个体各自承担着不同角色，各自的职责利益都不同。在考虑实际问题、解决问题时可能会从自身角色的需要出发，从而引起冲突。

（4）环境压力。在资源有限而竞争激烈的环境中，这种环境压力会增加由于个别差异、信息不足和角色矛盾带来的冲突的可能性。

2. 群体间冲突的根源

一个群体在工作、生活中存在许多导致冲突的潜在根源。

（1）有限资源的竞争。资源的有限性导致组织中的群体经常因争夺经费、材料、人员等发生冲突。

（2）责任不清。责任的重叠或者职务规定不清，都会导致职责不清，那么群体间相互推诿或者相互争夺，从而会引发冲突。

（3）权力（利）争夺。有的个体为了满足权力欲或者为了自己的利益、地位，不惜贬低别人，这必然会引起冲突。

（4）组织结构变动。组织结构精简或者合并时，原有的平衡被打破但是新的平衡并未建立，这时也容易出现冲突。

（5）利益纷争。利益的重新分割和争夺也可能引起群体间的冲突。

三、冲突的过程

冲突不是一种静止的状态，而且一个动态的过程，在这个过程中，冲突双方的认知、情绪和关系都可能发生变化。美国学者潘迪（pondy）提出了冲突的五阶段模式：

（1）冲突潜伏阶段：可能导致双方冲突客观条件已经基本具备，也就是说，双方在某些方面存在差异，难以兼容，但是双方还没有明确意识到这种不兼容。

（2）冲突知觉阶段：双方已经认识到他们之间的差异，而且认为不能相容。

（3）冲突感受阶段：双方开始分析冲突性质，思考应对策略，而且还出现一些情绪性的反应（如紧张不安、不舒服、愤怒等），在这个阶段，双方都需要作出选择：是回避冲突，还是公开面对冲突？

（4）冲突外显阶段：双方冲突行为外显，可能发生言语上的争执、情绪上的对立，甚至行为上的对抗。在这个阶段，很容易出现冲突升级，将矛盾扩大化、情绪化。

（5）冲突结果阶段：冲突的后果可能是两败俱伤，也可能是一胜一负，如果处理得当，也可能双赢。当然，能否达到双赢的效果，取决于冲突的性质与双方管理冲突的水平。

四、冲突的结果

冲突的结果要从两个方面来理解。

一方面是它具有破坏性，人际冲突的发生可能使当事人产生生气、伤害、挫折等不愉快的情绪体验，会给双方的关系带来压力和紧张，甚至关系的破裂。也可能会影响到当事人的自尊、自信以及社会交往，导致心理失调。对组织而言，持续的人际冲突会造成组织成员的心理压力，影响组织绩效和组织目标的实现，破坏群体的凝聚力。

另一方面，冲突也有一定的建设性作用：能够宣泄愤怒和敌意，避免各种负性情绪的过度累积；能够凸显双方问题的症结，促使双方努力寻求可能的解决途径；透过引发冲突的事件，当事人可以增进对自我以及他人的了解；另外，冲突也能够激发人内在积极的潜能，促使个人不断突破自我，不断发展。目前，越来越多的学者认为，人际冲突的过程对于个体社会化有独特的价值，有助于个体学会如何了解他人的思想、情感、行为以及如何处理与他人的关系。而现代管理理论流行的观点认为，冲突是不可避免的，保持一定水平的冲突有助于一个集体保持旺盛的生命力。同时，在改变组织、集体以及人际关系方面，冲突是一种积极的动力。

定义冲突为破坏性的还是建设性的，主要是看它的结果。罗宾斯（Robbins，1994）认为，对于组织中冲突的评断标准，应该以团体是否获利为主要依据，即使是团体中的个人觉得冲突是负面的，但是若该冲突有助于达成团体的目标，仍然可以视为具备建设性功能的正向冲突。

五、冲突的管理

研究表明，管理者大约要花费25% ~50%的时间来管理冲突，有效的冲突管理能够提高决策效率，激发创造性思维，提高员工的满意度。冲突管理是指采取一定的行为来应对、处理冲突。人际冲突管理策略反映了个体处理冲突的倾向性。

（一）托马斯的五因素模型

在国内外学者众多的研究中，托马斯（Thomas，K. W，1976）提出的五因素模型影响最为广泛。托马斯在满足自身利益和满足他人利益两个维度上，来确定个体究竟是哪一种处理冲突策略。其中，要满足自己利益的愿望依赖于追求个人目标的武断或不武断的程度，想满足其他人利益的愿望取决于合作不合作的程度。在此基础上，托马斯提出解决冲突的5种策略如下。

1. 回避方式

就是指在冲突的情况下不采取任何措施，既不满足自身利益也不满足对方的利益，试图不作处理，置身事外的人际冲突解决方式。当冲突的内容或争论的问题较次要，或只是暂时性的，不值得耗费时间和精力来面对这些冲突的情况下，采用回避方式可能是有效的。

2. 强迫方式

这是一种以牺牲对方利益为代价来满足自己期望的手段，是一种较具侵略性的冲突管理方式。一般情况下，采用此种管理方式来解决冲突只能使冲突的一方满意，而且往往需要依赖积极争取和权势才能实现。比如，上级处理下级的冲突时，利用权力使用解雇、降级、扣发奖金等威胁手段；经常采用这种解决冲突的管理方式往往会导致一些负面的效果。

3. 迁就方式

就是只考虑对方利益而牺牲自身利益，或屈从于对方意愿的冲突解决方式。通常对于一些不太重要的问题，或者自己无法赢得胜利的问题采取迁就可能是有效的，但迁就不应是无原则的。

4. 妥协方式

这是一种冲突双方互相让步以满足双方的部分利益的方法。在冲突双方都势均力敌，或者时间紧迫，其他策略不奏效的情况下采用此种方式较好，但要注意，如过早、过于草率地使用，则不利于真正解决问题。

5. 合作方式

合作是最有效的一种管理冲突的策略。是指冲突双方都关注满足双方的需求，共同寻求对双方都有利、彼此都能接受的解决途径的策略。对于组织中存在的目标冲突（影响组织长期的生存与发展的冲突除外）、行为冲突、认知冲突和感情冲突都可以采用合作方式。合作的第一步是要正视冲突，双方必须正视冲突的存在，正视自己对于冲突的感受，了解冲突的具体原因，并主动接触冲突对方，积极沟通，换位思考，努力寻找有利的解决方案。

（二）韦克斯勒等的9项建议

另外，韦克斯勒（Wexley）、余克（Yulk）、戴思勒（Dessler）等人提出了解决组织冲突的9项建议，也具有一定的参考价值。

（1）建立规范攻击性行为的准则和程序，确定公正处理冲突的原则；

（2）预先处理可能导致冲突的事件，消除潜在性冲突；

（3）明确工作职责和权限；

（4）以合作与竞争并重的激励措施，取代过分强调竞争的做法；

（5）明确共同的组织目标；

（6）专设仲裁、调解冲突的机构或人员；

（7）明确共同的组织目标；

（8）提供训练以提高管理者处理冲突的能力；

（9）建立投诉系统。

当然，由于组织中人际冲突产生原因的复杂性，而每种冲突处理策略都有其适宜使用的情境，管理者应该根据具体情况，分析冲突产生的原因，灵活选择不同的处理策略，促使冲突得到建设性解决，以促进组织绩效的提升。

第六节　人际关系能力的培养

人际关系的状况对个人、群体和组织行为都会产生深远影响。良好的人际关系使个体心情舒畅，生活工作愉快，使群体成员关系融洽，凝聚力增强，从而激发组织的工作绩效。因此，调教和改善人际关系意义重大。那么，如何建立良好的人际关系呢？

一、端正对人际关系的看法

个体是否能够建立良好的人际关系，首先取决于他对人际关系的看法。

也就是说，个体出于什么样的动机与人交往？个体又会按照什么样的原则与人交往？通常，人们与他人的交往都是出于自己工作或生活上的需要，尤其是出于自身社交和情感的需要。但是，个体不能仅仅按照利己的动机和原则来处理人际关系，这不利于与他人的交往。良好的人际关系要建立在互利互惠的基本原则上，“己所不欲，勿施于人”“成人达己，成己达人”等都是建立良好人际关系的原则。

二、改变不良的人际反应特质

不同的人际反应特质会引起不同的人际关系效果。例如，感情动机很强、性格随和、关心帮助他人，又能够主动与别人交往的人，往往能和别人形成良好的人际关系。相反，自高自大、支配欲望太强、处处与人竞争的人，或者是性格孤僻、待人冷漠的人，都不容易形成良好的人际关系。

当然，人际反应特质是可以改变的，个体一定要正视自己在人际关系反应特质上的缺点，并进行切实改进。

三、恪守人际交往的基本原则

（1）真诚。真诚是沟通的前提，它能使人产生安全感，减少自我防卫。在真诚的基础上，交往的双方会进行一定的自我暴露，把自己的真实想法与人交流，这会促使人际关系的良好发展。

（2）主动和善意。主动性和表达善意能够让对方感觉自己受到重视，从而对主动的一方产生良好的感受。

（3）交互。人们的善意和恶意都是相互的，通常，真诚换来的是真诚，而敌对只会招致对方的敌对。交互原则是人际交往得以持续的基础。

（4）尊重和平等。尊重别人才能赢得他人的尊重。如果持有平等协商、说服、支持的态度，并且能够宽以待人、严于律己，这样的人往往会得到对方的尊重。良好的人际关系是自由、不拘束的，如果一方试图控制另一方，就无法建立良好的人际关系。

四、训练和培养人际技能

人际技能是指管理者与人交往、相处的能力，包括：联络、处理和协调组织内外人际关系的能力，对别人的需要、动机的体察能力，使自己的行为与外界环境更加吻合的能力，激励和诱导组织内成员积极性和创造性的能力，正确指导和指挥组织成员开展工作的能力。它是管理者完成管理工作所需要的一项重要技能。人际技能可以通过相关的训练来培养和提高。

（一）角色扮演法

在人际交往中能够站在别人的立场，替他人着想，这就可以减少很多不必要的误会和冲突。角色扮演法就是模拟某些现实场景，让一个人扮演其他不同角色，站在不同立场上处理问题，以期理解别人的需求和感受而改善自己待人态度的一种方法。例如，让一个管理者扮演员工的角色，听从别人指挥执行任务，让他体验面对恶劣态度时的感受，有助于他改善自己的态度和管理方式。角色扮演的一个重要的特征就是要求扮演者站在所扮演角色的角度认识事物，思考问题，展开行动。这样，对扮演者来说，只有放弃自己固有的一些观点，从所扮演角色的角度来认知、体验周围的世界，才能很好地完成角色扮演的任务。角色扮演展开的过程，就是扮演者认识角色、理解角色的过程，而在这种情况下所达成的对角色的认识和理解，有助于发展人们的社会理解力，改善人际关系。

（二）T 小组训练法

此又称敏感性训练，是美国社会心理学家勒温（K. Lewin）于 1946 年创造的。目的是让接受训练者学会怎样有效地交流、细心地倾听、了解自己和别人的感情。其通常的训练方式是把十几名受训练者集中到实验室，或者是远离工作单位的地方，由心理学家来主持训练。在这个小组里，成员没有要解决任何特殊问题的意图，也不想控制任何人，只是互相坦诚地交谈。交谈的内容只限于“此时此地”发生的事情。随着这种交谈的进行，人们逐渐地更多地注意自己的内心活动，开始更多地倾听自己讲话，也开始发现别人那些原来自己没有注意到的语言和行为上的差别，慢慢地，对自己内心世界的了解增加了，也逐渐能够设身处地地体察别人、理解别人。

一张 T 小组训练的日程表

第一次聚会：自我介绍之后可以谈些娱乐计划之类的问题，但指导者宣布自第二次聚会以后不得谈论与现场无关之问题，也不能推出特定的主题。

第二次聚会：禁止谈论有关工作及抽象观念的问题，要大家只考虑现在身旁发生的事。

第三至七次聚会：陷入焦躁、不安、不快的情绪状态，开始了解自我与别人的感情。

第八次聚会：讨论那些保持客观冷静态度成员的问题。

第九次聚会：讨论那些沉默寡言成员的问题。

第十次聚会：讨论那些发言过多成员的问题。

第十一次聚会：让大家说出各成员的待人态度。

第十二次聚会：让大家表明自己的心理创伤。

第十三次聚会：让大家写遗书。

第十四次聚会：让大家使用价值判断的方法表达意见。

第十五次聚会：让大家区别“我认为”与“事实”的差异。

第十六次聚会：讨论团结问题。

第十七至二十次聚会：谈论公司及工作现场的问题。

【思考题】

(1) 什么是人际关系？它有哪些类型？

(2) 影响人际吸引的因素有哪些？人际吸引有什么特点？

(3) 人际交往的PAC模式是什么？它有哪两种类型？

(4) 什么是人际冲突？它的根源是什么？

(5) 如何培养良好的人际关系？

【补充阅读材料】

什么人更有吸引力？

开朗的性格是人际吸引的一个因素，一个热情的人比冷淡的人更有吸引力；一个人如果能对别人的热情作出相同的反应，也会具有吸引力。研究者对一群陌生人首次聚会时的人际吸引进行了研究，首先发现个人的内在特质（例如幽默、涵养、礼貌等）是主要的吸引力因素；其次，人的外表特点（例如体形、服装等）也是吸引力的依据；再次是个人的特殊行为（例如新奇并令人喜爱的动作）也能增加吸引力；最后，地位和角色引起的爱慕和尊敬能够吸引他人。

什么人缺乏吸引力？

什么样的人缺乏吸引力，甚至阻碍良好人际关系的建立？

(1) 我它取向的人。我它取向的人把交往对象看做是某种物体或者工具，不能尊重他人的感情和人格。

(2) 自我中心的人。这种人仅仅从自己的经验和角度去认识人和事，只关心自己的兴趣、需要，而忽视他人的处境和利益。

(3) 服从、讨好别人。服从与讨好并不能与对象建立起良好的人际关系，而且，这种行为还常常会引起他人的反感。

(4) 控制欲过强的人。这种人通过操纵别人来满足自己的需要，对人不真诚。

(5) 嫉妒心过强的人。这种性格在交往中容易形成不合作，甚至敌对的局面。

(6) 过分依赖者。这种人依赖他人，既丧失自尊，又会给他人造成一定的负担。

(7) 自我防御性强的人。这种人大多怀有偏见，对人对事缺乏公正的评价，因而缺乏吸引力。

(8) 自卑者。自卑者由于缺乏自信，对人际关系的变化很敏感，人们大多不喜欢自卑的人。

(9) 孤僻的人。性格孤僻的人情绪孤独，不愿意与他人交往，因此难以有良好的人际关系。

(10) 有欺骗行为的人。欺骗被人们所厌恶，它严重妨碍了人们正常意见的沟通，这种人得不到他人的信任。

(11) 敌对和猜疑者。持有这种心理的人很容易偏激，使人际关系僵化。

【课后练习】

练习1：测测你的人际吸引力

(1) 平时你对朋友的隐私：

A. 感兴趣、热心传播

B. 从不关心此类事情，甚至想都没想过，即使了解也不告诉他人

C. 有时感兴趣，传播

(2) 如果你朋友做了一件使你不愉快或使你伤心的事，你会

A. 以牙还牙，也回敬一下

B. 宽容、原谅、一笑了之

C. 敬而远之，以防类似事情再发生

(3) 你结交朋友的途径大多是：

A. 通过朋友、熟人介绍

B. 在各种场合中接触认识

C. 经过长时间接触了解后结交的

(4) 当你生活中、学习上遇到困难时，你喜欢：

A. 向来不求助于人，即使无能为力时也是如此

B. 很少求助于人，只是真的无能为力时才请朋友帮忙

C. 事无巨细，都喜欢向朋友求助

(5) 你希望结交的朋友是以下类型的：

A. 比自己更有实力的

B. 只要诚实、心地善良

C. 与自己实力相当或低于自己的好些

(6) 如果你情绪不好时，朋友请求帮忙，你会：

A. 找个借口推辞，因为心情不好做不好事

B. 表现不耐烦

C. 表示有兴趣，尽力而为

(7) 在对待朋友的生活、工作诸多方面上，你喜欢：

A. 赞扬他（她）的优点

B. 批评他（她）的缺点

C. 既赞扬优点也批评缺点

(8) 如果有人批评你：

A. 能接受一部分

B. 会不高兴、难以接受

C. 很乐意接受，并且感谢他（她）

(9) 对于异性的同学、同事：

A. 只是在十分必要的情况下采取接近他们

B. 几乎和他们没有交往

C. 能同他们接近，而且同他们快乐相处

(10) 与那些与自己气质、性格、生活方式不同的人相处时，你感觉：

A. 适应比较慢

B. 很难适应，不愿与他们在一起

C. 很快能适应

(11) 如果你生活中遇到困难或发生不幸的时候：

A. 觉得会有很多朋友来帮助和安慰自己渡过难关

B. 觉得会有那些很知己的朋友来帮助自己

C. 觉得只有自己一个人来承担，没有人安慰和帮助

(12) 你对曾经在精神或物质上帮助过你的朋友总是：

A. 感激在心，永世不忘，并经常向朋友提及此事

B. 认为朋友间相互帮助是应该的，不必客气

C. 时过境迁，没有细想过

(13) 你和朋友交往持续的时间是：

A. 很久，朋友间时常有问候和联系

B. 有长有短

C. 根据情况变化，常是旧去新来

(14) 你觉得结识朋友能够：

A. 使自己的生活愉快、开心

B. 自然的事，没有理由

C. 能帮助自己解决问题

(15) 每当到一个新的场合，对那里原来不认识的人，你总是：

A. 能很快记住他们的特征或姓名

B. 尽管想记住他们的姓名，但是很慢做到

C. 喜欢一个人消磨时光，不太注意他们的姓名和特征

【计分方法】

1~5， A：5分 B：1分 C：3分；

6~10，A：3分 B：5分 C：1分；

11~15，A：1分 B：3分 C：5分。

【评定】

15~29分：

你在周围人的心目中，人际吸引力相当不错，人缘很好，你能仔细考虑周围环境和他人情绪，而后决定行动，即使对那些讨厌的事情，如有必要也能控制感情，适应环境。

30~57分：

总的来说，你的人际吸引力还算可以，你的同学和同事们也愿意和你在一起，但关键是你们之间还是不能算非常好的朋友。

58~75分：

你在别人的心目中，吸引力还有待提高，你不太喜欢交朋友，当然这也不一定是坏事，因为人各有志，也许你认为一个人消磨时间更幸福，不过有时要注意一下，朋友少的人，信息会少，成功机会也少，而且某些疾病容易骚扰孤独者。

第十章　领导理论

【本章目标】

（1）了解领导的概念及权力的概念；

（2）掌握领导的特质、行为和权变理论；

（3）了解领导的新型理论。

【案例】

杰出的领导者可以重塑一个组织

一个人能够改变环境，约翰·韦特里的例子证明：杰出的领导可以重塑一个组织！

韦特里是路易斯安那州安格拉监狱的看守长。这所监狱有1 545名员工、5 200名犯人，占地72.52平方千米。安格拉监狱像一座小镇，拥有自己的消防和卫生部门，以及游泳池和邮局设施。

韦特里1990年就任的时候，面对的是一项很棘手的工作。监狱里的暴力行为有很长的历史，犯人的不满情绪积蓄已久，监狱中的谋杀、自杀和越狱行为也屡见不鲜。因此，看守们的工作士气十分低落。服刑人员中无期刑犯的比例很高，这就使得监狱的管理和控制十分艰难。

但是不到3年，韦特里就使安格拉监狱发生了巨大的改变。死刑、绞刑和越狱企图的数目都大幅度下降，犯人的焦虑感也大大缓解。在监狱里，几乎找不到一个韦特里的贬损者。州司法部门对服刑犯人的抱怨数目进行了统计，自从韦特里接任后，犯人的抱怨次数从每月50次下降到10次。一个死刑犯说："监狱长把我们当人看，而不是社会的垃圾。"

韦特里为什么能为监狱带来如此积极的影响？他具备什么样独特的领导品质？答案是公正与正派。人们认为他开放、无私而细致。在监狱这个封闭社会中，看守拥有权威，犯人是服从者。但是韦特里改变了规章制度，他认为自己是犯人的辩护人，要求工作人员把犯人看做有血有肉、有情感的人。为了帮助犯人更好地度过空闲时间，他增设了阅读、计算机和法律知识课程。他还提供各种奖励措施鼓励犯人的良好表现，例如增加会客时间，给予打电话、看电视的特权。

1991 年 10 月，州法院颁布了犯人对判刑不服提出上诉的最后期限的严格限制。在路易斯安那州的 12 名看守长中，只有韦特里一个人帮助犯人阻止这项决议。他让监狱的印刷厂印刷了 5 000 封上诉信，还在监狱的广播台设立了有问必答栏目，并聘请法律顾问回答犯人的问题。

韦特里并非以人道主义做法取胜，他对死刑犯的宽恕是因为，他相信有些因素转变一下就可以起到积极的威慑作用。当犯人拒绝积极改变时，他也会毫不犹豫地实施惩罚。例如，犯人辱骂看守，就会丧失到小卖部买东西的权利；在饭厅中浪费饭菜，就会失去听广播的机会。

第一节 领导概述

一、领导的概念

领导是影响个人、群体和组织去实现目标的力量或行为过程。也就是说，领导是一种行为或者影响力，它能够引导、鼓励或指挥个体或群体去完成某一目标。实施领导的人就是领导者，领导者是利用影响力带领个人和群体达成组织目标的人。

这个概念可以从以下几个方面进一步理解：

（1）领导必须有部下或者追随者。领导者不是孤立存在的，必须有追随者，而且追随者必须接受领导者的影响。当追随者接受某人为领导时，会自愿放弃某些决策自由，以求实现某一目标。

（2）领导拥有影响追随者的能力或力量。这种影响他人的力量来源于组织赋予领导者的职位和权力，也可以来源于领导者个人所具有的品格魅力或者专业技能。

（3）领导是一个行为过程。在这个过程中，领导者起主导作用，追随者和组织环境是影响领导有效性的因素，因此，研究领导行为必须研究各种因素间的关系。

（4）领导不同于管理。管理的主要活动与领导的主要活动完全不同。管理强调制订详细议事日程、安排时间表、分配必需的资源以实现组织目标；领导强调确定方向、构建愿景、制定战略以引起组织的必要变化，强调激励和鼓励员工，满足他们的需求。简言之，管理者是把事情做正确的人，而领导者是做正确的事情的人。

二、领导权

权力是领导的基础，领导者影响个人或群体的基础是权力。

（一）权力的概念

权力是A对B的行为产生影响的能力。在这种影响下，B的行为举止符合A的希望。权力是影响领导者和被领导者之间关系的重要力量。对于领导者来说，权力是调动和有效运用资源的能力，是一种综合运作过程。领导者的这种调动能力取决于环境、个体的个性依赖。

1. 权力意味着对资源的控制

一个人是某种资源的惟一拥有者时，他就拥有了对这一资源的控制，因而获得了对需要这种资源的人的权力。当然，拥有资源并不意味着行使权力，只有对资源进行控制时，才是行使权力。

2. 权力意味着一种依赖关系

B对A的依赖越大，B受A影响的程度就越大，那么A对B的权力也越大。因此，当人们对某种资源有需求，有依赖时，拥有资源者才拥有权力。而且，资源越重要、越稀缺、越不可替代，别人对它的依赖就越强，拥有资源者的权力也就越大。

3. 权力可以存在但不被使用

也就是说，权力可以是潜在的。

4. 在组织中，权力并不仅仅存在于领导者身上

当某个下属拥有某些资源并能加以控制时，他也拥有了权力。

（二）权力的来源

权力从何而来？是什么赋予了个体或集体以影响他人的能力？这要从权力的基础谈起。权力的基础划分为正式权力和个人权力。

1. 正式权力

正式权力是以个体在组织中所处的位置或者职位为基础。正式权力可以来自强制、奖赏的能力。

（1）强制性权力。强制性权力建立在惧怕的基础上，一个人如果不服从就可能产生消极后果。出于对这种后果的惧怕，个体就会对强制性权力作出反应。

例如，在组织中，如果A能对B实行解雇、降级等权力，那么A就对B有用了强制性权力。同样，如果A能够给B分配他不喜欢的工作，或能

够让B感到尴尬，那么A也对B拥有强制性权力。强制性权力可以来自对关键信息的控制。在组织中，那些拥有他人所需资料和知识的人可以获得他人的依赖。

（2）奖赏性权力。与强制性权力相反的是奖赏性权力。人们之所以会服从另一个人的愿望或者指示，是因为这种服从可以为他带来益处。因此，那些能给人们带来其认为有价值的报酬的人就拥有了奖赏性权力。

这些报酬可以是金钱，例如加薪、奖金；也可以是非金钱的，例如认可、晋升、有趣的任务等。

强制性权力与奖赏性权力是一对相互对应的概念。如果你能剥夺对他人有价值的东西，或者对他人施加不良影响，那么你就拥有了强制性权力；如果你能够带给他人某种积极的利益，或者帮助他人免受消极影响，那么也就拥有了奖赏性权力。

（3）法定性权力。在正式的群体或者组织中，获取权力基础的最常见途径就是一个人在组织结构中的职位，个体由此获得的权力就是法定性权力。它代表了控制和使用组织资源的正式职权。

职位的权威包括强制性权力和奖赏性权力。但是，法定性权力的覆盖面更广泛。具体而言，这种权力包括组织成员对职位权威的接受和认可。

2. 个人权力

个体不一定要在组织中有用某个正式职务才会有权力。个体可以拥有个人权力，这种权力来自个体的特点。个人权力的来源有：专业知识、他人的尊重和钦佩。

（1）专家性权力。专家性权力来源于专长、技能和知识。当工作分工越精细、专门化越强时，人们就越依赖“专家”。因此，人们普遍认可专家的权力，专家因其专业技能而获得一定的权力。

（2）参照性权力。参照性权力的基础是对拥有理想资源或个人特质的人的认同。如果一个人喜欢、尊重或崇拜某人，那么后者就对前者拥有参照性权力。

参照性权力的来源之一是人们对他人的崇拜，以及自己渴望成为某种人那样。名人就对普通人拥有参照性权力。参照性权力的另一个来源是领袖魅力。有些人虽然没有正式的领导职位，但是仍然能够对他人施加影响，因为他们的领袖魅力和情绪可以影响人。

上述3种正式权力和2种个人权力，哪种最有效？已有的研究清晰地表明：个人来源的权力最有效。专家性权力和参照性权力都与员工的监督、鼓励、满意度、组织承诺和绩效正相关；奖赏性权力和法定性权力与这些无关。研究结果表明，强制性权力与员工满意度和忠诚度呈负相关。

第二节　领导理论

一、领导特质理论

人们常常使用领导特质来描述那些强有力的领导者。例如，曾任英国首相的玛格丽特·撒切尔因为自己的领导风格令人注目，人们这样描述她：自信、铁腕、坚决果断、雷厉风行。

领导的特质理论认为，领导者和非领导者的区别在于个人特质和特点。该理论侧重于研究领导成功的经验，以及其在个性、社会、生理或智力方面的特点。研究者从个性心理特征方面出发，试图通过观察法、实验法、经验总结等方法来找出领导者所必须具备的心理素质。

（一）美国心理学家吉赛利的理论

吉赛利研究发现，具有独立行动魄力和自信的领导者在完成组织目标上是成功的。在才智和领导成效方面，吉赛利的研究指出，在一定范围内，个人的才智是管理成功的准确预测器。高于或者低于这个范围，预测成功的机会明显减少。

吉赛利共研究了8种个性特征和5种激励特征。

个性特征有：(1) 才智：口头表达和文辞方面的天赋；(2) 主动：愿意开拓新方向；(3) 督察能力：指挥别人的能力；(4) 自信：进行有利的自我评价；(5) 为工人阶级所亲近；(6) 决断能力；(7) 男性——女性；(8) 成熟程度。

激励特征有：(1) 对工作稳定的需求；(2) 对金钱奖励的需求；(3) 对指挥别人权力的需求；(4) 对自我实现的需求；(5) 对职业成就的需求。

吉赛利的研究结果见表10-1。

表 10－1 个人性格对管理成功的重要程度

个人性格	对管理成功的重要程度
督察能力	很重要
职业成就	
才智	
自我实现	
自信	
决断能力	
对工作稳定的需求	比较重要
亲近工人阶级	
对指挥别人的权力的需求	
对优厚金钱奖励的需求	
成熟程度	
男性——女性	不重要

（二）鲍莫尔的十大品质论

美国普林斯顿大学教授鲍莫尔认为，领导者应当具备以下十大品质。

（1）合作精神：愿意与他人共事，能赢得他人合作，对人不使用压服，而是说服和感化；

（2）决策能力：能根据客观实际情况而不是主观想像作出决策，具有高瞻远瞩的能力。

（3）组织能力：善于发觉下级的才智和能力，善于组织人力、物力和财力。

（4）恰当授权：能把握方向，抓住大事，把小事分散给下级去处理。

（5）善于应变：能随机应变，不墨守成规。

（6）勇于负责：对国家、员工以及整个社会都有高度的责任心。

（7）敢于创新：对新事物、新环境、新技术和新观念都有敏锐的感受能力。

（8）敢于冒险：有雄心，敢于承担对企业发展不利的风险，能创造新局面。

（9）尊重他人：能听取别人意见并吸取合理意见，不狂妄自大，尊重下级。

（10）品德超人：品德能被他人所敬仰。

（三）当代学者观点

当代学者的研究表明，领导者一般具有6项特质：进取心、领导意愿、正直与诚实、自信、睿智以及工作相关的知识。

（1）进取心：努力，成就动机高，充满精力、永不倦怠，积极主动。

（2）领导意愿：有影响和领导他人的强烈欲望，展现负责的意愿。

（3）诚实正直：领导者之间以及追随者之间以诚信无欺和言行一致来建立信赖关系。

（4）自信：追随者仰望领袖以解除自我疑惑，因此领导者必须展现自信以说服目标和决策的正当性。

（5）睿智：有足够的智能来搜集、综合和解释大量信息，以创造愿景、解决问题和作出决策。

（6）工作相关的知识：具备公司、产业或者技术方面的知识。

二、行为理论

20世纪40～60年代中期，许多研究者开始从研究领导者的内在特质转为外在行为。他们着重了解有效的领导者的行为是否有独特之处，形成了领导行为模式理论。领导的行为理论认为，领导效能并非取决于领导的特质，而是取决于其影响下属的行为模式。

（一）俄亥俄州州立大学的研究

俄亥俄州州立大学的研究者希望确立有关领导行为的独立维度。他们最终归纳为两类：结构维度和关怀维度。

1. 结构维度

结构维度是领导者为了实现组织目标，对自己和下属的角色进行界定和建构的程度。它包括领导者在规划工作、工作关系和目标方面所作出的努力。例如，高结构特点的领导者会向小组成员分派具体的工作，期望员工达到明确的绩效标准，或者强调工作的最后期限。

2. 关怀维度

关怀维度指的是领导者尊重和关心下属的看法与情感、建立相互信任的工作关系的程度。高关怀特点的领导者对下属的生活、幸福、地位、满意度等问题十分关心。他们帮助下属解决个人问题，友善而平易近人，公平对待每一个下属。

总的来说，结构维度和关怀维度都与有效的领导有关。具体而言，关怀维度与个体的相关性更强。高关怀领导的下属有更高的工作满意度和积极性，也更加尊重他们的领导；而结构维度与群体的高水平生产率和更积极的绩效评估相关。

（二）密歇根大学的研究

密歇根大学的研究小组也将领导行为划分为两个维度：员工导向和生产导向。

1. 员工导向

员工导向的领导者重视人际关系，会考虑下属的个人兴趣，并承认人与人存在个体差异。

2. 生产导向

生产导向的领导者更强调工作技术或任务事项，他们主要关心群体的任务完成情况，并把群体成员视为达到目标的手段。

密歇根大学的研究结果表明，员工导向的领导者与高群体生产率和高工作满意度相关，而生产导向的领导者则与低群体生产率和低工作满意度相关。

（三）管理方格

布莱克和莫顿（Black & Mouton）两人发展了领导风格的双维度观点，在“关心人”和“关心生产”的基础上提出了管理方格论（managerial grid），它充分概括了俄亥俄州州立大学的关怀维度与结构维度以及密执安大学的员工导向和生产导向。

管理方格如图 10 -1 所示，它在两个坐标轴上分别划分出 9 个等级，从而生成 81 种不同的领导类型。但是，方格理论主要表明的并不是得到的结果，而是为达到这些结果领导者应考虑哪些主要因素。

根据企业管理者“对业绩的关心”和“对人的关心”程度的组合，可以将领导分为 5 种类型：

1. 贫乏的领导者（1，1）

对业绩和对人关心都少，实际上，他们已放弃自己的职责，只想保住自己的地位。

2. 俱乐部式领导者（1，9）

对业绩关心少，对人关心多，他们努力营造一种人人得以放松、感受友谊与快乐的环境，但对协同努力以实现企业的生产目标并不热心。

3. 中庸型领导者（5，5）

既不偏重于关心生产，也不偏重于关心人，风格中庸，不设置过高的目标，能够得到一定的士气和适当的产量，但不是卓越的。

4. 任务型领导者（9，1）

对业绩关心多，对人关心少，作风专制，他们眼中没有鲜活的个人，只有需要完成生产任务的员工，他们惟一关注的只有业绩指标。

5. 团队型领导者（9，9）

对生产和对人都很关心，对工作和对人都很投入，在管理过程中把企业的生产需要同个人的需要紧密结合起来，既能带来生产力和利润的提高，又能使员工得到事业的成就与满足。

布莱克和莫顿根据自己的研究得出结论，第五种（9，9）风格的管理者工作效果最佳。但遗憾的是，方格论只是为领导风格的概念化提供了框架，未能提供新信息以澄清领导方面的困惑，并且，也缺乏实质证据支持所有情境下（9，9）风格都是最有效的方式。

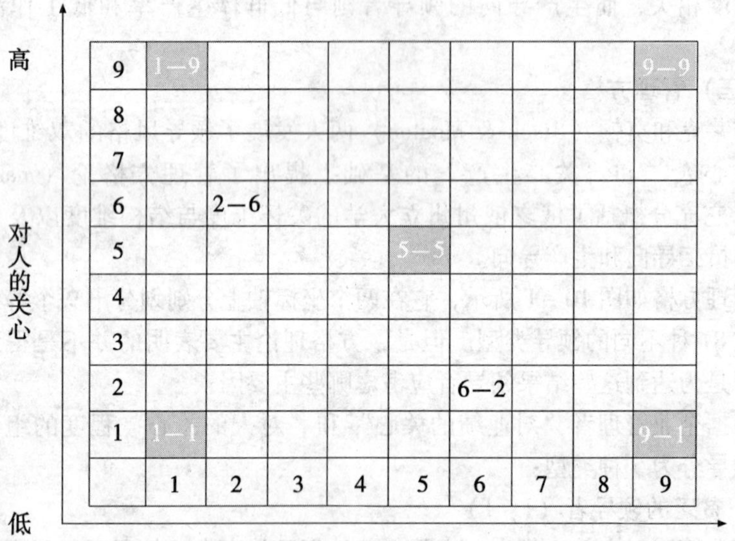

图 10－1　管理方格

三、权变理论

权变理论是在领导特质理论和行为理论的基础上发展起来的，主要研究领导情境和领导行为的相互影响。该理论认为，领导行为效果的好坏，不仅取决于领导者本身的品质和行为方式，而且取决于多种情境因素。

（一）费德勒权变模型

第一个综合的领导模型是由弗莱德·费德勒（Fred Fiedler）提出的。费德勒的权变模型指出，有效的群体绩效取决于以下两个因素的合理匹配：与下属相互作用的领导者的风格；情境对领导者的控制和影响程度。

1. 确定领导风格

费德勒相信影响领导成功的关键因素之一是个体的基础领导风格，因此他首先试图发现这种基础风格是什么。为此目的，他设计了最难共事者问卷（Least Preferred Coworker Questionnaire，LPC），用以测量个体是任务取向型还是关系取向型。问卷由16组对照形容词构成（如快乐—不快乐，高效—低效，开放—防备，助人—敌意）。费德勒让作答者回想一下自己共事过的所有同事，并找出一个最难共事者，在16组形容词中按1~8等级对他进行评估。费德勒相信，在LPC问卷的回答基础上，可以判断出最基本的领导风格。如果以相对积极的词汇描述最难共事者（LPC得分高），则回答者很乐于与同事形成友好的人际关系，也就是说，如果你把最难共事的同事描述得比较积极，费德勒称你为关系取向型。相反，如果你对最难共事的同事看法比较消极（LPC得分低），你可能主要感兴趣的是生产，因而被称为任务取向型。

费德勒认为一个人的领导风格是固定不变的，而且领导风格是与生俱来的，个人不可能改变自己的风格去适应变化的情境。

2. 确定情境

用LPC问卷对个体的基础领导风格进行评估之后，需要再对情境进行评估，并将领导者与情境进行匹配。费德勒分离出3项情境因素——领导者—成员关系、任务结构和职位权力，他认为这是确定领导有效性的关键要素。具体定义如下：

（1）领导者—成员关系：领导者对下属信任、信赖和尊重的程度。

（2）任务结构：工作任务的程序化程度（结构化或非结构化）。

（3）职位权力：领导者拥有的权力变量（如聘佣、解雇、训导、晋升、加薪）的影响程度。

费德勒模型的下一步是根据这3项权变变量来评估情境。领导者—成员关系或好或差，任务结构或高或低，职位权力或强或弱。

他指出，领导者—成员关系越好，任务的结构化程度越高，职位权力越强，则领导者拥有的控制和影响力也越高。

一个非常有利的情境（领导者的控制力很高）可能包括：下属对在职管理者十分尊重和信任（领导者—成员关系好），所从事的工作（如薪金计算，填写报表）具体明确（工作结构化高），工作给他提供了充分自由来奖励或惩罚下属（职位权力强）。相反，如果一个工作小组不喜欢他们的领导者，则为不够有利的情境，此时，领导者的控制力很小。总之，3 项权变变量总和起来，便得到 8 种不同的情境或类型，每个领导者都可以从中找到自己的位置。

3. 领导者与情境的匹配

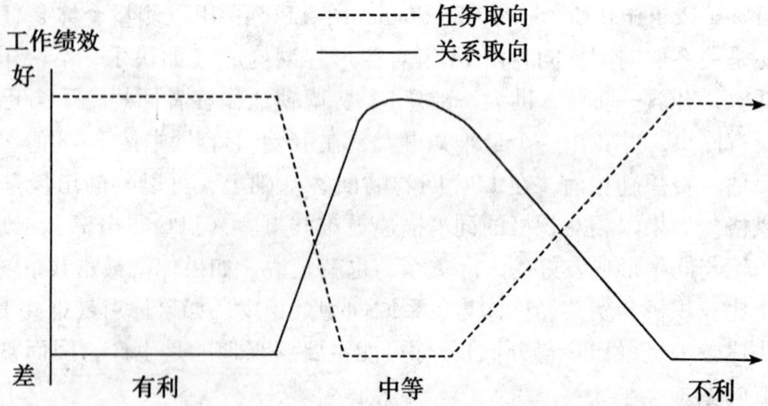

类型	Ⅰ	Ⅱ	Ⅲ	Ⅳ	Ⅴ	Ⅵ	Ⅶ	Ⅷ
领导者—成员关系	好	好	好	好	差	差	差	差
任务结构	高	高	低	低	高	高	低	低
职位权力	强	弱	强	弱	强	弱	强	弱

图 10－2　费德勒权变模型

了解了个体的 LPC 分数并评估了 3 项权变因素之后，费德勒模型指出，二者相互匹配时，会达到最佳的领导效果。费德勒研究了 1 200 个工作群体，对 8 种情境类型的每一种，均对比了关系取向和任务取向两种领导风格，他得出结论：任务取向的领导者在非常有利的情境和非常不利的情境下工作更有利。如图 10－2 所示，也就是说。当面对Ⅰ、Ⅱ、Ⅲ、Ⅶ、Ⅷ类型的情境时，任务取向的领导者干得更好。面关系取向的领导者则在中等有利的情境，即Ⅳ、Ⅴ、Ⅵ型的情境中干得更好。

如何将费德勒的观点应用于实践？我们可以寻求领导者与情境之间的匹

配。个体的 LPC 分数决定了他最适合于何种情境类型。而情境类型则通过对 3 项情境变量（领导者—成员关系、任务结构、职位权力）的评估来确定。按照费德勒的观点，个体的领导风格是稳定不变的，因此提高领导者的有效性实际上只有两条途径：（1）可以替换领导者以适应情境。例如，如果群体所处的情境被评估为十分不利，而目前又是一个关系取向的管理者进行领导，那么替换一个任务取向的管理者则能提高群体绩效。（2）可以改变情境以适应领导者。通过重新建构任务或提高或降低领导者可控制的权力因素（如加薪、晋职和训导活动），可以做到这一点。假设任务取向的领导者处于第Ⅳ类型的情境中，如果该领导者能够显著增加他的职权，即在第Ⅲ类型的情境中活动，则该领导者与情境的匹配十分恰当，会因此而提高群体绩效。

（二）赫塞和布兰查德的情境理论

保罗·赫塞（Paul Hersey）和肯尼斯·布兰查德（Kenneth Blanchard）开发的领导模型称为情境领导理论（Situational Leadership Theory），它被广大管理专家们所推崇，并常常作为主要的培训手段而应用。

情境理论是一个重视下属的权变理论。选择正确的领导风格可以获得领导的成功，赫塞和布兰查德认为下属的成熟度水平是一个权变变量。

下属们接纳或拒绝领导者，无论领导者做什么，其效果都取决于下属的活动。然而这一重要维度却被众多的领导理论所忽视或低估。对于成熟度，赫塞和布兰查德将其定义为：个体完成某一具体任务的能力和意愿的程度。

1. 领导维度

情境领导模式使用的两个领导维度与费德勒的划分相同：任务行为和关系行为。但是，赫塞和布兰查德更向前迈进了一步，他们认为每一维度有低有高，从而组合成 4 种具体的领导风格：指示、推销、参与和授权。具体描述如下：

（1）指示（高任务—低关系）：领导者定义角色，告诉下属干什么、怎么干以及何时何地去干，其强调指导性行为。

（2）推销（高任务—高关系）：领导者同时提供指导性行为与支持性行为。

（3）参与（低任务—高关系）：领导者与下属共同决策，领导者的主要角色是提供便利条件与沟通。

（4）授权（低任务—低关系）：领导者提供极少的指导或支持。

2. 员工成熟度

赫塞和布兰查德理论的最后部分定义了下属成熟度的4个阶段：

（1）R_1，这些人对于执行某任务既无能力，又不情愿。他们既不胜任工作，又不能被信任。

（2）R_2，这些人缺乏能力，但却愿意从事必要的工作任务。他们有积极性，但目前尚缺乏足够的技能。

（3）R_3，这些人有能力却不愿意干领导者希望他们做的工作。

（4）R_4，这些人既有能力又愿意干让他们做的工作。

3. 情境领导模型

图10－3概括了情境领导模型的各项要素。当下属的成熟度水平较高时，领导者不但可以减少对活动的控制，还可以减少关系行为。在R_1阶段中，下属需要得到明确而具体的指导。在R_2阶段中，领导者需要采取高任务和高关系行为。高任务行为能够弥补下属能力的欠缺，高关系行为则试图使下属在心理上"领会"领导者的意图。在R_3阶段中出现的激励问题运用支持性、非指导性的参与风格可获最佳解决。在R_4阶段中，领导者不需要做太多事情，因为下属既愿意又有能力承担责任。

（三）领导者—成员交换理论

领导者—成员交换理论（Leader-member Exchange Theory，LMX）指出，由于时间压力，领导者与下属中的少部分人建立了特殊关系。这些个体成为圈内人士，他们受到信任，得到领导更多的关照，也更可能享有特权；而其他下属则成为圈外人士，他们占用领导的时间较少，获得满意的奖励机会也较少，他们的领导—下属关系是在正式的权力系统基础上形成的。

该理论指出，当领导者与某一下属进行相互作用的初期，领导者就暗自将其划入圈内或圈外，并且这种关系是相对稳固不变的。领导者到底如何将某人划入圈内或圈外尚不清楚，但有证据表明，领导者倾向于将具有下面这些特点的人员选入圈内：个人特点（如年龄、性别、态度）与领导者相似，有能力，具有外向的个性特点，如图10－4所示。LMX理论预测，圈内的下属得到的绩效评估等级更高，离职率更低，对主管更满意。

（四）路径—目标理论

路径—目标理论由多伦多大学的组织行为学教授罗伯特·豪斯（Robert House）最先提出，目前已经成为最受人们关注的领导观点之一。

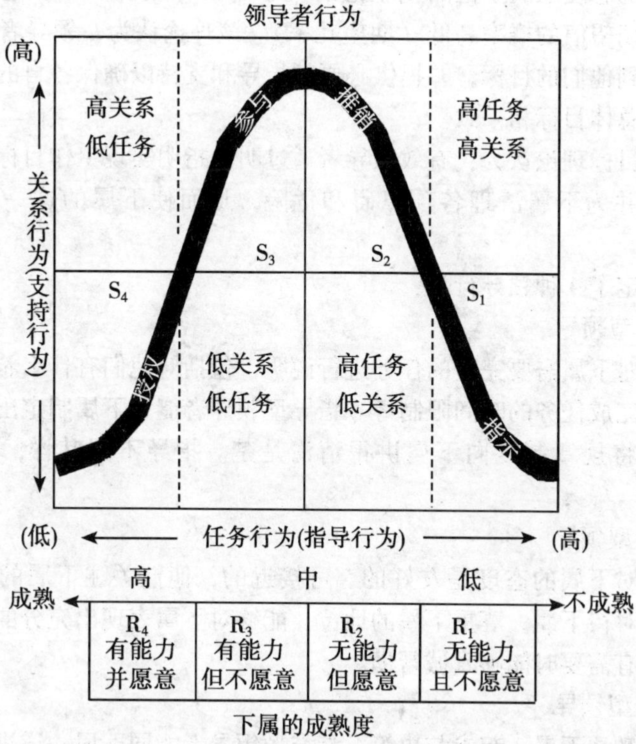

图 10-3 情境领导模型

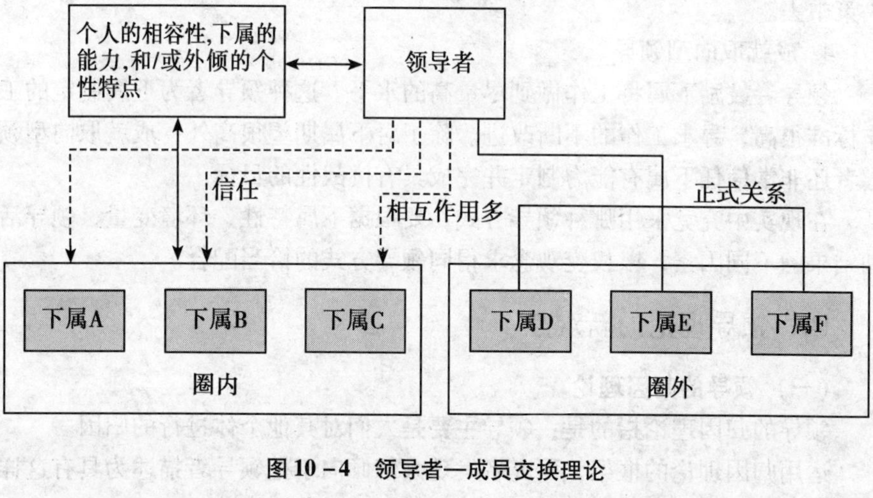

图 10-4 领导者—成员交换理论

目标—途径理论来源于激励理论中的期待学说。期待学说（期望理论）

认为，个人的态度取决于他的期望值的大小（目标效价）以及通过自己努力得到这一期望值的概率高低（期望几率）。该理论认为，领导者的工作是帮助下属达到他们的目标，并提供必要的指导和支持以确保各自的目标与群体或组织的总体目标相一致。

路径—目标理论认为：有效领导者通过明确指明实现工作目标的途径来帮助下属，并为下属清理各项障碍和危险，从而使下属的这一履行更为容易。

豪斯确定了4种领导行为：

1. 指导型领导

领导者对下属需要完成的任务进行说明，包括对他们有什么希望、如何完成任务、完成任务的时间限制等。指导型领导者能为下属制定出明确的工作标准，并将规章制度向下属讲得清清楚楚。指导不厌其详，规定不厌其细。

2. 支持型领导

领导者对下属的态度是友好的、可接近的，他们关注下属的福利和需要，平等地对待下属，尊重下属的地位，能够对下属表现出充分的关心和理解，在下属有需要时能够真诚帮助。

3. 参与型领导

领导者邀请下属一起参与决策。参与型领导者能同下属一道进行工作探讨，征求他们的想法和意见，将他们的建议融入团体或组织将要执行的那些决策中去。

4. 成就取向型领导

领导者鼓励下属将工作做到尽量高的水平。这种领导者为下属制定的工作标准很高，寻求工作的不断改进。除了对下属期望很高外，成就取向型领导者还非常信任下属有能力制定并完成具有挑战性的目标。

在现实中究竟采用哪种领导方式，要根据下属特性、环境变量、领导活动结果的不同因素，以权变观念求得同领导方式的恰当配合。

四、领导理论的新观点

（一）领导的归因理论

领导的归因理论指的是：领导主要是人们对其他个体进行的归因。

运用归因理论的框架，研究者发现人们倾向于把领导者描述为具有这样一些特质，如智慧、随和的个性、很强的言语表达能力、进取心、理解力和

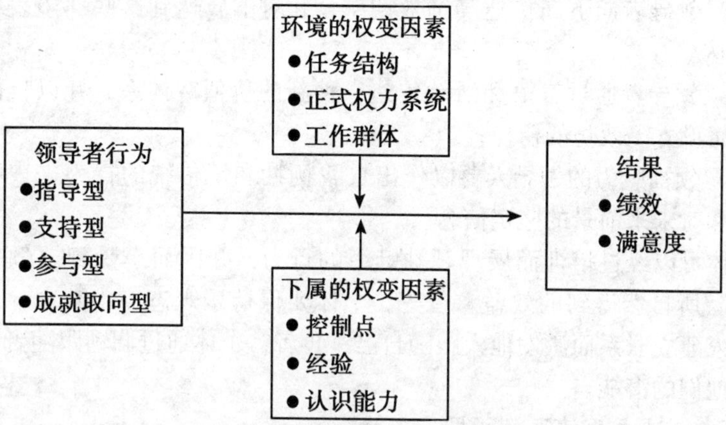

图 10－5　路径—目标理论

勤奋。并且，人们发现高结构维度—高关怀维度领导者与人们对好领导具有哪些因素的归因相一致。也就是说，不论情境如何，人们都倾向于将高结构维度—高关怀维度领导者知觉为最佳。

（二）领袖魅力的领导理论

领袖魅力的领导（Charismatic Leadership）理论是归因理论的扩展。它指的是当下属观察到某些行为时，会把它们归因为伟人式的或杰出的领导能力。大部分领袖魅力的领导研究是确定具有领袖气质的领导者与无领袖气质的对手之间的行为差异。

一些研究者试图确认具有领袖魅力的领导者的个性特点。

罗伯特·豪斯（路径—目标理论的提出者）确定了 3 项因素：极高的自信、支配力、对自己信仰的坚定信念。瓦伦·本尼斯（Warren Bennis）研究了 90 位美国最杰出和最成功的领导者，发现他们有 4 种共同的能力：有令人折服的远见和目标意识；能清晰地表述这一目标，使下属明确理解；对这一目标的追求表现出一致性和全身心投入；了解自己的实力并以此作为资本。

不过，在此方面最新最全面的分析是由麦吉尔大学的康格（Conger）和凯南格（Kanungo）进行的。他们的结论是，领袖魅力的领导人具有如下特点：他们有一个希望达到的理想目标；为此目标能够全身心投入和奉献；反传统；非常固执而自信；是激进变革的代言人而不是传统现状的卫道士。

领导魅力对下属造成的实质性影响可通过以下 4 个步骤来完成：

（1）领导者清晰地描述宏伟前景；

(2) 领导者向下属传达高绩效期望，并对下属达到这些期望表现出充分的信心；

(3) 领导者通过言语和活动传达一种新的价值观体系，并以自己的行为给下属设立了效仿的榜样；

(4) 领袖魅力的领导人要以作出自我牺牲和反传统的行为来表明他们的勇气和对未来前景的坚定信念。

个体可以经过培训而展现领袖魅力的行为，并因而享受到“领袖魅力领导者”所自然得到的效益。首先，个体要保持乐观态度；其次，个体通过与他人建立联系而激发他人跟随自己；再者，个体通过调动跟随者的情绪而开发他们的潜能。

（三）交易型和变革型领导

一些研究者关注变革型领导与交易型领导的差异。前面讲述的大多数理论，例如俄亥俄州州立大学的研究、费德勒模型、路径—目标理论等，都是针对交易型领导者进行描述的。

交易型领导者通过澄清工作角色与任务要求，来指导并激励下属朝着既定目标方向迈进。

变革型领导者鼓励下属为了组织利益而超越自身利益，并对下属产生超乎寻常的影响。

表 10－2　变革型领导者与交易型领导者的特点

类型	特点	特点描述
交易型领导者	权变式奖励	努力与奖励的相互交换原则。承诺对良好绩效予以奖励，认可成就
	例外管理（主动的）	观察并寻找那些不符合规则和标准的事件，并予以纠正
	例外管理（被动的）	只有当不符合标准时才实施干预
	放任型	放弃责任，回避作出决策
变革型领导者	领袖魅力	提供愿景规划和组织使命，灌输荣誉感，赢得尊重和信任
	感染力	传达高期望，使用各种方式强调努力，通过简单明了的方式来表达重要目标
	智慧刺激	激发智力、理性和深入细致的问题解决活动
	个性化关怀	关注个体，不同员工不同对待，有针对性地给予指导和建议

交易型领导和变革型领导不是对立的，它们可以互相补充。但是，变革型领导者比交易型领导者能使下属产生更高的努力水平和绩效水平。最好的领导者应当同时具有交易型和变革型的特点。

【思考题】

(1) 什么是领导？什么是权力？

(2) 权力的来源有哪些？

(3) 解释领导的特质理论。

(4) 俄亥俄州州立大学和密歇根大学分别用哪些维度来区分领导行为？

(5) 请说明管理方格理论中的5种领导者类型。

(6) 解释费德勒的权变模型。

(7) 路径—目标理论确立了哪几种领导行为？

(8) 交易型领导和变革型领导的区别是什么？

【课后案例分析与探讨】

从同事到主管

杰瑞、鲍勃和琳达最近在各自的组织中都晋升到了管理岗位。但是，他们都发现这种跃升是一个挑战。

杰瑞在饭店被晋升为伙食供应主管。晋升后，她发现一切都改变了。她再也不能随意参与到同事的八卦讨论中，也不能对迟到的员工搞怪耸肩。她认为自己的新角色令人沮丧，这种改变疏远了那些与她共事的人。

鲍勃从初级程序员晋升为管理人员之后，也感到迷茫。他认为，突然要给同伴下指示，这很有挑战。他发现自己与同事的关系发生了变化，人们不愿意与他开诚布公了。

琳达从一名客服代表晋升为公司经理。由于她在一系列的晋升中不断地超越同事，这为她带来了许多问题。同事们说：快看，重要人物来了！她认为同事们会在背后议论她。

【问题】

(1) 刚刚步入管理岗位时，很多新管理人员在选择正确的领导风格时会犯错。你认为这是为什么？

(2) 哪种领导理论可以帮助新的领导者应对这一转变？

第十一章　组 织 理 论

【本章目标】

（1）了解组织结构的要素和类型；

（2）了解组织文化的功能和类型；

（3）了解组织变革及其推行方法。

【案例】

裁员

有一个社区新建了一座桥，居民们一致认为，有了桥，最好找个警卫员来守护。

接着，有人说警卫员要领薪水，因此要雇一个会计。然后又有人指出，需要一个司库。这样，便有了警卫员、会计和司库。后来，大家认为既然有了这么齐全的人马，就需要一个行政主管来管他们，因此，居民又雇了一个行政主任。

不久，议会表决需要削减经费，要裁员。大家一致商议后，裁掉了警卫员。

组织是人们为了达到共同的目标，有序形成的一个动态社会系统的社会共同体。组织的特征就是：人们为了达成一个特定的目标，分工协作，各自分担明确的任务，并且在不同权力的配合下，扮演不同角色。

第一节　组 织 结 构

组织结构是如何对工作任务进行分工、组合和协调。管理者在设计组织结构时，必须考虑6个关键因素：工作专门化、部门化、控制跨度、集权、分权和正规化。

一、组织结构的6个要素

管理者在进行组织结构设计时需考虑的关键因素见表11－1。

表 11-1 设计恰当组织结构时管理者要面对的 6 个关键问题

序号	关键问题	由谁回答
1	把任务分解成相互独立的工作单元时，应该细化到什么程度？	工作专门化
2	对工作单元进行合并组合的基础是什么？	部门化
3	员工个人和群体向谁汇报工作？	命令链
4	一名管理者可以有效指导多少名员工？	控制跨度
5	决策权应该放在哪一级？	集权与分权
6	规则制度在多大程度上可以指导员工和管理者的行为？	正规化

（一）工作专门化

福特汽车公司的生产线

20 世纪初，亨利·福特由于建立了汽车生产线而富甲天下。那么，他是怎么做的呢？亨利给每一个员工都分配了具体的、重复性的工作。例如，一名员工只负责安装汽车的左前轮，而另一名员工只负责安装汽车的右后门。这样把工作任务分解成精细的标准化任务后，工人就可以重复性地进行同一种操作。正是这种方法使得福特公司可以每 10 秒就生产出一辆汽车，而且他们使用的还是技能水平相对有限的员工。

福特公司的经验告诉我们：如果能够让员工从事专门化的工作，就会极大地提高他们的工作效率。

上述案例就是工作专门化，是指把组织中的工作任务进一步划分成单独工作单元。这是因为，一个人无法完成全部工作，因此可以把工作分成若干步骤，而每一个体只完成其中的某个步骤。工作专门化的核心就是，每个人专门从事工作活动的一个部分，而不是全部。

工作专门化在 20 世纪 40 年代末的时候大为盛行。管理层认为这种手段可以最有效地利用员工技能。因为，如果不实行工作专门化，而是让每个员工都从事全部工作的话，那么他们势必要具备完成复杂技能的能力以及简单技能的能力。这样，管理者支付了高技能员工高的薪水，却让他们从事简单劳动，那么就形成了组织资源的浪费。

工作专门化对于提高工作效率有很多益处。（1）工作专门化使工作任务不断重复。这种重复性可以提高员工完成任务的技能水平，减少了变动工作任务所需的时间。（2）工作专门化使培训更有效。因为，挑选并培训较低技能员工比培训高度精细和复杂操作工人更为容易。

但是，20世纪60年代后，越来越多的证据表明了物极必反的道理。管理者把工作专门化看做是提高生产率的不竭之源是不正确的。在一些工作领域，已经出现了这样的状况：由于工作专门化，工作中出现了非常“不经济”的因素。例如，员工产生厌倦情绪、疲劳感、压力感、低生产率、低质量等。此时，管理者发现，通过丰富员工的工作内容，或者让他们交换工作技能，员工可以提高产出和工作满意度。

（二）部门化

工作专门化完成任务细分之后，就需要按照类别对它们进行组合，这样可以使共同的工作进行协调。工作分类的基础是部门化。

1. 根据职能进行部门化

这是工作部门化中最常用的方法。例如，某个制造业的经理把工厂划分为工程、会计、制造、人事、采购等部门。根据职能进行部门划分几乎适用于所有的组织，只不过对职能加以改变，来反映组织的目标和活动。例如，医院的主要职能部门可能有研究部、护理部、财会部等；一个职业足球队则可能设球员人事部、售票部、旅行及后勤部等。根据职能划分部门的主要优点在于：把同类专家集中在一起，能够提高工作效率。职能部门化通过把专业技术、研究方向接近的人分配到同一个部门中，来实现规模经济。

2. 根据产品类型进行部门化

可以根据组织生产的产品类型进行工作任务的部门化。例如，保洁公司就根据每个产品组织产品线，汰渍洗衣粉、帮宝适婴儿纸尿裤、品客薯片等都由一位高层经营者管辖。这种分组方法的主要优点在于：提高产品绩效的责任制和稳定性，因为公司中与某一特定产品有关的所有活动都由同一主管指挥。如果一个组织的活动是与服务而不是产品有关，那么每种服务活动就可以自然地进行分工。例如，一个财会服务公司大多会设有税务部、管理咨询部、审计部等，而每个部门都会在一个产品或服务经理的指导下，提供一系列服务项目。

3. 根据地域进行部门化

根据地域来进行部门划分，例如，营销工作可以根据地域分为东、西、南、北4个区域。如果一个公司的顾客分布地域较宽，这种部门化方法就有其独特的价值。

4. 根据生产过程进行部门化

一个金属公司的铝试管厂，其生产过程由5个部门组成：铸造部、锻压部、制管部、成品部、检验包装运输部。这就是根据生产过程来进行部门化的例子。这样划分部门的主要原因是，在铝试管生产过程中，由每个部门负责一个特定生产环节的工作。这种部门化方法对在生产过程中进行同类活动的归并提供了基础。

过程部门化方法适用于产品的生产，也适用于顾客的服务。例如，你到一家省属机动车辆管理办公室去办驾驶执照，必须跑好几个部门。在某个省，办理驾照必须经过3个步骤，每个步骤由一个独立部门负责：负责核查工作的机动车辆分部、负责办理驾照具体工作的驾照部、负责收费的财务部。

5. 根据顾客类型进行部门化

最后一种部门化方法是根据顾客的类型来进行部门化。例如，微软公司围绕4类客户市场进行重新组织：个体消费者、大型公司、软件开发商和小型企业。根据顾客类型来划分部门的理论假设是：每个部门的顾客存在共同的问题和要求，因此要为他们分别配置有关专家，满足他们的需要。

大型组织进行部门化时，可综合利用上述各种方法，以取得较好的效果。但是，20世纪90年代有两个较为普遍的倾向：（1）顾客基础的部门化越来越受到青睐。为了更好地掌握顾客的需要，并有效地对顾客的需求变化作出反应，许多组织更多地强调以顾客为基础划分部门的方法。（2）传统的职能性部门被跨越传统部门界限的工作团队所替代。

（三）命令链

命令链是一种不间断的权力路线，它从组织最高层扩展到最基层，主要澄清谁向谁报告工作。它能够回答员工提出的问题：“我有问题时，去找谁?”“我对谁负责?”。

掌握命令链的概念前，应先讨论两个辅助性概念：权威和命令统一性。

权威是指管理职位所固有的发布命令，并期望命令被执行的权力。为了促进协作，每个管理职位在命令链中都有自己的位置，每位管理者为完成自己的职责任务，都要被授予一定的权威。

命令统一性原则有助于保持权威链条的连续性。它意味着一个人应该且只能对一个主管直接负责。如果命令链的统一性遭到破坏，一个下属可能就不得不应付多个主管不同命令间的冲突，或者苦于优先次序的选择。

（四）控制跨度

帕特·哈贝尔通过自己的亲身经历学到了一个经验：太多的下属向你汇报工作，会毁掉你的工作效率。

哈贝尔公司是一个刚刚成立不久的交易市场服务公司，随着公司的成长，公司招收了越来越多的管理者，目前有 18 个人同时向哈贝尔直接汇报工作。这种状况持续几年后，哈贝尔发现，自己不得不减少直接控制的人数。哈贝尔发现：限制了直接控制的下属人数后，自己就不会过多地关注眼前的事情，而是更加看重树立公司的独特品牌和地位。

现在，只有 6 个人直接向她汇报工作，这使得她有更多时间关注重要的问题。

控制跨度就是一个主管可以有效地指导多少个下属。在很大程度上，控制跨度决定着组织要设置多少层次，配备多少管理人员。在其他条件相同时，控制跨度越宽，组织效率越高。

假设有 A、B 两个组织，基层操作员工都是 4 096名，如图 11－1 所示，A 的控制跨度为 4，B 的控制跨度为 8，那么 B 比 A 在管理层次上就少了两层，可以少配备 800 人左右的管理人员。假设每名管理人员年均薪水为 40 000美元，那么 B 每年在管理人员薪水上就可节省 3 200万美元。显然，在成本方面，控制跨度宽的组织效率更高。但是，宽跨度可能会在某些方面降低组织的有效性，例如控制跨度过宽，主管人员就没有足够的时间为下属提供必要的领导和支持，员工的绩效会受到不良影响。

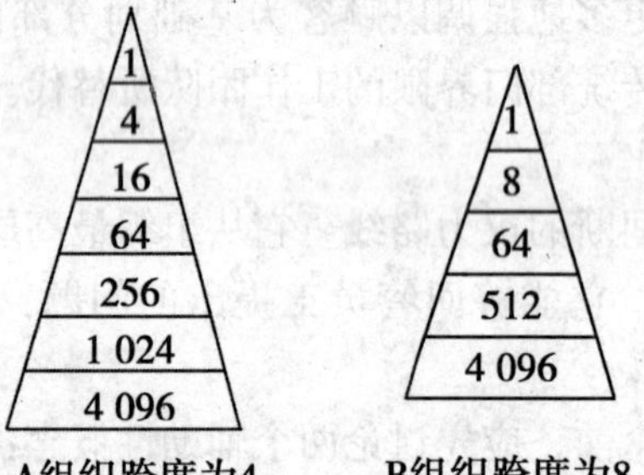

A组织跨度为4
管理者：1 365名

B组织跨度为8
管理者：585名

图 11－1　控制跨度比较

控制跨度窄也有其好处，把控制跨度保持在 5～6 人，管理者就可以对员工实行严密的控制。但控制跨度窄主要有 3 个缺点：（1）管理层次会因此而增多，管理成本会大大增加。（2）组织的垂直沟通更加复杂。管理层次增多也会减慢决策速度，并使高层管理人员趋于孤立。（3）控制跨度过窄易造成对下属监督过严，妨碍下属的自主性。

目前，管理实践中的趋势是加宽控制跨度。加宽控制跨度与各个公司努力降低成本、削减企业一般管理费用、加速决策过程、授权给下属等的趋势是一致的。但是，为了避免因控制跨度加宽而使员工绩效降低，各公司都大大加强了员工培训的力度和投入。管理人员已认识到，自己的下属充分了解工作之后，或者有问题能够从同事那儿得到帮助时，他们就可以驾驭宽跨度的控制问题。

（五）集权与分权

在有些组织中，高层管理者制定所有的决策，低层管理人员只执行高层管理者的指示；而有的组织则把决策权下放到最基层管理人员手中。前者是高度集权式的组织，后者则是高度分权式的。

集权化是指组织中决策权集中于一点的程度。一般来讲，如果组织的高层管理者不考虑，或很少考虑基层人员的意见，就能决定组织的主要事宜，那么这个组织的集权化程度较高；相反，基层人员参与程度越高，甚或能够自主地作出决策，那么组织的分权化程度就越高。

集权式与分权式组织在本质上是不同的。在分权式组织中，采取行动、解决问题的速度较快，更多的人为决策提供建议，所以，员工与决策者的隔膜较少，或几乎没有。

目前的趋势是分权式决策比较突出。这有助于建立更灵活和敏捷的组织。

（六）正规化

正规化是组织中的工作实行标准化的程度。

如果某个工作的正规化程度较高，那么工作人员在工作内容、工作时间、工作手段等方面可能就没有多大自主权。这是因为，管理者总是期望员工以同样的方式投入工作，能够保证稳定一致的产出结果。

组织之间或组织内部不同工作之间正规化程度差别很大。在高度正规化的组织中，一般都有明确的工作说明书、繁杂的组织规章制度，对于工作过程也有详尽的规定。例如，出版公司的编辑，他们上午8点准时上班，否则就会被扣掉一定的工资，他们还要遵守管理人员制定的一系列详细制度。正规化程度较低的工作，相对来说，工作者和日程安排就不是那么死板，员工的处理许可权也比较宽。例如，同样在出版社工作的大学书商（向大学教授推销公司新书的出版商代理人），其工作自由许可权就比较大，他们的推销用语不要求标准划一。在行为约束上，不过就是每周交一次推销报告，并对新书出版提出建议。

由于个人许可权与组织的规定成反比，因此工作标准化程度越高，员工决定自己工作方式的权限就越小。工作标准化不仅减少了员工选择工作行为的可能性，而且使员工无需考虑其他行为选择。

二、一般的组织结构设计

（一）简单结构

简单结构型组织的结构不复杂，部门化程度很低，控制跨度宽，权力集中在一个人手中，正规化程度较低。简单结构是一种扁平式组织结构形式，通常仅有2～3层垂直层次，员工之间的联系比较松散，决策权力集中在一个人身上。

简单结构在小型企业中最常见。在这种组织里，经营者与所有者为同一个人。例如，某个老板拥有并管理一家零售商店，他雇佣了5个全日制的推销员、1名现金出纳员以及节假日工作的其他员工，但是所有的经营管理权集中在他一个人手里。

简单结构的优势就在于简单。它简便易行、反应敏捷、费用低廉、责任明确。其主要弱点是，主要适用于小型组织。随着组织的扩展，这种组织形式由于正规化程度低、高度集权，信息滞积于上层，难以适应组织的扩展需要。随着组织规模的扩大，如果高层主管还独掌决策大权，那么组织决策就会日渐迟缓甚至停滞。这往往导致许多小型企业的倒闭。如果一个组织的员工在50～100人之间，企业主就很难包揽所有的决策。如果组织结构还不加以改变，使之更加复杂，这个企业就难免失去不少发展机会。简单结构的另一个不足在于它的风险性：一切都取决于一个人。

（二）官僚结构

"标准化"是所有官僚结构组织的关键概念。政府部门、银行、商店等，都是官僚结构。这些组织都依靠标准化的工作程序来进行协调和控制。

官僚结构的特点是：（1）通过职务专门化制定非常正规的制度和规则；（2）以职能部门划分工作任务；（3）实行集权式决策，控制跨度狭窄；（4）通过命令链进行经营决策，维持日常组织运营的顺利进行。

1. 官僚结构的优势

官僚结构的主要优势在于：它能够高效地进行标准化活动操作。

职能性部门划分把同类专家配置在同一个部门，这就能实现规模经济，使人事、机器的重复设置降到最低限度，此外，员工也有更多机会与自己的同事进行兴趣相投的交流。而且，这种结构形式对中低层的管理人员的要求较低，因此可以节约成本。规章制度在组织中的深入实施在某种程度上使管理人员处理问题比较容易。实行标准化操作和高度正规化经营，决策就可以集权化。因此，官僚结构对中、低层管理人员创新能力、决策、工作经验的要求不高。

2. 官僚结构的不足

官僚结构的一个主要不足是：工作专门化导致了各个分部门之间的冲突，职能部门的目标有时会凌驾于组织的整体目标之上。

一家公司4位主管的对话可以说明官僚组织的不足。生产部门主管说："除非我们生产出东西，否则公司就什么也没发生。"研究开发部主管则评论道："不对，除非我们设计出东西，否则公司就什么也没发生。"市场营销主管则辩驳说："你们说什么？除非我们卖掉些东西，否则公司就什么也没发生！"最后，恼怒的财会主管反击道："你们生产、设计、销售什么无关紧要，除非我们核算出各种结果，否则谁也别想知道我们发生了什么。"

对于在官僚结构型组织工作的人来说，即使事实与规则不完全相符，也要遵守规则，很少有变通的余地。员工只有在面临熟悉的问题，而且问题解决方法已有程序性规定时，这种结构的效力才能发挥出来。

官僚结构型组织盛行于20世纪50~60年代。那时候世界上的大公司，像IBM公司、通用电气公司、大众汽车公司、松下公司等，都采用这种组织形式。到了90年代，这种组织形式已经过时。批评家认为，这种结构形式对于变革的反应速度太慢，压抑了员工的创造性和积极性。

但是，多半大型组织仍具有官僚结构的基本特点，尤其是专门化和高度正规化这两点。但在控制跨度上，大都有所拓宽，而且集权式经营决策向分权式经营决策转变，功能齐全的部门与多功能团队共同发挥作用。现在的另一种趋势是：把官僚结构分解成小型的、职能较少的官僚结构单位，这种单位一般拥有150~260个员工，每个单位有自己独立的经营宗旨和利润目标。

（三）矩阵结构

另一种流行的组织设计方案是矩阵结构。在医院、政府机关、大学、管理咨询公司中，都可见到这种结构形式的存在。实质上，矩阵结构是对两种部门化形式（职能部门化和产品部门化）的融合。

职能部门化的主要优势在于把同类专家组织在一起，使所需人员降到最少，生产不同产品时可以实现特殊资源的共享。但是它的主要不足在于，要协调好各种专家之间的关系，否则在资金预算范围内完成任务是比较困难的事。

相反，产品部门化的优势与劣势正好不同于职能部门化的优势和劣势：它有利于专家的协调，在预算范围内及时完成任务，而且，它为各种活动规定了清晰的职责。因此，产品部门化可以与职能部门化实现互补。

矩阵结构最明显的特点是突破了控制统一性的框框。矩阵结构组织中的员工有两个上司——职能部门经理和产品项目经理，因此，其命令链是双重的。

表 11－2 是一个管理学院的矩阵结构组织图。学术部门的系科，例如会计学、市场学、组织行为学等都是职能性单位；特定的项目，如本科教学、硕士教学等都是产品型部门。这样，学院中的成员就具有双重任务，接受双重领导。例如，一位负责教授本科生会计课程的教师，就处于本科生部主任和会计系主任的双重领导之下。

表 11－2　管理学院的矩阵结构

	本科教学	硕士教学	博士教学	研究	管理开发	社区服务
会计学						
行政管理学						
财政学						
信息与决策科学						
市场学						
组织行为学						
定量方法						

1. 矩阵结构的优势

矩阵结构的优势：组织活动比较复杂而且相互依存时，它有助于各种活动的协调。随着组织的扩展，它的信息处理能力会趋向饱和。官僚结构中，复杂性会导致正规化程度的提高；在矩阵结构中，各类专家可以更好地进行交流，从而使组织更加灵活，信息传递更加迅速。此外，矩阵结构能够减少官僚主义现象，双重权威避免了组织成员只保护本部门利益而忽视组织整体目标的现象。

矩阵结构还有一个优点：便于专家的高效配置。当专家各自处于职能性部门或生产小组中时，他们的才能会被垄断，难以得到充分发挥。而矩阵结构通过为结构提供最好的资源，并有效地配置人、财、物资源，实现规模经济，提高组织运行效率。

2. 矩阵结构的不足

矩阵结构的主要不足在于，它会带来混乱，使组织增生争权夺利的倾向，并给员工带来较大压力。命令统一性消除后，模糊性就大大增强了，这样就容易导致冲突。混乱和模糊还可能播下争权夺利的种子。

官僚结构通过制定工作规则减少了权力斗争的可能性，而在矩阵结构中，这些规则富有弹性，因此职能部门主管和生产部门主管之间的斗争就不可避免。对于渴望安全感，却因工作中的模糊性而得不到安全感的员工来说，这种工作环境会产生压力。

三、组织设计的新方案

除上述一般组织结构外，许多组织中的高层管理者都开发了一些新型组织结构。下面将介绍 3 种新型组织结构设计方案：团队结构、虚拟组织和无边界组织。

（一）团队结构

现在团队已成为组织工作活动的最流行的方式。团队结构就是管理人员动用团队作为协调组织活动的主要方式。这种结构方式的主要特点是：打破部门界限，并把决策权下放到工作团队员工手中，这种结构形式要求员工既是全才又是专才。

在小型公司中，可以把团队结构作为整个组织形式。而在大型组织中，团队结构一般作为典型的官僚结构的补充。这样，组织既能得到官僚结构标准化的好处，提高运行效率，又能因团队的存在而增强灵活性。例如，为提高基层员工的生产率，像微软公司、宜家家居、摩托罗拉公司、施乐公司这样的大型组织都广泛采用着自我管理的团队结构。

（二）虚拟组织

如果可以租用的话，何必自己拥有呢？这就是虚拟组织的实质。虚拟组织有时也称做网络组织或者模块组织。典型的虚拟组织是一个小型的核心组织，其主要企业职能是通过外包而来的。因此，从组织结构看，虚拟组织是高度集权的，部门化程度非常低，甚至没有。

电影制片业是一个典型的虚拟组织。华纳兄弟公司、20 世纪福克斯等制片公司，拥有大量的签约演员，还雇佣了成千上万的全职专业人员。至今，大多数电影都是由一群个体和小型公司组织在一起制作的。这种虚拟组织结构使得每个项目都由最符合需要的人才组成，而不是从自己的雇员中寻找。这就使得官僚结构的管理成本降到最低，也削减了长期的风险和成本。

像耐克、瑞宝、戴尔计算机公司等没有自己的生产制造设备，却可以赚到大笔钱。例如，戴尔计算机公司，没有生产工厂，只是从别的公司买来零部件进行组装；国家钢铁公司把生产部转给别人经营；美国电话电报公司则把信用卡制造业务出租给了别的公司；美孚石油公司把自己的精炼厂移交给别的公司经营。

这样做的目的是追求最大的灵活性。这些虚拟组织创造了各种关系网络，管理人员如果认为别的公司在生产、配送、营销、服务方面比自己更好，或成本更低，就可以把自己的有关业务出租给它们。

虚拟组织与官僚结构截然不同。官僚结构垂直管理，层次较多，控制是通过所有权来实现的。为保证所有工作顺利进行，管理层不得不雇佣大量的额外人员。相反，虚拟组织从组织外部寻找各种资源，来执行上述职能，而把精力集中在自己最擅长的业务上。

（三）无边界组织

通用电气公司总裁杰克·威尔奇（Jack Welch）创造了"无边界组织"这个词，用来描述他理想中的通用公司的形象。威尔奇想把他的公司变成一个年销售额达600亿美元的"家庭式杂货店"。尽管公司体积庞大，威尔奇还是想减少公司内部的垂直界限和水平界限，消除公司与客户及供应商之间的外部障碍。

无边界组织所寻求的是减少命令链，对控制跨度不加限制，取消各种职能部门，代之以授权的团队。

1. 取消组织垂直界线

管理人员通过取消组织垂直界线而使组织趋向扁平化，等级秩序作用降到了最低限度，个人身份与头衔也一落千丈。组织看上去更像一个粮仓筒而不是金字塔，最上层的谷粒和最下层的谷粒差别不大。通用电气公司用来取消组织垂直界线的做法有：引入跨等级团队（由高级主管、中级主管、基层主管和员工组成）；让员工参与决策；360度绩效评估（员工的绩效由他的同事及其上、下级共同评定）。

2. 消除组织水平界线

组织的水平界线是由职能部门的存在而形成的，因此消除这种界线的方法是：以多功能团队取代职能性部门，围绕公司的工作流程来组织活动。例如，施乐公司现在通过多专业交叉的团队参与整个工作流程的工作，而不是围绕狭窄的职能任务来开发新产品，他们要参与整个过程。

3. 取消外部界线

充分发挥无边界组织的职能，有助于打破组织与客户之间的外在界线及地理障碍。取消外部界线的方法包括：经营全球化，实行公司间的战略联盟，建立顾客与组织之间的固定联系。这些方式都有助于清除组织外部界线。

例如，可门可乐公司已把自己看做是一个全球性公司，而不是美国或亚特兰大的公司。像日本电气公司、波音公司、苹果公司这类大型公司，都与几十家公司存在战略上联盟或合伙关系。由于员工都是在为共同的项目而工作，因此，这些联盟也就模糊了各组织之间的界线。

第二节　组 织 文 化

一、组织文化的概念与分类

（一）组织文化的定义

一般来说，组织文化是指组织成员的共同价值观体系，它使组织独具特色，并区别于其他组织。如果仔细考察的话，这种共同的价值观体系实际上是组织所重视的一系列关键特征。下面七个方面的特征是组织文化的本质之所在。

（1）创新与冒险。组织在多大程度上鼓励员工创新和冒险。

（2）注意细节。组织在多大程度上期望员工做事缜密、善于分析、注意小节。

（3）结果定向。组织管理人员在多大程度上集中注意力于结果而不是强调实现这些结果的手段与过程。

（4）人际导向。管理决策在多大程度上考虑到决策结果对组织成员的影响。

（5）团队定向。组织在多大程度上以团队而不是个人工作来组织活动。

（6）进取心。员工的进取心和竞争性如何。

（7）稳定性。组织活动重视维持现状而不是重视成长的程度。

（二）组织文化的类型

艾莫瑞（Emory）大学的杰弗里·桑南菲尔德（Jeffrey Sonnenfeld）提出了一套标签理论，它有助于认识组织文化之间的差异。通过对组织的研究，他确认了4种文化类型：学院型、俱乐部型、棒球队型和堡垒型。

1. 学院型

学院型的组织是为那些想全面掌握每一种新工作的人准备的地方。在这里，他们能不断成长、进步。这种组织喜欢雇佣年轻的大学毕业生，为他们提供大量的专门培训，然后指导他们在特定的职能领域内从事各种专业化工作。桑南菲尔德认为，IBM就是一个典型的学院型组织，可口可乐公司、宝洁公司、通用汽车公司等也属于这种类型。

2. 俱乐部型

桑南菲尔德认为，俱乐部型组织非常重视适应、忠诚感和承诺。在俱乐部型组织中，资历是关键因素，年龄和经验都至关重要。与学院型组织相反，这种组织把管理人员培养成通才。俱乐部型组织的例子有：联合包裹服务公司、德尔塔航空公司、贝尔公司等。

3. 棒球队型

这种组织是冒险家和革新家的天堂。它从各种年龄和经验的人中寻求有才能的人。组织根据员工产出状况付给他们报酬。由于组织对工作出色的员工予以巨额奖酬和较大的自由度，员工一般都拼命工作。在会计、法律、投资银行、咨询公司、广告机构、软件开发、生物研究领域，这种组织比较普遍。

4. 堡垒型

棒球队型组织重视创造发明，而堡垒型组织则着眼于公司的生存。许多这类组织以前是学院型、俱乐部型或棒球队型的，但在困难时期衰落了，现在尽力来保存自己尚未被销蚀的财产。这类组织工作安全保障不足，但对于喜欢流动性挑战的人来说，这儿是令人兴奋的工作场所。典型的堡垒型组织有大型零售店、林业产品公司、天然气探测公司等。

桑南菲尔德发现，许多组织不能纯粹明晰地归类于以上4种文化类型中的某一种，因为它们拥有混合型的组织文化，或者因为它们正处于转型之中。例如，研究发现，通用电气公司中不同的部门拥有迥然不同的组织文化；而苹果电脑公司从棒球队型组织起家，现在成长为学院型组织了。

桑南菲尔德同时也发现，这4种不同的文化类型能够吸引不同个性的人。员工个性与组织文化的匹配影响着一个人在管理层级上升迁的高度和难易程度。例如，一个冒险家在棒球队型组织中会很活跃，但在学院型组织中就无所作为了。

二、组织文化的作用

（一）组织文化的功能

文化在组织中具有多种功能：

（1）它起着分界线的作用。它把不同的组织相互区别开来。

（2）它表达了组织成员对组织的一种认同感。

（3）它使组织成员不仅注重自我利益，而且能考虑到组织利益。

（4）它有助于增强社会系统的稳定性。文化是一种社会黏合剂，它通过为组织成员提供言行举止的标准，而把整个组织聚合起来。

（5）文化作为一种意义形成和控制机制，能够引导和塑造员工的态度和行为。

在当前的工作场所中，文化对员工的行为影响越来越重要。而且，谁能进入一个组织、谁被评为优秀业绩者、谁能得到升迁，都受到个体与组织匹配程度的影响。所谓“匹配”，就是指求职者与员工的态度、行为是否与组织文化相容。

（二）文化成为一种束缚

1. 变革的障碍

如果组织的共享价值观与进一步提高组织效率的要求不一致，它就成为组织的束缚。尤其是组织面对动态环境时，这种情况最可能出现。如果环境正在发生迅速变化，那么牢固不变的组织文化就不合时宜了。

2. 多样化的障碍

在聘用种族、年龄、性别等方面存在差异的新员工时，由于他们与组织中大多数成员不一样，因此会产生两难境地。一方面，管理层希望新成员接受组织的核心价值观，否则他们就难以融入组织，或者不被组织接受；另一方面，管理层也非常支持这些员工给工作场合带来的差异和变化。

强文化对员工有着明显的遵从压力，它限定了组织可以接受的价值观和风格的范围。

3. 兼并和收购的障碍

管理者在作兼并和收购决策时，也非常重视文化相容性。许多并购在圆满完成后不久就失败了。2001 年，美国在线和时代华纳的并购最终失败，而大家普遍认为失败的原因就是文化冲突。一位专业人士指出：“美国在线和时代华纳的并购就像是一个少年与一名中年银行家的结合。文化差异太大。美国在线有开放的白领和牛仔，而时代华纳更保守。”

三、组织文化的创造与维系

组织文化并不是凭空冒出来的，一旦形成，就很难消失。那么，组织文化的形成受哪些因素影响？在组织文化建立后，又有哪些因素强化和维系它的存在呢？

（一）组织文化如何开始

组织现行的惯例、传统、做事情的一般方式，在很大程度上都是基于它以前的努力，还有这些努力所带来的成功。这就促使我们来追寻组织文化的最初源头——组织的创始人。

从传统上看，组织的创始人对组织的早期文化影响巨大，他们不受以前的习惯做法和思想意识的束缚，勾画了组织的发展蓝图。新建组织的特点一般是规模比较小，这就有助于创始人把自己的远见强加给组织成员。

例如，微软公司的文化在很大程度上是公司当初的创始人之一、现在的首席执行官比尔·盖茨的形象反映。盖茨本人进取心很强，富有竞争精神，自制力很强。这些特点也正是人们用来描述他所领导的微软巨人的特点。

（二）保持组织文化的活力

组织文化一旦建立，组织就通过各种方法尽力维系文化的作用。许多人力资源管理措施可以强化组织文化。组织的甄选过程、绩效评估标准、奖酬措施、培训和职业开发活动以及晋升过程，可以保证组织雇佣的员工与组织文化相适应，奖励那些支持和拥护组织文化的员工。

在组织文化的维系过程中，有 3 个因素起着特别重要的作用：甄选过程、高层管理者的举措和社会化方法。

1. 甄选过程

组织甄选过程的明确目标是，识别并雇佣那些有知识、有技巧、有能力来做好组织工作的人。但一般来说，能够满足工作需要的人肯定不止一位，组织就会对这些人进行甄别。

在这时候，谁能被雇佣，最终决定就显著地受到了招聘决策者对候选人是否适合于组织的判断的影响。这种努力确保了员工与组织恰当的匹配，会保证所聘员工的价值观与组织价值观基本一致，至少与组织价值观的大部分相一致。另外，甄选过程也给求职者提供了一些组织的信息，候选人对组织有所了解后，如果发现自己的价值观与组织价值观相冲突，就可以自动退出候选人之列。因此，甄选过程成了一种双向选择，它允许管理者和求职者相互不匹配时中止其间的联系。这样，甄选过程通过筛选掉那些可能对组织的核心价值观构成威胁的人，起着维系组织文化的作用。

2. 高层管理者的举措

高层管理者的举措对组织文化有着重要影响。高层管理者通过自己的举止言行建立规范，并将之渗透到组织中。例如，公司是否鼓励冒险、管理者应该给下属多大自由度、什么样的活动可以得到加薪或者晋升。

3. 社会化方法

组织帮助新员工适应组织文化的过程就是社会化过程。

社会化可以概括为一个包括3个阶段的过程：原有状态、碰撞阶段和调整阶段。第一阶段即原有状态，包括新成员进入组织之前所有的学习活动；第二阶段，新成员看到了组织的真实面貌，可能面对着个人期望与现实脱节的问题；第三阶段，发生了相对长期而持久的变化。新成员掌握了工作所需的技能，成功完成了自己的新角色，并能调整自己来适应工作群体的价值观和规范。这3个阶段会影响新员工的生产率、对组织目标的承诺，并最终影响到员工在组织中的去留决定（见图11－2）。

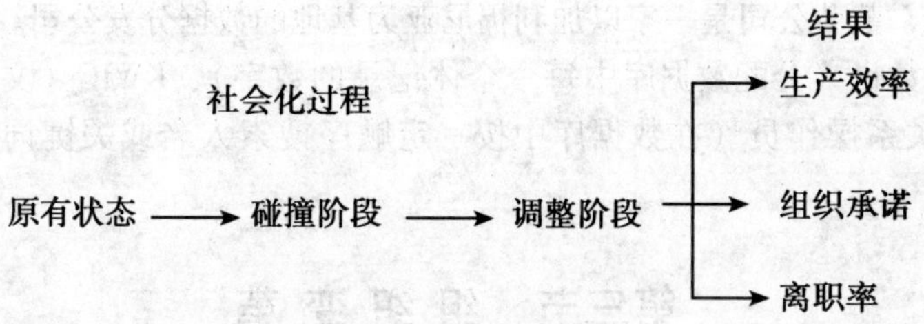

图11－2　社会化模型

四、员工怎样学习组织文化

组织文化通过多种形式传递给员工，最常用的方式是故事、仪式、物质象征和语言。

1. 故事

许多组织中都流传着一些小故事，它们通常都是：发生在组织创建者身上的故事、规则的打破、从乞丐到富翁的发迹史等。这些小故事可以起到借古喻今的作用，还可以为目前的组织政策提供解释和支持。

例如，耐克公司很多高层管理者花很多时间讲述公司的故事。他们的故事在向员工传递：耐克是什么。公司创立者之一比尔·鲍尔曼为了制造更优质的跑鞋，亲自进入工作间往他太太的华夫饼干模具里灌橡胶。这就是耐克的创新精神。

2. 仪式

仪式是表达并强化组织中核心价值观的一组重复性活动。组织的核心价值观有：什么样的目标最重要、哪些人是重要的。

例如，沃尔玛公司的司歌是最著名的公司仪式之一。公司的创始人一直把司歌作为一种鼓励和团结员工队伍的方式。

3. 物质象征

公司的布局、公司给高级管理者配备的车型、办公室的大小、办公家具的档次等，都是物质象征的例子。这些物质象征向员工传递这样的信息：谁是重要人物，高级管理者期望员工出现什么样的行为类型，如冒险、保守、独裁、个人主义等。

4. 语言

许多组织以及组织内的许多单位都用语言作为识别组织文化的标志。通过学会这种语言，组织成员可确证他们已经接受了这种文化，这有助于员工坚持这种文化的价值观。

例如，戴劳公司是一家以加利福尼亚为基地的数据分发公司。公司员工使用即位数目（分配数据库中每个个体记录的数字）、KWIC（文章中的关键词）、关系操作员（在数据库中按一定顺序搜索人名或关键词的人）等词语。

第三节 组织变革

一、组织变革概念

现代组织必须随着内外环境的变化和员工状况的变化而发生相应的改变，静态的或者完全不能适应形势变化的组织难以生存。

组织变革就是组织系统为了适应不断变化的组织外部环境和内部因素，对自身出现的弊端进行分析、诊断，对自己的组织结构或功能进行调整和变动，建立新的组织管理形态的组织行为和管理过程。它不仅指技术、结构、作业性质等方面的变革，还包含组织成员思想、心理和行为上的变化。

二、组织变革的阻力及克服

（一）组织变革的阻力

1. 个体阻力

（1）习惯。为了应对生活的复杂性，我们依赖习惯或者程序化的反应。但是，面对变革时，以惯常方式作出反应的趋向就会成为一种阻力源。

（2）安全感。有较高安全感需要的人可能会抵制变革，因为变革会威胁到他们的安全感。

（3）经济因素。如果人们担心他们在新的工作任务或工作规范下的表现不能达到先前的水平，尤其是当报酬和生产效率密切相关时，工作任务的改变或工作规范的建立就会引起经济恐慌。

（4）对未知的恐惧。变革是用对未知的模糊性和不确定性代替已知。

（5）选择性信息加工。为了保持知觉的完整性，个体会对信息进行选择性加工。他们只听取自己想听的，忽视那些对自己已建构的世界形成挑战的信息。

2. 组织阻力

（1）结构惰性。组织拥有产生稳定性的内在机制，例如选拔过程和正规化管理。当组织面临改革时，结构惰性就会充当反作用力，努力维持原有状态。

（2）有限的变革关注。组织由一系列相互依赖的子系统组成。不可能只对一个子系统进行变革而不影响其他子系统。因此，在子系统中进行的有限变革可能因为更大系统的问题而变得无效。

（3）群体惰性。即使个体想改变其行为，群体规范也会成为约束力。

（4）对专业知识的威胁。组织模式的变革可能会对特殊群体的专业知识构成威胁。

（5）对已有权力关系的威胁。任何决策权力的再度分配，都会威胁到组织长期以来形成的权力关系。

（6）对已有资源分配的威胁。组织中控制一定数量资源的群体，常常把变革视为威胁。他们对事情的原本状态感到满意。

（二）克服变革阻力

1. 教育和沟通

与员工进行沟通，帮助他们了解变革的理由，会使变革的阻力减少。这种策略的基本假设是：产生阻力的原因在于信息失真或沟通不良。如果员工了解全部事实并消除了所有误解的话，阻力就会自然消失。沟通可以通过个别交谈、小组讨论、备忘录或报告来实现。当变革的阻力确实来自沟通不良，并且劳资关系以相互信任为特征时，它是会有效的。如果这些条件不具备，它就不可能成功。

2. 参与

个体很难抵制自己参与作出的变革决定。在变革决策之前，应把持反对意见的人吸引到决策过程中来。如果参与者具有一定的专业知识，能为决策作出有贡献，那么他们的参与就可以减少阻力，获得承诺，并提高变革决策的质量。但是，这种策略也有不足之处，那就是可能带来劣等的决策，并浪费了很多时间。

3. 促进与支持

变革推动者可以通过提供一系列支持性措施来减少阻力。当员工十分恐惧和忧虑时，给员工提供心理咨询和治疗、新技术培训或短期的带薪休假都有利于他们的调整。这个策略的不足之处是费时；另外，实施起来花费较大，并且没有成功的把握。

4. 谈判

变革推动者处理变革的潜在阻力的另一个方法是，以某些有价值的东西换取阻力的减小。例如，如果阻力集中于少数有影响力的个人身上，可以商定一个特定的报酬方案满足他们的个人需要。当变革的阻力非常强大时，谈判可能是一种必要的策略。但其潜在的高成本是不应忽视的。另外，这种方式也有一定的风险，一旦变革推动者为了避免阻力而对一方作出让步，他就可能面临着其他权威个体的勒索。

5. 操纵和收买

操纵是指隐含的影响力。这方面的例子有：歪曲事实使事件显得更有吸引力，封锁不受欢迎的信息，制造谣言使员工接受变革。如果工厂的管理者威胁说，员工要是不接受全面的工资削减方案，工厂就要关门，而实际上并无这种打算的话，管理层使用的就是操纵手段。

收买是一种包括操纵与参与的形式。它通过让某个变革阻力群体的领导者在变革决策中承担重要角色来收买他们。之所以征求这些领导者的意见，并不是为了寻求更完善的决策，而是因为要取得他们的允诺。相对而言，操纵和收买的成本都较低，并且易于获得反对派的支持。但如果对象意识到自己被欺骗和被利用时，这种策略会产生适得其反的效果，一旦被识破，变革推动者会因此而信誉扫地。

6. 强制

最后一项策略是强制，即直接对抵制者实施威胁和压力。如果员工不同意削减工资，而企业管理者真的下决心要关闭工厂，那么这种变革策略就会具有强制色彩。其他例子还有威胁调职、不予提拔、消极的绩效评估和提供不友善的推荐信等。强制的优缺点与操纵和收买相似。

三、组织变革的推行

推行变革的几种常用方法有：勒温关于变革过程的经典三步模型、科特的八步计划模型、行为研究模型及组织发展模型。

（一）勒温的三步变革模型

苛特·勒温（Kurt Lewin）认为成功的组织变革应该遵循以下 3 个步骤：解冻现状、移动到新状态、重新冻结新变革使之持久。如图 11－3 所示。从中可以看到勒温三步变革模型的价值。

图 11－3　勒温的三步变革模型

现状可以被视为一种平衡状态。要打这种平衡状态，克服个体阻力和群体从众的压力，就必须先“解冻”。解冻可以通过以下 3 种方式实现：（1）增加推动力，这是引导行为脱离现状的力量；（2）减少抑制力，这是阻止移动脱离现有平衡的力量；（3）将上述两种方法结合使用。

组织变革的研究表明，变革要有效，速度就要快。逐步实施变革的组织不如那些立即行动并快速通过移动阶段的组织变革效果好。

一旦变革付诸实施，要想成功，还必须重新冻结新形势，让变革成果保持下来；否则，变革就是短命的，员工也会试图回到以前的平衡状态。因此，重新冻结目标就是通过对推动力和抑制力进行平衡，使状况更加稳定。

（二）科特的八步计划模型

约翰·科特在勒温的三步模型基础上，又建立了一个更详细的模型。

科特罗列了管理者在发起变革时常见的失败因素：不能建立需要变革的紧迫感、不能建立管理变革的联盟、缺少变革的愿景以及对愿景的有效沟通、没有扫除组织愿景实现的障碍、没有提供短期的可实现的目标，或者过早地宣布胜利，没有将变革锚定在组织文化中。

因此，科特建立了 8 个连续步骤解决上述问题。具体见表 11－3。

表 11-3 科特的八步计划模型

序号	步骤描述
1	通过创造组织需要迫切变革的理由，建立紧迫感
2	形成具有领导变革所需足够权力的联盟
3	建立新的愿景来指导变革，并制定实现该愿景的战略
4	在整个组织中进行愿景沟通
5	通过扫除变革障碍、鼓励冒险、鼓励创造性地解决问题，向员工授权，让他们为愿景采取行动
6	有计划地创造和奖励近期成果，这些成果会推动组织向新的愿景迈进
7	巩固成果，重新评估变革，在新的计划中作出必要的调整
8	通过证明新行为与组织成功之间的联系，强化变革

（三）行动研究

行动研究指的是这样的变革过程：首先系统地收集信息，然后在信息分析的基础上选定变革行为。行动研究为推行有计划的变革提供了科学的方法论。

行动研究包括 5 个阶段：诊断、分析、反馈、行动和评价。

1. 诊断

诊断是指变革推动者实施外部顾问的职能，从组织成员那里收集变革需求方面的信息。在行动研究中，变革推动者提出问题，与员工面谈，阅读各种记录并倾听员工关注的问题。

2. 分析

分析阶段主要是分析那些人们认为最关键的问题，以及这些问题以什么形式出现。变革推动者把有关信息综合为这样几个方面：人们主要关心的问题、问题的范围以及可能采取的行动。

3. 反馈

行动研究还包括变革对象的广泛参与。任何变革方案中涉及的员工都必须积极参与问题的界定，主动寻求解决方法。因此，反馈就是指员工共同分享前两步发现的问题。在变革推动者的帮助下，员工开发需要实施变革的行动计划。

4. 行动

这一阶段，员工和变革推动者都采取具体行动来改进所发现的问题。

5. 评价

最后一个阶段是对活动计划的有效性进行评估。把收集到的原始资料作为标杆，对而后发生的变革进行比较和评价。

行动研究的优点：（1）着眼于问题。变革推动者客观地发现问题，而问题的类型又决定了变革行为的类型。实际上，大量的变革行为是以解决问题的方法为中心的。然后，再寻求这种解决方法相对应的问题。（2）行动研究中包括员工的大量参与，所以减弱了变革阻力。参与变革的员工和群体会成为带动变革的持续的内在力量源泉。

（四）组织发展

组织发展包含建立在人文与民主价值观基础上所有有计划的变革干预的总和，它致力于增进组织的有效性和员工的主观幸福感。

组织发展范式重视人员和组织的成长、合作与参与过程以及探索精神。虽然在组织发展方法中，变革推动者可能是指令型的领导，但总体上，这种方法非常重视协作。

下面介绍 6 种组织发展技术和方法。

1. 敏感性训练

敏感性训练指的是通过无结构化小组的相互作用来改变行为的方法。在训练中，参与者处于自由开发的环境中，讨论他们的相互交往过程，讨论过程中有专业的行为科学家加以引导。这种小组是过程导向，个人通过观察和参与进行学习，而不是被传授学习内容。专业人员为参与者创造机会，让他们表达自己的观点和态度，但他们并不承担任何领导角色。

敏感性训练的目标是使主体对自己的行为以及别人如何对自己形成认知更加敏感，同时主体也能对他人行为更敏感，更理解小组的活动过程。它的目标包括提高对他人的移情能力、提高倾听技能、沟通时更为真诚坦率、增强对个体差异的接受能力，以及改善冲突处理技能。

2. 调查反馈

调查反馈是评估组织成员所持有的态度、识别成员之间的认知差异以及消除这些差异的工具。

组织中每一个体都能参加调查反馈，但最重要的是“组织家庭”的参与。组织家庭就是任何工作单元中的管理者，以及直接向他汇报工作的下属。通常，组织中的所有成员都填写调查问卷，问卷涉及员工对各个方面的认识和态度。

问卷中的数据根据个体所属的“组织家庭”以及整个组织进行列表和

归类，并分发给员工。这些资料就是确定问题和澄清问题的依据。在反馈调查方法时，要鼓励小组讨论，并确保讨论对事不对人。

最后，通过调查反馈法的小组讨论，成员认识到问卷结果的意义。研究者对这些问题的回答可以使人们作出承诺，并采取各种措施解决已发现的问题。

3. 过程咨询

过程咨询的目的是让外部顾问帮助管理者对必须处理的过程事件进行认识、理解和采取行动。这些过程事件包括工作流程、各部门成员间的非正式关系以及正式沟通渠道等。

过程咨询中，顾问让管理者了解周围环境，以及他和其他人间所发生的事情。但是，顾问不解决组织的具体问题，而是作为指导和教练的角色在过程中提出建议，帮助管理者自己解决问题。

4. 团队建设

团队建设利用高度互动的群体活动以提高团队成员间的信任和开放程度。

在团队建设中，可考虑的活动一般包括目标设置、成员间关系的开发等。团队建设可以根据自己的发展目标和面对的具体问题，强调或者改变某些活动。总体上说，团队建设试图通过成员间的高度互动来提高信任和开发度。

让团队成员确定团队的目标和优先顺序是有益的。这样，成员间对目标的不同看法就暴露出来了。成员可以评价团队绩效水平，还可以引发自我批评式的讨论。

团队建设也可确定每个成员的角色，可以对每个角色进行鉴别和澄清。

5. 群体间关系的开发

群体间关系的开发致力于改变群体间的态度、观念和刻板印象。

最常用的群体间关系开发的方法是强调问题解决的方法。在这种方法中，首先让每个群体独自列出清单，包括对自己、对其他群体的认识，以及自认为其他群体看待自己的方式。然后，各群体共享这些信息，讨论看法的相似和不同之处。尤其要认真阐述不同之处，并寻找导致分歧的原因。

一旦找到了问题所在，就能认识到冲突的本质。冲突成因寻找完毕后，群体就可以进入整合阶段，为找到改善群体间关系的解决方法而努力。

6. 价值探索

价值探索是确定一个组织的独特品质和独特力量，这些力量可以成为改善工作绩效的基础。它关注的焦点是组织的成功，而不是组织的问题。

价值探索过程包括4个步骤，在一个大型群体会议中用两三天的时间，由一位训练有素的变革代理人进行监控指导。第一步，发现。发现组织的优势。第二步是梦想。在发现阶段得到的信息基础上，思考未来的组织可能的蓝图。第三步，设计。基于对梦想的描述，参与者的重点是找到一个共同的愿景规划，并对组织具有的独特品质达成共识。第四步，界定组织的命运。参与者讨论组织实现梦想的方法。

【思考题】

(1) 组织结构的6个要素包括哪些？

(2) 组织结构有几种类型？它们各自的优缺点是什么？

(3) 什么是组织文化？它有几种类型？

(4) 如何保持文化的活力？什么是社会化？

(5) 组织变革有哪些阻力？如何克服？

(6) 如何推行组织变革？具体的方法有哪些？

【补充阅读材料】

Google 的组织文化

Google 的创始人拉里·佩奇和谢尔盖·布林在斯坦福大学的学生宿舍萌生了一个创建公司的想法。如今，Google 已经是世界上最大的搜索引擎。

虽然成长迅速，但 Google 仍然保持着一个小公司的感觉。

Google 的文化是不拘礼节的。Google 人的工作场所密集度很高，三四个人共用一个地方，里面还有沙发和狗。公司几乎没有什么层级，员工戴着各式各样的帽子。创造了 Google 假日标语的国际网管用了一周的时间把整个网站翻译成韩文。而首席运营工程师则是一名获得了执照的神经外科医生。

Google 的雇佣政策强调能力胜过经验。结果是，它的员工就可以反映出搜索引擎的全球性用户群状况。Google 公司的办公部门遍布全球各地，它的员工讲多种语言。不工作的时候，从越野自行车到品酒，从飞行到飞盘，都是他们的兴趣所在。

Google 的一个软件工程师说："Google 的工作环境酷得令人惊奇，并使人充满热情；它极其钟情于出色的技术，使我们可以为全球用户开发出最好的产品。"

参 考 文 献

1 刘永芳. 管理心理学. 北京：清华大学出版社，2008
2 陈国海，李艳华，吴清兰. 管理心理学. 北京：清华大学出版社，2008
3 罗宾斯. 组织行为学. 第10版. 孙健敏，李原译. 北京：中国人民大学出版社，2005
4 沈莹. 管理心理学. 北京：化学工业出版社，2008
5 俞文钊. 管理心理学. 第3版. 大连：东北财经大学出版社，2008
6 李靖. 管理心理学. 北京：科学出版社，2006
7 李磊，马华维. 管理心理学. 天津：南开大学出版社，2006
8 张岩松，李健. 人力资源管理案例精选精析. 北京：经济管理出版社，2005
9 朱永新. 管理心理学. 北京：高等教育出版社，2002
10 丁茂生. 管理心理学. 第3版. 合肥：中国科学技术大学，2001
11 张明正，徐泰玲，赵铁民，李聪明. 北京：中央民族大学出版社，2003
12 黄希庭，朱永新. 人力资源管理心理学. 上海：华东师范大学出版社，2002
13 王德清，杨东. 管理心理学. 重庆：重庆大学出版社，2004
14 苏东水. 管理心理学. 第3版. 上海：复旦大学出版社，1998
15 张望军，彭剑峰. 中国企业知识型员工激励机制实证分析. 科研管理，2001（11）：90—96
16 刘建军. 领导学原理——科学与艺术. 第3版. 上海：复旦大学出版社，2001
17 Holland, D. *The career is dead, long live career: A relative approach to career*. San Francisco, CA: Jossey-Bass, 1996
18 Berne, Eric. *Games people play: The psychology of human relationships*. New York: Ballantine Books, 1964
19 Kelly, H. H. *Attribution theory in social psychology*. In D. Levine (ed.), Nebraska Symposium on Motivation. Lincole: University of Nebraska Press, 1967
20 Weiner, B. *Achievement motivation and attribution theory*. Morristown, N. J:

General Learning Press, 1974

21 Alderfer, C. P. *Existence, relatedness, and growth: Human needs in organizational settings*. New York: Free Press, 1972

22 Lewin, Kurt. *Resolving social conflicts: selected papers on group dynamics*. New York: Harper, 1948

23 Covey, S. R. 7 *habits of highly effective people*. New York: Simon & Schuster, 2003

24 Allport, G. W, *Study of values: A scale of measuring the dominant interests in personality*. Boston: Houghton Miffin, 1931